U0135445

傅璇琮文集

唐代诗人丛考

下 册

中华书局

韦应物系年考证

韦应物是中唐时期的著名诗人。白居易在《与元九书》中,历数在他以前的唐代有成就的诗人,对韦应物作了充分的评价:"如近岁韦苏州歌行,才丽之外,颇近兴讽。其五言诗又高雅闲淡,自成一家之体,今之秉笔者谁能及之?然当苏州在时,人亦未甚爱重,必待身后,然后人贵之。"(《白氏长庆集》卷二十八)白居易在他的诗文中,对于这位比他稍早的前辈诗人的才情,不只一次地表示他的向慕钦佩之意。后来晚唐时期的诗人兼诗论家司空图,又将韦应物与王维并提,称许王、韦诗歌的风格为"澄淡精致"(《司空表圣文集》卷二《与李生论诗书》)。到了宋代,对韦应物的评价似又高了一步,好些诗人及一些诗话作者常常以他与陶渊明、白居易、柳宗元并比;至于南北宋之际的韩驹(子苍),更进一步认为:"其诗清深妙丽,虽唐诗人之盛,亦少其比"(见《苕溪渔隐丛话》前集卷十五引)。也有的专论其五言诗,如葛立方《韵语阳秋》卷一:"韦应物诗平平处甚多,至于五字句,则超然出于畦迳之外。如

《游溪》诗'野水烟鹤唳,楚天云雨空',《南斋》诗'春水不生烟,荒冈筱翳石',咏声诗'万物自生听,太空常寂寥',如此等句,岂下于'兵卫森画戟,燕寝凝清香'哉。故白乐天云'韦苏州五言诗,高雅闲淡,自成一家之体';东坡亦云:'乐天长短三千首,却爱韦郎五字诗。'"明初的宋濂则称韦诗"一寄秾鲜于简淡之中,渊明以来,盖一人而已"(《宋文宪公全集》卷三十七)。这些,都可见出韦诗对后世的影响[①]。

　　但就是这样一个诗人,新旧《唐书》却没有为他立传。《旧唐书》并无一字提到他。《新唐书》于《艺文志》中仅简单地著录"《韦应物诗集》十卷",而于《文艺传》的序中说:"若韦应物、沈亚之……等,其类尚多,皆班班有文在人间,史家逸其行事,故弗得而述云。"就是说,因为有关他的生平的记载实在太少,虽然有诗文盛名,而他的事迹却说不上来,以致韩子苍讥刺《新唐书》的作者宋祁为不知"史法":"宋景文作《唐书·文艺传》,举唐之能文者皆在,至于苏州,则以为史家轶其行事,故不书,此岂知史法哉?"由此可见,直到宋祁作《新唐书》列传时,有关韦应物的事迹,还是所知甚少,以致作史者也不得不感叹地说:"弗得而述。"

　　北宋仁宗年间,王钦臣曾校定韦应物的诗集,并在嘉祐元年(1056)写了一篇序(即《宋嘉祐校定韦苏州集序》,见四部丛刊影印明嘉靖戊申华云江州刊本《韦江州集》附录)。在这篇序中王

①清王士禛《分甘余话》卷三有云:"东坡谓柳柳州诗在陶彭泽下,韦苏州上,此言误矣。余更其语曰:韦诗在陶彭泽下,柳柳州上。余昔在扬州作论诗绝句,有云:'风怀澄澹推韦柳,佳处多从五字求。解识无声弦指妙,柳州那得并苏州。'又常谓陶如佛语,韦如菩萨语,王右丞如祖师语也。"

钦臣作了约三百几十字的关于韦应物事迹的记述,可以说是现在所知的第一篇韦应物简传。在这之后将近一百年,姚宽在其所著《西溪丛语》(卷下)中,作为宋神宗熙宁年间葛蘩校刻本韦集的书后,又进一步叙述了韦应物的生平。后来在南宋绍兴年间,沈作喆正式为韦应物作了补传,文载南宋人赵与旹的《宾退录》卷九。按,沈作喆字明远,浙江湖州人,在他的一部名为《寓简》的笔记中曾记载他为岳飞起草过谢表,因此有人推测他曾在岳飞幕中做过事。《四库总目提要》曾举其《寓简》论韩、柳等文,认为其立论"皆具有考据"。但从他所作的韦应物补传看来,所载虽较王、姚为详,却增加了新的错误,并没有多大的参考价值。

按,韦应物的诗集,《新唐书·艺文志》著录为十卷,这当是北宋时宋祁看到的本子。王钦臣于嘉祐元年校定韦集,说"有集十卷,而缀叙猥并,非旧次矣",就是说王钦臣认为他所看到的十卷本已经错乱,不是《新唐书》著录的十卷本原貌了。王钦臣的序中又说:"今取诸本校定,仍所部居,去其杂厕,分十五总类,合五百七十一篇,题曰《韦苏州集》。"今所见四部丛刊本的《韦苏州集》分十四类,即赋、杂拟、燕集、寄赠、送别、酬答、逢遇、怀思、行旅、感叹、登眺、游览,杂兴、歌行。《四库全书》著录的《韦苏州集》十卷,据提要所称,为康熙中项絪以宋椠翻雕,认为就是王钦臣所校定的本子。提要所载的卷数与分类,与四部丛刊影印的明刊本相同,则此明刊本当亦本于王钦臣的校定本[①]。又据四部丛刊

①叶德辉《郋园读书志》卷七曾著录北宋胶泥活字印本《韦苏州集》与南宋书棚本《韦苏州集》,皆为十卷。前者叶德辉称为"非止北宋本中第一,亦海内藏书第一也。其书亦载王钦臣记(嘉祐元年十二月二十二日)"。(转下页)

本韦集附录《绍兴苏州校刊韦集后序》、《乾道书重刊韦集后》、《乾道平江校韦集十卷并拾遗七篇跋尾》等文,可以知道宋熙宁丙辰(1076)、绍兴壬子(1132)、乾道辛卯(1171)曾有几次校刻,并补充若干首诗。现在这个四部丛刊的韦集目录,于拾遗部分即分别注明这三次校刻时补入的诗篇题目。由此可见,四部丛刊的《韦苏州集》,虽然所据是明刊本,但分卷与分类却是接近于宋刻本的。细读其中的诗篇,还可以发现,虽然全书是按类编排,但每一类之中,有的部分是有时间的先后次序的,这对我们考证韦应物的事迹颇有帮助。本文即是根据四部丛刊本的韦集,依据韦诗本身提供的材料,结合唐代的有关史籍,参考建国前后的有关研究成果,试图将诗人的一生行事,作较为详细的考述。

韦应物的家世,可参见唐林宝的《元和姓纂》和《新唐书·宰相世系表》。《元和姓纂》卷二载韦应物出于北周逍遥公韦夐之后,其高祖为韦冲,仕隋为户部尚书,封义丰公。自韦冲以下,《新唐书》卷七十四上《宰相世系表》记载较为明晰。据新表,韦氏逍遥公房,韦冲字世冲,隋户部尚书、义丰公。冲子挺,象州刺史。挺子待价,相武后。待价子令仪,宗正少卿。令仪有五子:鉴,銮,锜,镕,镒(监察御史)。銮子应物,苏州刺史。镕子系,岳州刺史。镒子武,京兆尹、御史中丞。应物有二子:庆复,原复。原复子

（接上页）这两个本子分卷分类似与四部丛刊本相同,也就是说,十卷本的韦集,当即以宋本这一系统来的。王士禛《分甘余话》卷三有云:"韦集向所见诸本皆称韦苏州,昔奉使公路浦,尝向门人张弢力臣借书,得旧板韦集,签题独称韦江州,平生仅见此本,惜不记其序出何人及锓刻年月郡邑矣。"

彻。彻二子：式，韫。韫子庄，字端己，即是晚唐、五代初期的著名词人。

兹据《新书》所载，列表如下：

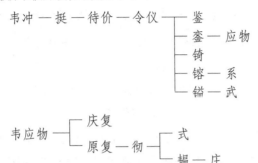

韦夐见《周书》卷三十一，有传。韦夐在北周时虽未入仕，但名气很大，受到北周君臣的礼敬，号逍遥公，为名门望族。韦冲，见《隋书》卷四十七《韦世康传》附。在隋朝曾任营州总管、民部尚书，隋文帝曾为其子豫章王暕纳韦冲女为妃。

韦挺，《旧唐书》卷七十七有传，谓："韦挺，雍州万年人，隋民部尚书冲子也。"唐高祖时累迁太子左卫骠骑、检校左率，后坐事流越巂。唐太宗时任吏部侍郎，转黄门侍郎，进拜御史大夫，又与高士廉、令狐德棻等同修《氏族志》，颇受太宗的信任。唐太宗一度曾拟以韦挺为相，因马周劝阻而作罢。韦挺后因居官失职，被贬为象州刺史而卒。《新唐书》卷九十八也有《韦挺传》，所载略同。

韦待价，见《旧唐书》卷七十七、《新唐书》卷九十八《韦挺传》附。据传，待价为江夏王道宗之婿，唐高宗时为兰州刺史，迁肃州刺史，因边功授检校凉州都督。武则天称帝后，为吏部尚书，居相位。后因与吐蕃战，败，坐除名，配流绣州，不久即卒。

韦氏逍遥公房,在韦冲、韦挺、韦待价三代,门第鼎盛,虽然韦挺与待价都遭到贬死,但韦家子弟,名位高茂,一直是大族。杜甫有诗说"逍遥公后世多贤"(《公安送韦二少府匡赞》,见《钱注杜诗》卷十七),并非泛泛的赞誉之辞。吕温后来作韦武神道碑铭,也说韦武的先世(也就是韦应物的先世,韦武为应物的叔伯兄弟),是"大名大德,大节大勋,悬诸日月,倬在图史,族姓之盛,莫之与京"(《吕衡州文集》卷六《唐故银青光禄大夫京兆尹兼御史大夫上柱国赠吏部尚书京兆韦公神道碑铭》,粤雅堂丛书本)。

韦应物的祖父令仪,曾为司门郎中(见《元和姓纂》,又宋翟耆年《籀史》卷上),宗正少卿(见《新唐书·宰相世系表》)。司门郎中属刑部,从五品上,宗正少卿,从四品上。

韦应物的伯叔父辈,现在可知的,伯父鉴,无官位。叔父锜,《姓纂》与《新表》未记其官职,《通鉴》卷二〇九景云元年(公元710)六月载,中宗卒,韦后秘不发丧,"征诸府兵五万人屯京城,使驸马都尉韦捷、韦灌、卫尉卿韦璿、左千牛中郎将韦锜、长安令韦播、郎将高嵩分领之"。后来李隆基起兵诛杀韦后一族,韦璿、韦播、高嵩都被斩,韦锜未知下落。依时间来说,这一韦锜当即是韦应物的叔父韦锜。应物的第二个叔父韦镕,史书上也未载其官职。韦应物诗如《晦日处士叔园林燕集》(韦集卷一),《紫阁东林居士叔缄赐松英丸……》(韦集卷二),《奉酬处士叔见示》(韦集卷五),都作于在长安时,此处的处士叔、居士叔或即指韦镕。《晦日处士叔园林燕集》中说:"岚岭对高斋,春流灌蔬壤。樽酒遗形迹,道言屡开奖。幸蒙终夕欢,聊用税归鞅。"《奉酬处士叔见示》中说:"挂缨守贫贱,积雪卧郊园。叔父亲降趾,壶觞携到门。"看来韦镥在长安置有园林，比较了解韦应物，因此韦应物在他伯叔父辈中，有诗提及的，最多要算韦镥了。韦应物的第三个叔父是韦镒，《姓纂》与《新表》都只说是监察御史。据吕衡所作《京兆韦公（武）神道碑铭》（见上引《吕衡州集》卷六），韦镒系自监察御史转殿中侍御史，中书舍人，礼、吏、户部三侍郎，是兄弟中官运最亨通的；其子韦武（即韦应物的从弟），后来也做到京兆尹的要职。另外，韦应物还有《赋得沙际路送从叔象》诗（韦集卷四），按，据《新表》韦氏逍遥公房，有韦象先，未载官职，为韦希仲子，出北周韦艺之后（韦艺，《隋书》卷四十七有传），而为韦应物的上一辈。疑韦诗的"从叔象"即指韦象先，诗题中漏略"先"字。

韦应物的父亲韦銮，《姓纂》与《新表》也未载其官职。宋朱景玄《唐朝名画录》说韦銮"官至少监"，不知何所据。韦应物在诗中曾几次提及他家的经济情况，说："家贫无旧业，薄宦各飘扬。"（韦集卷二《发广陵留上家兄兼寄上长沙》），"况本濩落人，归无置锥地"（韦集卷五《答故人见谕》）。这当然并不是说韦应物的一家与穷困无地的农民一样，但足以表明，他的父亲，比起其先世的显赫门第来，已经是相当萧条了。

但韦应物却是生长在一个富有艺术修养的家庭，这一点是为历来的研究者所忽视的。唐张彦远《历代名画记》卷十《叙历代能画人名（唐）》，其中就有韦鉴和韦銮："韦鉴，工龙马，妙得精气。鉴弟銮，工山水松石，虽有其名，未免古拙。"又卷三《记两京外州寺观画壁·西京寺观等画壁》："慈恩寺……院内东廊从北第一房间南壁，韦銮画松树。"另外，宋朱景玄《唐朝名画录》，列为能品上的六人，其中就有韦应物的父亲韦銮和伯父韦鉴："（銮）官至少监,善图花鸟山水,俱得其深旨,可为边鸾之亚。韦鉴次之,其画并居能品。"张彦远与朱景玄对韦鉴、韦銮兄弟的画,品第有所不同,但都推为善画,能品。此外,《历代名画记》又记载韦鉴子鹥,也能画,且有较详的记述:"鉴子鹥,工山水,高僧奇士,老松异石,笔力劲健,风格高举,善小马,牛羊山原,俗人空知鹥善马,不知松石更佳也。咫尺千寻,骈柯攒影,烟霞翳薄,风雨飕飗,轮囷尽偃盖之形,宛转极盘龙之状。"韦鉴有子韦鹥,这是《姓纂》和《新表》所未载的。又宋黄伯思《东观余论》卷下《跋韦鹥十马图后》:"韦鹥十马,后有元和李丞相吉父题字,真佳迹也。少陵有韦偃画马诗,偃当作鹥,盖转写之误。《阁中集名画记》、《唐志》皆作鹥云。大观戊子岁三月初吉黄某书。"文末注"李伯时曾写《阁中集名画记》"。又同书同卷《跋王晋玉所藏韦鹥马图后》:"张彦远谓鹥善画川原小马牛羊,今晋玉所藏本皆沛艾(二字见《子虚赋》)。余谓杜子咏鹥'秃笔扫骅骝,骐骥出东壁',即不特善小驷而已。盖曹将军画马神胜形,韩丞画马形胜神,鹥从容二人间,第笔格差不及耳。昔余见嘶啮二马小图于江左人家,笔势骎骎亦若此,此本鹥画不疑。四月八日。"宋黄休复《益州名画录》也载韦偃曾"寓止蜀川,善画马,韩幹之亚"。又元方熏《山静居画论》卷上"点簇画者,始于唐人韦偃,偃以逸笔点簇鞍马人物,山水云烟,千变万化,其少者,但头一点,尾一抹而已;山水者,以墨斡水,以手擦纸,亦曲尽其妙。"《宣和画谱》尚记有韦鉴和偃的画,其书卷十三"畜兽"门载:"韦鉴,长安人,善画龙马。弟銮工山水松石,銮之子偃亦画马松石名于时,鉴实鼻祖。且行天者莫如龙,行地者莫如马,而鉴独以龙马得名,岂非升降自如,脱略羁控,挟风云奔逸之气,与夫蹑景追电,一秣千里,得于心术之妙者是以知之。所传于世者不多,今御府所藏三:七贤图二,呈马图一。""韦偃,父銮善画山水松石,时名虽已籍籍,而未免堕于古拙之习。偃虽家学,而笔力遒健,风格高举,烟尘风云之变,与夫轮困离奇之状,过父远甚。然世唯知偃善画马,盖杜子美尝有题偃画马歌,所谓'戏拈秃笔扫骅骝,倏见骐骥出东壁'者是也。然不止画马,而亦能工山水松石人物,皆极精妙。……今御府所藏二十有七……"从这些材料可以见出,不但韦应物的伯父、父亲善画,其伯父之子也以画牛马松石见称于世。这些情况对于我们研究韦诗的艺术,当有所帮助。

公元 737 年　玄宗开元二十五年　一岁

韦应物的生年,史籍上并无记载。韦集卷三《京师叛乱寄诸弟》诗:"弱冠遭世难,二纪犹未平。"姚宽《西溪丛语》卷下引此,并云:"当天宝十五载六月,明皇避安禄山之难,是年,应物年二十。"据此推算,则当生于本年。应当说明的是,韦诗的所谓"弱冠遭世难",并不是说天宝十五载就一定是二十岁。二十岁左右,在诗歌韵语中,为举成数而言,也可以说成是弱冠。因此,所谓韦应物生于开元二十五年(737),也并非是绝对精确的推算。如果确切地说,那就应当是,根据现有材料,韦应物当生于本年前后。

公元 751 年　玄宗天宝十年　十五岁

本年至天宝末,为玄宗侍卫(三卫),在长安。

韦集卷一《燕李录事》:"与君十五侍皇闱,晓拂炉烟上赤墀。花开汉苑经过处,雪下骊山沐浴时。"王钦臣《宋嘉祐校定韦苏州集序》（韦集附录）："详其集中诗，天宝时扈从游幸，疑为三卫。"沈作喆《韦应物补传》："当开元、天宝间，宿卫仗内，亲近帷幄，行幸毕从，颇任侠负气。"都据韦诗，载其于天宝间为玄宗侍卫。但沈作喆连开元也算在内，大误。开元共二十九年，韦应物生于开元二十五年，开元二十九年仅五岁，何能为游幸侍卫。又，《燕李录事》云"与君十五侍皇闱"，则当从本年起，至天宝末，皆任此职。韦应物在安史之乱前未见有诗，关于今后数年间的生活，皆为后来之回忆，今举有关诗句如下，以备考见此一期间的事迹。

韦集卷五《逢杨开府》，中云："少事武皇帝，无赖恃恩私。身作里中横，家藏亡命儿。朝提樗蒲局，暮窃东邻姬。司隶不敢捕，立在白玉墀。骊山风雪夜，长杨羽猎时。一字都不识，饮酒肆顽痴。"[1]

韦集卷九《温泉行》，首云"出身天宝今年几"，中云："北风惨惨投温泉，忽忆先皇游幸年。身骑厩马引天仗，直入华清列御前。……蒙恩每浴华池水，扈猎不蹂渭北田。朝廷无事共欢

---

[1] 王士禛《池北偶谈》卷九云："韦苏州史失为立传，宋沈明远始补传其生平端末，终亦未详。集中有《逢杨开府》一篇'少事武皇帝，亡赖恃恩私'云云，后人遂疑为三卫，而《韵语阳秋》因附会以为恃韦后宗族云云，呓语武断，可笑腐儒之见乃如此。"但其实《韵语阳秋》并非如王士禛所云，葛立方的意见恰恰相反，是不认为韦应物为韦后之族的，其书卷四云："或云韦应物乃韦后之族，凭恃恩私作里中横，故韦集载《逢杨开府》诗云：'少事武皇帝，无赖恃恩私。身作里中横，家藏亡命儿。''武皇升仙去'，'把笔学题诗。两府始收迹，南宫谬见推。'夫武皇平内乱，杀韦后，不应后之族，敢于武皇之时，豪横若此，正恐非后族尔。"

燕,美人丝管从九天。"

韦集卷五《酬郑户曹骊山感怀》,中云:"我念绮襦岁,扈从当太平。小臣职前驱,驰道出灞亭。翻翻日月旗,殷殷鼙鼓声。万马自腾骧,八骏按辔行。"韦集卷十《白沙亭逢吴叟歌》,中云:"白沙亭上逢吴叟,爱客脱衣且沽酒。问之执戟亦先朝,零落艰难却负樵。亲观文物蒙雨露,见我昔年侍丹霄。冬狩春祠无一事,欢游洽宴多颁赐。尝陪夕月竹宫斋,每返温泉灞陵醉。"

又独孤及《毗陵集》卷十二《唐故右金吾卫将军河南阎公墓志铭并序》,记开元中阎为右卫郎将时所上奏疏,云:"先是有司以三卫执扇登殿引跸,公奏曰:'三卫皆趫悍有材力,不当升阶陛,迩御座,请以宦者代。'上曰可,遂为故事。"由此可见当时任三卫者须"趫悍有材力"的人。韦集卷八有《射雉》一诗,为中年以后所作,中云:"走马上东冈,朝日照野田。野田双雉起,翻射斗回鞭。虽无百发中,聊取一笑妍。"后又云:"方将悦羁旅,非关学少年。弢弓一长啸,忆在灞城阡。"由此四句,可见韦应物少年时射艺之精强。

又,关于三卫及侍卫官,录有关的史籍记载,以备参考:《旧唐书》卷四十三《兵志》:"凡左右卫、亲卫、勋卫、翊卫,及左右率府亲勋翊卫,及诸卫之翊卫,通谓之三卫。择其资荫高者,为亲卫,其次者,为勋卫及率府之亲卫……"《唐会要》卷七十二"军杂录"条:"天宝末,天子以中原太平,修文教,废武备,销锋镝……六军诸卫之士皆市人白徒,富者贩缯彩,食粱肉,壮者角抵,拔河,翘木,扛铁,日以寝斗,有事乃股栗不能授甲。"《玉海》卷一三八引《邺侯家传》:"时承平既久,诸卫将军自武太后三代,多以外戚无能者及降虏处之,而卫佐之官以为番上府兵(按,唐长孺先生《唐书兵志笺证》以此四字为衍文)有权朝要子弟解褐及次任之美官,又多不旋踵而居要津,将军畏其父兄之势,恣其所为。自置府以其番上宿卫,礼之,谓之侍官,言侍卫天子也。至是卫佐悉以借姻戚之家为僮仆执役,京师人相诋訾者,即呼为侍官。"按,《新唐书》卷五十《兵志》中有关侍卫官的记载即据《唐会要》及《邺侯家传》撮录,为避免重复,不录。这几项记载,可与韦诗有关处参看。

公元 759 年　肃宗乾元二年　二十三岁

本年后数年间在长安,生活贫困,已自三卫撤出,曾一度在太学读书。

韦集卷五《逢杨开府》,前云"少事武皇帝,无赖恃恩私"(已详见前引),后云:"武皇升仙去,憔悴被人欺。读书事已晚,把笔学题诗。"卷九《温泉行》:"一朝铸鼎降龙驭,小臣髯绝不得去。今来萧瑟万井空,唯见苍山起烟雾。可怜蹭蹬失风波,仰天大叫无奈何。弊裘羸马冻欲死,赖遇主人杯酒多。"按,安史军队于天宝十五载(即肃宗至德元年,公元 756)六月入长安,玄宗奔入蜀。明年,即至德二载(757)九月,郭子仪率军收复两京,十月,肃宗遣使至蜀奉玄宗返回长安。但因李辅国谗间,使玄、肃父子不和,玄宗为太上皇,闲居宫内,直至上元二年(761)四月去世。韦应物则于玄宗西奔后即自三卫撤出,不复为侍卫之职。其"憔悴被人欺",以及"弊裘羸马"云云,自不待至上元二年玄宗卒后方才如此。

又按，韦集卷三有《赠旧识》诗："少年游太学，负气蔑诸生。蹉跎三十载，今日海隅行。"末句指任苏州刺史事。韦应物任苏州刺史在贞元四、五年间（说详后），前推约三十年，则为758、759年，即本年前后曾一度入太学读书，所谓"读书事已晚，把笔学题诗"，当即指此而言。

按，《旧唐书》卷十《肃宗纪》，乾元元年四月"甲寅，上亲享九庙，遂有事于圆丘，即日还宫。翌日，御明凤门，大赦天下。"《唐大诏令集》卷六十九《乾元元年南郊赦》即此次之赦文，其中关于国子监学生的学习与考试规定说："国子监学生，明经法帖策口试各十，并通四已上进士，通三与及第。乡贡明经，准常式。州县学生放归营农，待贼平之后，任依常式。"当时两京虽已收复，安史之乱尚未平定，各地还有战事，因此赦文中规定，各地州县学暂停，国子监则依旧，并未停学（据《新唐书》卷四十四《选举志》上，国子监下隶国子学、太学、四门学、律学、算学，凡六学）。又据《新书·选举志》上："中宗反正，诏宗室三等以下，五等以上未出身，愿宿卫及任国子生，听之。……三卫番下日，愿入学者，听附国子学、太学及律馆习业。"可见中宗时已有诏令，三卫退下，可入国子学、太学等读书习业。韦应物既然曾为"三卫"，当有资格入太学读书，沈作喆所作补传，谓："洎渔阳兵乱后，流落失职，乃更折节读书。"虽未言具体在何时，但大致不差。

在此前后，曾与阎防、薛据相过从，有诗赠阎、薛二人。

《唐诗纪事》卷二十六阎防条云："防与薛据在终南山丰德寺读书。韦苏州有《城中卧疾和阎薛二子屡从邑令饮》诗云：

'车马日萧萧,胡不枉我庐。方来从令饮,卧病独何如。秋风起汉皋,开户望平芜。即此吝音素,焉知中密疏。渴者不思火,寒者不求水。人生羁寓时,去就当如此。犹希心异迹,眷眷存终始。'"此诗见韦集卷二,题为《城中卧疾知阎薛二子屡从邑令饮因以赠之》,《全唐诗》卷一八七同。

按,阎防与薛据也为当时以诗著称者。阎防于开元二十五年(737)登进士第(《唐才子传》卷二阎防小传:"开元二十二年李琚榜及第。"又见《文苑英华》卷七〇一李华《杨骑曹集序》)。约开元二十五、六年间曾因事贬至湘中,见《孟浩然集》卷一《襄阳(《全唐诗》卷一五九作"湖中")旅泊寄阎九司户》、卷三《洞庭湖寄阎九》等诗(《唐诗纪事》卷二十六阎防条云:"防在开元、天宝间有文称,岑参、孟浩然、韦苏州有赠章,然不知得罪谪长沙之故也。")大约于天宝后期即居住于长安以南终南山读书,刘眘虚有《寄阎防》诗(《全唐诗》卷二五六),题下自注:"防时在终南丰德寺读书。"刘眘虚此诗又见于殷璠《河岳英灵集》卷上,而《河岳英灵集》所收诗止于天宝十二载,可知天定十二载以前数年间阎防即在终南山丰德寺读书。又储光羲也有《贻阎处士防卜居终南》(《全唐诗》卷一三八)。储光羲于安禄山军队占据二京时,曾一度被迫授伪职,后虽设法自安史军队中逃归,但唐军收复长安、洛阳后,仍定罪贬南方。据此,储光羲此诗当作于安史之乱以前。

薛据则于开元十九年登进士第(《唐子才传》卷二小传),天宝六载中风雅古调科第一人(据《唐才子传》,又见《册府元龟》

卷六四五贡举部,《唐会要》卷七十六"制科举"条)。杜甫有
《秦州见敕目薛三璩授司议郎毕四曜除监察与二子有故远喜
迁官兼述索居凡三十韵》(《钱注杜诗》卷十)。此诗作于乾元
二年(759)秋杜甫在秦州时,则薛据乾元二年秋前为司议郎。
此后薛据行迹可考者,见杜甫《解闷十二首》(《钱注杜诗》卷
十五),《别崔澣因寄薛据孟云卿》(同上卷十六),大历二年
(767)作,薛据在荆州,此后即不见薛据行迹。《河岳英灵集》
的编者殷璠称"据为人骨鲠有气魄,其文亦尔"。后来杜甫在
《寄薛三郎中据》诗中也称薛据"赋诗宾客间,挥洒动八垠,乃
知盖代手,才力老益神"。(《钱注杜诗》卷七)

从上述有关阎防、薛据的材料,知阎防于安史之乱以后未见记
载,薛据则乾元二年秋以后未见记载,直至大历二年由杜诗推
知他在荆州。韦应物此处赠阎防、薛据诗,确切年代不详,据
《唐诗纪事》所载,其意似于天宝间作,但安史乱前韦应物并
无诗作留存于世。此诗或当作于薛据为司议郎之前后,可以
见出韦应物的早年交游情况。

公元 763 年　代宗广德元年　二十七岁

本年秋冬间为洛阳丞,有诗反映战乱后洛阳的残破情况。

按,王钦臣、姚宽皆以韦应物于永泰中(765—766)始为洛阳
丞,其所据为韦集卷二《示从子河南尉班》自序"永泰中余任
洛阳丞"句。但韦集卷六另有《广德中洛阳作》诗,其中云:
"蹇劣乏高步,缉遗守微官。"此处所谓"蹇劣"与"微官",即
指洛阳丞而言。可见广德时已在洛阳为丞。此诗反映经安史
战乱之后洛阳的残破情况,描写颇真切,录其全诗如下:"生

长太平日,不知太平欢。今还洛阳中,感此方苦酸。饮药本攻病,毒肠翻自残,王师涉河洛,玉石俱不完。时节屡迁斥,山河长郁盘。萧条孤烟绝,日入空城寒。蹇劣乏高步,缉遗守微官。西怀咸阳道,踯躅心不安。"按,洛阳于天宝十四载(755)冬为安史叛军攻陷,后于肃宗至德二载(757)十月为郭子仪率领的唐军收复。但由于肃宗朝廷的腐败与无能,导致乾元二年(759)九节度的相州之溃,嗣后洛阳又陷于史朝义的军队。肃宗宝应元年(762)十月,唐朝廷请求回纥军队的帮助,经过力战,又收复洛阳,但洛阳却因此遭到极大破坏。据《通鉴》卷二二二宝应元年十月载,"回纥入东京,肆行杀略,死者万计,火累旬不灭。朔方、神策军亦以东京、郑、汴、汝州皆为贼境,所过虏掠,三月乃已。比屋荡尽,士民皆衣纸。回纥悉置所掠宝货于河阳,留其将安恪守之。"宝应二年七月壬子改元为广德,韦诗"萧条孤烟绝,日入空城寒",则其为洛阳丞,当在广德元年秋冬间(广德共二年),此时离洛阳第二次收复约一年,因战乱而被破坏的萧条景象还历历在目。诗中"饮药本攻病,毒肠翻自残,王师涉河洛,玉石俱不完",可与《通鉴》所载相参看。又按,同年杜甫流寓成都,有"战伐乾坤破,疮痍府库贫"(《钱注杜诗》卷十二《送陵州路使君赴任》),"十室几人在,千山空自多。路衢唯见哭,城市不闻歌"(同上《征夫》);元结在武昌,有"兵兴向九岁,稼穑谁能忧。何时不发卒,何日不杀牛? 耕者日已少,耕牛日已稀"等句(《元次山集》卷二《酬孟武昌苦雪》。关于元结居武昌的时间,可参看颜真卿《元君表墓碑铭》,见《全唐文》卷三四四)。韦应物与杜甫、元结,在不同的地点反映了经过安史之乱的大破坏,唐代社会现实的不同的侧面。

又按,沈作喆所作补传谓:"因从事河阳,去为京兆功曹,摄高陵令,永泰中迁洛阳丞。"此处以洛阳丞系于京兆功曹及高陵令之后,误,说详后。

公元 765 年　代宗永泰元年　二十九岁

仍任洛阳丞。于今明两年内因惩办不法军士而被讼。后弃官闲居洛阳同德寺。

> 王钦臣、姚宽未载其事,沈作喆所作补传谓:"永泰中为洛阳丞。两军骑士倚中贵人势,骄横为民害,应物疾之,痛绳以法,被讼,弗为屈。弃官养疾同德精舍。"按,沈说所本为韦集卷二《示从子河南尉班》诗,诗前小序云:"永泰中,余任洛阳丞,以扑挟军骑,时从子河南尉班亦以刚直为政,俱见讼于居守,因诗示意,府县好我者岂旷斯文。"诗云:"拙直余恒守,公方尔所存。同占朱鸟克,俱起小人言。立政思悬棒,谋身类触藩。不能林下去,只恋府廷恩。"永泰共二年,即公元 765—766 年(永泰二年十一月即改为大历元年)。则其以惩办军骑而见讼当在此两年之内。韦集卷五有《酬元伟过洛阳夜燕》诗,中云:"三载寄关东,所欢皆远违。……问我犹杜门,不能奋高飞。"此诗之后第二首,即《李博士弟以余罢官居同德精舍……》诗,即已罢洛阳丞闲居同德寺。而《酬元伟过洛阳夜燕》诗有"问我犹杜门"之句,又云:"三载寄关东",则自广德元年秋冬算起,经广德二年,永泰元年,其罢官闲居或在永泰元年至二年之间。韦集卷五又有《任洛阳丞答前长安田少

府问》诗,中云:"数岁犹卑吏,家人笑著书。告归应未得,荣宦又知疏。"知任洛阳丞曾历"数岁",与"三载寄关东"正合。韦集卷八《任洛阳丞请告》,首云"方凿不受圆,直木不为轮",表示不为权贵所屈;中云:"折腰非吾事,饮水非吾贫,休告卧空馆,养病绝嚣尘……天晴嵩山高,雪后河洛春,乔木犹未芳,百草日已新。"此诗所写,当是被讼后不久,即辞官闲居,当作于永泰二年春日。据《旧唐书》卷十一《代宗纪》,宝应元年十月收复洛阳时,以陕西节度使轵英乂权知东京留守。广德二年八月,"癸巳,王缙兼领东京留守"。

又据韦诗《示从子河南尉班》,知其从子韦班时为河南尉。据《新唐书》卷三十八《地理志》二、河南府河南郡有县二十,其中河南与洛阳为赤县。关于韦班,可于杜甫诗中得知他的一些事迹。杜甫居成都时,曾与韦班交往,杜甫有《凭韦少府班觅松树子》(《钱注杜诗》卷十一):"落落出群非榉柳,青青不朽岂杨梅。欲存老盖千年意,为觅霜根数寸栽。"另有《又于韦处乞大邑瓷碗》:"大邑烧瓷轻且坚,扣如哀玉锦城传。君家白碗胜霜雪,急送茅斋也可怜。"(见上同卷)《钱注杜诗》卷十二又有《涪江泛舟送韦班归京》:"追饯同舟日,伤春一水间。飘零为客久,衰老羡君还。花远重重树,云轻处处山。天涯故人少,更益鬓毛斑。"钱氏系此诗于《闻官军收河南河北》之后。按,收东都及平河北在宝应元年十月、十一月,则此诗当作于宝应二年即广德元年春。韦班当于广德元年春离成都赴京,不久即分发为河南尉,与韦应物于广德元年至永泰中为洛阳丞的时间也正好相合。韦班在成都所任官职,从杜诗称为韦少府，又从韦班处乞大邑瓷碗，谓"君家白碗胜霜雪"，可能为大邑县尉（据《新唐书》卷四十二《地理志》六，剑南道，邛州临邛郡所属有大邑县，在成都以西附近）。

在洛阳时，曾有诗送诗人雍聿（裕）之赴潞州。

韦集卷四有《饯雍聿之潞州谒李中丞》，云："郁郁两相遇，出门草青青。酒酣拔剑舞，慷慨送子行。驱马涉大河，日暮怀洛京。前登太行路，志士亦未平。……"此诗当是韦应物在洛阳时作，确切年月不可考。雍聿之，两《唐书》无传，《新唐书》卷六十《艺文志》四，集部别集类有"雍裕之诗一卷"，聿作裕，当同是一人。《唐诗纪事》未记其事。《唐才子传》卷五谓："裕之，蜀人，有诗名。贞元后数举进士不第，飘零四方。为乐府，极有情致。"《全唐诗》卷四七一载其诗一卷，小传仅云"雍裕之，贞元后诗人也"。其他事迹未详。其诗大多为五言，其中《农家望晴》七绝较佳："尝闻秦地西风雨，为问西风早晚回。白发老农如鹤立，麦场高处望云开。"从韦应物的诗看来，雍聿之当时年岁尚轻，胸有抱负，但却未能遂愿。

在洛阳又有《赋得暮雨送李胄》等诗。

韦集卷四《赋得暮雨送李胄》诗："楚江微雨里，建业暮钟时，漠漠帆来重，冥冥鸟去迟。海门深不见，浦树远含滋。相送情无限，沾襟比散丝。"此为韦应物诗中的名作。按，此诗之前如《送洛阳韩丞东游》（"徘徊洛阳中，游戏清川浔"），《送郑长源》（"少年一相见，飞辔河洛间"），在此诗之后为《留别洛京亲友》，则此诗当为居洛阳后期所作，或在永泰末、大历初。此外，在洛阳尚有《同德精舍养疾寄河南兵曹东厅掾》、《同德

寺雨后寄元侍御李博士》《同德阁期元侍御李博士不至各投
赠二首》（以上皆为韦集卷二）、《送李十四山人东游》（韦集
卷四）等作。

公元 769 年　代宗大历四年　三十三岁

本年前后韦应物已从洛阳至长安。在长安时有送冯著赴广
州诗。

韦集卷四有《留别洛京亲友》诗，云："握手出都门，驾言适京
师。岂不怀旧庐，惆怅与子辞。……单车我当前，暮雪子独
归。临流一相望，零泪忽沾衣。"从此诗看，当是韦应物自洛
阳丞罢官，闲居洛阳同德寺以后，过若干时乃又赴长安，但未
记为何年。现在从韦集中的两首诗可以大体确定在大历四年
前后韦应物已在长安：

（1）韦集卷四有《送冯著受李广州署为录事》，诗中云："郁郁
杨柳枝，萧萧征马悲。送君灞陵岸，纠郡南海湄。名在翰墨
场，群公正追随。如何从此去，千里万里期。"又云："州伯荷
天宠，还当翊丹墀。子为门下生，终始岂见遗。"按，韦应物有
关冯著之诗凡四首，其余三首为《寄冯著》、《赠冯著》（皆卷
二）、《长安遇冯著》（卷五）。此四首中，《赠冯著》云"契阔仕
两京，念子亦飘蓬"大约为大历十二年左右任京兆功曹时作。
《寄冯著》、《长安遇冯著》未能确定作于何时。《送冯著受李
广州署为录事》诗，诗题之李广州，当为李勉。据《旧唐书》
卷一三一《李勉传》："（大历）四年，除广州刺史，兼岭南节度
观察使。"又据《旧唐书》卷十一《代宗纪》，大历三年十月"己
未，以京兆尹李勉为广州刺史，充岭南节度使"。本纪所载大

历三年十月,系指授命时,本传的四年则指赴任时间,二者并不矛盾。又据《代宗纪》,大历七年十一月"辛卯,以岭南节度李勉为工部尚书。"由此可知,李勉为广州刺史的时间是在大历四年春至七年冬。冯著之应李勉辟为录事当然亦在此期间内。但一般来说辟请幕下士当是在受命之初或前期,不会在后期或将卸任之时,因此韦应物作此诗的时间当在大历四、五年间为最有可能。诗中云"送君灞陵岸",则此时韦应物已在长安。从诗中可见韦应物此时还未有官职。又,唐人诗作中涉及冯著者,尚有大历十才子的卢纶与李端。卢纶有《留别耿湋侯钊冯著》(《全唐诗》卷二七六),有云"相识少相知,与君俱已衰",未能知其写作年月。又据岑仲勉先生《唐人行第录》,谓卢纶之《卧病寓居龙兴观枉冯十七著作书知罢摄洛阳赴缑氏因题十四韵寄冯生并赠乔尊师》、《秋夜寄冯著作》(《全唐诗》卷二七八)的冯十七著作即冯著,则冯著又曾为著作郎及任洛阳、缑氏等县尉。另外李端有《客行赠冯著》五绝一首:"旅行虽别路,日暮各思归。欲下今朝泪,知君亦湿衣。"此诗也未知其年月。

(2)韦集卷四《送阎寀赴东川辟》,中云:"何如结发友,不得携手欢,晨登严霜野,送子天一端。只承简书命,俯仰豸角冠。"按,独孤及《毗陵集》卷十二《唐故右金吾卫将军河南阎公墓志铭并序》:"公讳用之……有四子:宁、寀、宰、宣。"则阎寀为阎用之的次子。又据独孤及此篇墓志,阎用之"至德后二年十二月终于京师,春秋五十九";"广德中寀以监察御史领高陵令,明年辞职,始卜葬于故原吉,乃岁在丙午十一月日迁兆合祔焉"。丙午为大历元年。据此,则知阎寀于广德中曾以监察御史领高陵令,第二年辞职,大历元年十一月又合葬其父母于长安郊区。韦诗中"豸角冠",即指监察御史而言。由此可以推知,韦应物送阎寀赴东川辟,当在阎寀于大历元年冬葬其先人之后,其时或在大历二、三年间。又阎寀的事迹,可参看《全唐文》卷六八四董侹《阎贞范先生碑》,谓"先生名寀,天水人。蝉联戚属,才为时选,再登宪府,三领大郡",后出家度为道士,贞元七年十一月卒。未载其应东川辟事。又《唐会要》卷五十载"贞元七年四月,吉州刺史阎寀上言,请为道士",云云。(《新唐书》卷六十《艺文志》四,别集类著录董侹《武陵集》,云:"侹字庶中,元和荆南从事。")

根据上述《送冯著受李广州署为录事》与《送阎寀赴东川辟》二诗,韦应物当于大历四年前后,很可能在大历二、三年间,即由洛阳赴长安。

公元 774 年　代宗大历九年　三十八岁

此后数年间任京兆府功曹,又摄高陵宰,在长安。

王钦臣《宋嘉祐校定韦苏州集序》(韦集附录)谓:"永泰中,任洛阳丞,京兆府功曹。"姚宽《西溪丛语》卷下:"自洛阳丞为京兆府功曹。"皆未载何时为京兆府功曹。沈作喆所作补传则以任洛阳丞在后,京兆府功曹在前。今按,据《新唐书》卷四十九下《百官志》下,东西两京之功曹、仓曹、田曹等皆为正七品下,京县丞为从七品上,洛阳县属京县。按照品阶,也应由洛阳丞迁为京兆府功曹,不应由正七品下的京兆府功曹反而降为从七品上的洛阳丞。沈说不确。韦集卷五《答刘西曹》诗题下自注云："时为京兆功曹。"又同卷《答贡士黎逢》，题下自注："时任京兆功曹。"卷四《天长寺上方别子西有道》，题下自注："时任京兆府功曹摄高陵宰。"都未言为何年。按，韦集卷六有《至开化里寿春公故宅》诗，中云："宁知府中吏，故宅一徘徊。"又卷二《秋集罢还途中作谨献寿春公黎公》："束带自衡门，奉命宰王畿，君侯枉高鉴，举善掩瑕疵……"由此，可知韦应物曾为寿春公之府吏，而其为高陵宰也由于"寿春公黎公"的推荐（据《新唐书》卷三十七《地理志》一，京兆府属县有高陵，为畿县）。因此，如能确定寿春公其人，即能考知韦应物为京兆府功曹的时间。据《新唐书》卷一四五《黎幹传》："黎幹，戎州人。善星纬术，得待诏翰林，擢累谏议大夫，封寿春公。"又据拓本（贞元六年）《□故银青光禄大夫尚书兵部侍郎寿春郡开国公黎公墓志铭并序》云："□讳幹，字贞固，寿春人也。"（拓本原文未见，此据岑仲勉《元和姓纂四校记》卷三引）志又云："七代祖魏东平将军寿春侯，高王父瑠璘，隋戎州刺史。"据此，则韦诗中之寿春公即为黎幹无疑。（新、旧《唐书》黎幹本传都未载幹字贞固，又据墓志，寿春当系郡望，戎州则为其高祖居官之地，这些都可补史传之阙。）

按，黎幹曾两次任京兆尹，一为永泰元年（765）闰十月，《旧唐书》卷十一《代宗纪》，永泰元年"闰十月辛卯，以京兆少尹黎幹为京兆尹"。至大历二年（767）四月为李勉所代，《旧唐书·代宗纪》大历二年，"夏四月己亥，以江南西道都团练观察等使、洪州刺史李勉为京兆尹"。《旧唐书》卷一一八《黎幹传》也载："寻迁京兆尹，以严肃为理，人颇便之，而因缘附会，与时上下。大历二年，改刑部侍郎。"但黎幹第一次任京兆尹期间，韦应物先是于永泰元年任洛阳丞，后罢官闲居洛阳，不在长安。据前面所考，韦应物大约于大历二、三年或四年前后才有可能由洛阳赴长安居住。因此，在黎幹第一次任京兆尹时荐举韦应物为京兆府功曹的可能性应当排除。黎幹第二次任京兆尹的时间是在大历九年四月。《旧唐书·代宗纪》大历九年四月，"己卯，以桂管观察使黎幹为京兆尹、兼御史大夫。"而据《旧唐书》卷一一八《黎幹传》："久之，会京兆尹缺，人颇思幹。（大历）八年，复拜京兆尹、兼御史大夫。……十三年，除兵部侍郎。"《新唐书》卷一四五《黎幹传》："大历八年，复召为京兆尹。"新、旧《唐书》本传都说除京兆尹在大历八年，与《本纪》所载不同。今按，《旧唐书·代宗纪》于大历八年九月载："戊戌，以辰锦观察使李昌巙为桂州刺史、桂管防御观察使。"李昌巙即为接黎幹的桂管观察使任的。本传所载大历八年，当指除授发表的时间，本纪所载大历九年四月，则指黎幹实际为京兆尹的时间，二者并不矛盾。黎幹于大历九年四月至大历十三年任京兆尹，则韦应物之为黎幹所荐举为京兆府功曹等职当然也在这一时期之内。

公元 776 年　大历十一年　四十岁

在京兆府功曹、摄高陵宰任上。

韦集卷二《高陵书情寄三原卢少府》："直方难为进，守此微贱班。开卷不及顾，沉埋案牍间。兵凶互相践，徭赋岂得闲。促戚下可哀，宽政身致患。日夕思自退，出门望故山。君心傥如此，携手相与还。"按，此云"高陵书情"，当是宰高陵时所作。

诗中言战事迭起,徭赋催办之事甚为迫切烦杂。考大历九年以后,凡大历十年、十一年频有战乱,仅据《旧唐书·代宗纪》所载,十年正月,昭义牙将裴志清逐其帅薛嵩。魏博节度使田承嗣盗取洺州,又破卫州。二月,河阳军乱,逐城使常休明。三月,陕州军乱,逐观察使李国清,纵兵大掠。十月,昭义节度使李承昭与田承嗣将卢子期战于滋州清水县,大破之。大历十一年,五月,以永平军节度使李勉为汴州刺史,但汴州将李灵耀阻兵不受代。八月,李灵耀叛,命淮西李忠臣、滑州李勉、河阳马燧三镇兵讨之。十月,李灵耀兵败被擒,汴州平。大历十二年、十三年无大战事。而十一年汴州战事最为激烈。韦诗所谓"兵凶互相践,徭赋岂得闲",当即指此而言。故系此诗于本年。

公元 777 年　代宗大历十二年　四十一岁

在京兆府功曹任上。是年夏秋,秦中大水成灾,曾出使云阳视察灾情,有诗记其事。

韦集卷二《使云阳寄府曹》:"夙驾祗府命,冒炎不遑息。百里次云阳,闾阎问漂溺。上天屡愁气,胡不均寸泽。仰瞻乔树颠,见此洪流迹。良苗免湮没,蔓草生宿昔。颓墉满故墟,返喜将安宅。周旋涉涂潦,侧峭缘沟脉。……"此诗言承京兆府之命,往云阳视察灾情。据《新唐书》卷三十七《地理志》一,云阳为京兆府属县。又《新唐书·代宗纪》,大历十二年十月载:"京兆尹黎幹奏水损田三万一千顷。度支使韩滉奏所损不多。兼渭南令刘藻曲附滉,亦云部内田不损。差御史赵计检渭南田,亦附滉云不损。上曰:'水旱咸均,不宜渭南独免。'复命御史朱敖检之，渭南损田三千顷。"此处虽意在赞誉代宗的所谓"恤隐"民情，但仍可见大历十二年夏秋，长安郊区各县因水灾所造成的农田大面积荒芜。据史书所载，大历后期秦中一带，独大历十二年大雨成灾。则此诗当作于本年夏。据《新唐书》卷四十九下《百官志》四下："（京兆）功曹司功参军事，掌考课、假使、祭祀、礼乐、学校、表疏、书启、禄食、祥异、医药、卜筮、陈设、丧葬。"由韦诗看来，除此等职务外，尚有奉使至属县的临时差遣。韦集卷二《赠令狐士曹》诗，题下自注："自八月朔旦同使蓝田，淹留涉季，事先半日而不相待，故有戏赠。"可见尚有奉使至蓝田者。

在长安任职期间，于本年前后，有寄赠冯鲁、冯著兄弟诗。

韦集卷二《赠冯著》："契阔仕两京，念子亦飘蓬。方来属追往，十载事不同。岁晏乃云至，微褐还未充。惨凄游子情，风雪自关东。……"诗云"契阔仕两京"，当指先为洛阳丞，后为京兆府功曹等职。"十载事不同"，或指大历初期至本年前后。按，据前大历四年条，冯著曾于大历四年后数年间受辟为李勉岭南节度使幕为录事。李勉于大历七年冬改任他职，冯著当也罢录事之职北上，此时又入长安，应物赠之以诗。韦集卷五又有《答冯鲁秀才》诗，中云："顾我腰间绶，端为华发侵。簿书劳应对，篇翰旷不寻。"当亦作于长安任职时。唐林宝《元和姓纂》卷一，有"河间，监察御史冯师古，孙著、鲁。"[1] 又云：

---

[1] 文学研究所编注的《唐诗选》录冯著诗二首，说"冯著，不详其字与籍贯"。冯著字不详，从《元和姓纂》可知其为河间人。

"鲁兼监察御史。"裴度《刘府君神道碑铭并序》(《全唐文》卷五三八),记贞元十八年(802)刘太真葬时,有"监察御史冯鲁、杨巨源"。由此可知,冯著、冯鲁为兄弟,冯鲁后仕至监察御史,冯著则不详。

任京兆府功曹时的诗作。

据《新唐书·百官志》,京兆府的属吏,有功曹、仓曹、户曹、田曹、兵曹、法曹、士曹等。从诗中可考见韦应物在长安仟京兆府功曹的同僚,有令狐士曹、独孤兵曹、豆卢仓曹、刘西曹,以及田曹卢康、户曹韩质等人,如《答令狐士曹独孤兵曹联骑暮归望山见寄》(韦集卷五)、《酬豆卢仓曹题库壁见示》(同上)、《答刘西曹》(同上)、《赠令狐士曹》(卷二)、《晚出府舍与独孤兵曹令狐士曹南寻朱雀街归里第》(卷八),以及《天长寺上方别子西有道》(卷四,题下自注:"时任京兆府功曹摄高陵宰,别田曹卢康、户曹韩质,因而有作")等诗,不备举。又据《元和姓纂》卷四,二十五寒,韩朝宗"生赍、赏、质","质京兆少尹、中书舍人"。此当为韩质后来之仕历。卢纶有《晚次新丰北野老家书事呈赠韩质明府》(《全唐诗》卷二七八),则韩质或又曾为昭应令(新丰在昭应县,唐人习称县令为明府)。王维又有《大唐吴兴郡别驾前荆州大都督府长史山南东道采访使京兆尹韩公墓志铭》(《全唐文》卷三二七),未载其子之名,其他京兆府同僚如令狐士曹、豆卢仓曹,以及田曹卢康等,都已不可考知。

公元 778 年　代宗大历十三年　四十二岁

本年秋已为鄠县令。

韦集卷四《谢栎阳令归西郊赠别诸友生》，诗中有自注云："大历十四年六月二十三日，自鄠县制除栎阳令……"由此，知韦应物在京兆府功曹、摄高陵宰之后，大历十四年六月之前，曾一度任鄠县令之职。据《新唐书·地理志》，鄠县也是京兆府的属县之一。现在需要考证的是他为鄠县令的时间。

按，韦集卷二有《秋集罢还途中作谨献寿春公黎公》诗，有云："束带自衡门，奉命宰王畿，君侯枉高鉴，举善掩瑕疵。"言所以能宰畿县，因出于府主寿春公之推荐。接叙秋日集于京兆府："时节乃来集，欣怀方载驰。平明大府开，一得拜光辉。温如春风至，肃若严霜威。"表示对黎幹的称颂。后叙集会礼毕，各自还县："公堂燕华筵，礼罢复言辞。将从平明道，憩车沣水湄。山川降嘉岁，草木蒙润滋。孰云还本邑，怀恋独迟迟。"此处言"还本邑"的路线，要经过沣水。沣水在长安西，鄠县在长安西南，高陵则在长安东北。由此可知韦应物这次秋集罢后所归之县，应是鄠县，而决非高陵。此其一。又据《使云阳》诗（见上年条），大历十二年夏曾以京兆府功曹出使云阳，是年有大水成灾，而据此处之《秋集罢还途中作……》诗，所写如"斯民本已安，工拙两无施"，"山川降嘉岁，草木蒙润滋"，不像是灾年景象。此其二。据《旧唐书·黎幹传》，黎幹于大历十三年由京兆尹改除兵部侍郎，未言年月，而此《秋集》诗当作于黎幹尚为京兆尹之时，此其三。根据这三点，可知《秋集》诗当作于大历十三年秋，由此并可断定此时韦应物已为鄠县令。

韦应物对黎幹之态度。

上述《秋集罢还途中作谨献寿春公黎公》诗,有云:"平明大府开,一得拜光辉。温如春风至,肃若严霜威。群属所载瞻,而忘倦与饥。"卷六又有《至开化里寿春公故宅》云:"宁知府中吏,故宅一徘徊。历阶存往敬,瞻位泣余哀。废井没荒草,阴牖生绿苔。门前车马散,非复昔时来。"诗作于黎幹死后已久。黎幹贬死于大历十四年五月,诗或作于建中时(781—783),或作于贞元三年(787)由江州刺史召还入京时(皆详后),总之,都是在黎幹被贬谪而死以后。由此可见,韦应物对黎幹始终表示深切的知遇之感。

按,《旧唐书·黎幹传》谓:"(大历)八年,复拜京兆尹、兼御史大夫。幹自以得志,无心为理,贪暴益甚,徇于财色。"后又叙述他交结宦官刘忠翼。德宗即位之初,即与刘忠翼同时除名长流。至其被贬的原由,《通鉴》卷二二五大历十四年五月载:"时人或言幹、忠翼尝劝代宗立独孤贵妃为皇后,妃子韩王迥为太子。上(指德宗)即位,幹密乘轝诣忠翼谋事。事觉,丙申,幹、忠翼并除名长流,至蓝田,赐死。"从这里可见,黎幹致死的直接原因,是因为牵涉到最高统治者的争夺皇位的斗争,由此触犯德宗,因而被处死。但细按史书所记,黎幹在两次任京兆尹期间,倒有几件事情是足以记述的:第一,黎幹于永泰元年第一次任京兆尹时,即"颇以治称。京师苦樵薪乏,幹度开漕渠,兴南山谷口,尾入于苑,以便运载"(《新唐书》一四五本传)。解决了长安薪炭缺乏的问题。第二,大历十二年夏秋大水成灾,他不隐瞒灾情,抵制了当时颇有名望兼权势的韩滉,已见前所述。第三,"(大历)十三年,泾水拥隔,(幹)请开郑、白支渠,复秦、汉故道以溉民田,废碾硙八十余所"(见《新唐书》本传)。此事又见《通鉴》卷二二五大历十三年正月载:"春正月辛酉,敕毁白渠支流碾硙以溉田。升平公主有二硙,入见于上,请存之。上曰:'吾欲以利苍生,汝识吾意,当为众先。'公主即日毁之。"由此可见,此次建议毁碾硙以溉民田的即是黎幹。碾硙是当时大小地主(尤其是贵族大地主)霸占水利、损害一般民田的强横措施,黎幹的这一建议肯定要触犯大地主阶层的利益,《通鉴》所记升平公主事就是一例。《通鉴》此处的记载虽意在称颂代宗,但也有助于使我们了解黎幹毁碾硙的措施对一般平民的农田灌溉是有利的。从以上三点来看,黎幹的评价就不能如旧史书那样一概以所谓"贪暴"目之,而应持分析的态度。对黎幹的态度涉及到韦应物在长安任职时的政治倾向,以及他后来的去就,故略考之于上。

有与卢纶、李端等送黎幹子黎煟赴阳翟尉诗。

韦集卷四有《杂言送黎六郎》,题下自注"寿阳公之子"。诗中云:"闻话嵩峰多野寺,不嫌黄绶向阳城……河南庭下拜府君,阳城归路山氛氲。"同卷又有《送黎六郎赴阳翟少府》云:"试吏向嵩阳,春山蹀躞芳。腰垂新绶色,衣满旧芸香。……只应传善政,日夕慰高堂。"据《元和姓纂》卷三,十二齐,"京兆尹黎幹。生姚、炬、常、燧、煟、煟。"又拓本黎幹墓志(岑仲勉《元和姓纂四校记》卷三引,见前),谓"(幹)子九人,前监察御史姚,河南府士曹燧,成都尉炬,阳翟尉煟,陆浑尉煖、炼、烛、焕、焰等"。据此,则韦诗之阳翟少府(即阳翟尉)黎六郎即黎熠,而《杂言送黎六郎》题下自注“寿阳公之子”,阳应作春。从韦诗“只应传善政,日夕慰高堂”句,可见诗当作于大历十二年左右,也即德宗即位之前,因德宗于大历十四年五月即位不久,即下令贬黎幹,并随即处死。另外,李端也有《送黎少府赴阳翟》(《全唐诗》卷二八五):“诗礼称才子,神仙是丈人。玉山那惜醉,金谷已无春。白马如风疾,青袍夺草新。不嫌鸣吠客,愿用百年身。”卢纶有《送黎燧尉阳翟》(《全唐诗》卷二七六):“玉貌承严训,金声称上才。列筵青草偃,骤马绿杨开。潘县花添发,梅家鹤暂来。谁知望恩者,空逐路人回。”当是同时所作,由此也可考见李端、卢纶的行迹(据前所引拓本黎幹墓志,卢纶诗题中的黎燧,应作黎熠,燧为河南府士曹,熠乃为阳翟尉)。

公元 779 年　大历十四年　四十三岁

六月,自鄠令除栎阳令;七月,以疾辞官。

韦集卷四《谢栎阳令归西郊赠别诸友生》诗:“结发事州县,蹉跎在文墨。徒有排云心,何由生羽翼。幸遭明盛日,万物蒙生植。独此抱微痾,颓然谢斯职(自注:大历十四年六月二十三日自鄠县制除栎阳令,以疾辞归善福精舍,七月二十日赋此诗)。世道方荏苒,郊园思偃息。……”按,据《新唐书》卷三十七《地理志》一,栎阳县属华州华阴郡,但据志,栎阳于天祐三年(906)才归属于华州,大历年间尚为京兆府的畿县,韦应物由鄠县改除栎阳,并不意味左迁或外放,而与当时的朝政有关。据《旧唐书·代宗纪》,大历十四年三月“庚戌,以河南尹严郢为京兆尹”。黎幹则已在此之前解京兆尹之职为兵部侍郎。同年五月,代宗死,德宗立,据《旧唐书》卷十二《德宗纪》,大历十四年五月"丙申,诏兵部侍郎黎幹害若豺狼,特进刘忠翼掩义隐贼,并除名长流。既行,俱赐死"。据前所述,韦应物任京兆府功曹等职,本由黎幹所荐举,韦应物对黎幹也深抱知遇之感,现在黎幹既然贬死,京兆尹易人,他也就因此而称疾辞官。

于本年六月辞栎阳令后,至建中二年(781)四月,闲居于长安西郊沣上之善福寺。此一时期所作之诗,后曾编录为《沣上西斋吟藁》数卷。

前引《谢栎阳令归西郊赠别诸友生》诗中自注云"以疾辞归善福精舍"。又韦集卷二《沣上西斋寄诸友》,题下自注:"七月中善福之西斋作。"云:"绝岸临西野,旷然尘事遥。"又云:"等陶辞小秩,效朱方负樵。"可见善福寺即在沣水沿岸。《元和郡县志》卷二京兆府鄠县:"丰水出县东南终南山,自发源北流,经县东二十八里,北流入渭。"丰水即沣水。可见韦应物辞栎阳令罢官后,即居长安西郊鄠县沣水沿岸之善福寺,也称西斋,如此处之《沣上西斋寄诸友》,又卷二有《独游西斋寄崔主簿》诗。按,应物于本年六月辞官,直至建中二年(781)四月除尚书比部员外郎,在此期间内即居于此,所作诗又有《善福阁对雨寄李儋幼遐》、《九日沣上作寄崔主簿倬二李端系》、《寺居独夜寄崔主簿》、《沣上寄幼遐》、《善福精舍示诸生》、《晚出沣上赠崔都水》、《寓居沣水精舍寄于张二舍人》、《沣上醉题寄涤武》、《沣上对月寄孔谏议》(以上皆韦集卷二)等,韦集他卷亦有。据王钦臣《宋嘉祐校定韦苏州集序》有云："题曰《韦苏州集》，旧或曰《古风集》，别号《沣上西斋吟稿》者又数卷。"知曾将在沣上所作诗编成数卷，流传于世。

公元 780 年　德宗建中元年　四十四岁

本年有与畅当酬答诗，并言及闲居时的生活。

韦集卷五《答畅校书当》："偶然弃官去，投迹在田中，日出照茅屋，园林养愚蒙。……出入与民伍，作事靡不同。时伐南涧竹，夜还沣水东。贫蹇自成退，岂为高人踪。览君金玉篇，彩色发我容。日日欲为报，方春已徂冬。"按，此处所写闲居时生活，可与卷二《晚出沣上赠崔都水》相参看，有云："首起趣东作，已看耘夏田。一从民里居，岁月再徂迁。"又《答畅校书当》诗中先云"偶然弃官去，投迹在田中"，后云"日日欲为报，方春已徂冬"，按，韦应物辞官在大历十四年六月，建中二年四月又出为比部员外郎，自春至冬闲居者，只能是建中元年始有可能，此诗当为本年作。又卷二并有《西郊养疾闻畅校书有新什见赠久伫不至先寄此诗》，云："养病恬清夏，郊园敷卉木。……"此诗为夏日作，疑亦在本年。畅当于大历、贞元间也以诗名世。据《唐才子传》卷四畅当小传，当大历七年进士，张式榜及第，由韦应物诗，可知畅当此时已任校书郎之职。

本年春或明年春又有诗寄吉中孚、夏侯审。吉中孚时为万年尉，夏侯审为校书郎。

韦集卷二《春日郊居寄万年吉少府中孚三原少府伟夏侯校书审》，云："谷鸟时一啭，田园春雨余。"又云："独饮涧中水，吟咏老氏书。城阙应多事，谁忆此闲居。"显为闲居西郊时所作。按，据《册府元龟》卷六四五贡举部，建中元年，军谋越众科夏侯审及第。又《唐才子传》卷四夏侯审小传："建中元年，礼部侍郎令狐峘下试军谋越众科第一，释褐校书郎。"韦诗所写为春日。唐代科试，一般亦在二、三月间。则此诗只能作于本年春或明年春（明年建中二年四月除比部员外郎，已离沣上）。由此可知此时吉中孚为万年尉（《新唐书·艺文志》及《卢纶传》附载吉中孚事，均未载为万年尉事），夏侯审为校书郎。又韦集卷一另有《春宵燕万年吉少府中孚南馆》诗，亦为春日作，中云："宾筵接时彦，乐燕凌芳岁。……欲去返郊扉，端为一欢滞。"似亦为此一时期作，韦应物于今明年春季曾至长安城中，过吉中孚所居，与诸人夜宴尽欢，故有"欲去返郊扉，端为一欢滞"之句。

有寄令狐峘诗，当作于今冬或明春。时峘贬为郴州司马。

韦集卷三有《寄令狐侍郎》诗，云："始自风尘交，中结绸缪姻。"则令狐为其故友，又为姻亲。诗又云："一旦迁南郡，江湖渺无垠。宠辱良未定，君子岂缁磷。寒暑已推斥，别离生苦辛。非将会面目，书札何由申。"据《旧唐书》卷十二《德宗纪》上，建中元年二月，"甲寅，贬史馆修撰、礼部侍郎令狐峘郴州司马。"又据《旧唐书》卷一四九《令狐峘传》，峘初为刘晏所辟用，及德宗初杨炎为相，因触犯杨炎，乃被贬。《旧书》本传云建中初所贬为衡州别驾（《新唐书》卷一〇二《令狐德棻传》附峘传亦云贬衡州别驾），与本纪所载郴州异。又据传，德宗即位之初欲厚葬代宗，令狐峘曾上书谏，谓历观以前的朝代，"有德者葬愈薄，无德者葬愈厚"，以此著名当代。韦诗云"寒暑已推斥,别离生苦辛",峒之贬在二月,则作诗当在本年冬,或明年春。

韦应物在沣上居住期间,有外甥数人,其中有赵伉,乃《因话录》作者赵璘之父。

韦集卷五《沣上精舍答赵氏外生伉》:"远迹出尘表,寓身双树林。如何小子伉,亦有超世心。担书从我游,携手广川阴。……对榻遇清夜,献诗合雅音。……"此诗之后又有《答赵氏生伉》诗。据拓本《唐故进士赵君(珪)墓志铭》:"侍御史府君生皇考府君讳伉,进士及第,监察御史。"(拓本原文未见,此据岑仲勉《元和姓纂四校记》卷七引)此志为赵璜撰,璜为赵伉次子。据《元和姓纂》卷七,三十小,侍御史赵涉,生三子:僔、伉、伸,"僔,监察御史";"伉,昭应尉"。伉生瑹、璜、琏。而据《新唐书》卷七十三下《宰相世系表》三下,赵骃(京兆士曹参军)生二子:涉(侍御史)、浑(大理丞)。涉生僔(监察御史),浑生伉(昭应尉)。伉三子:璘(字泽章)、琏(字几颜)、璜(字祥牙)。以《新表》与《姓纂》对勘,再参以赵珪墓志,伉应为涉子,《新表》作浑子,误。又,伉生瑹、璜、琏,《姓纂》将璘写作瑹,误。《新唐书·艺文志》子部小说家类,有"赵璘《因话录》六卷",下注云:"字泽章,大中衢州刺史。"所谓"字泽章",与《新表》合。据《因话录》卷二商部上,赵伉除《新表》所载为昭应尉外,曾与诗人李约同在浙西节度使幕,时间不详。建中元年,赵伉年岁尚轻,故韦诗称之为"小子伉"。

在长安时丧妻,曾有悼亡诗十余首。

韦集卷六有《伤逝》诗等十余首。《伤逝》诗题下有注云:"此后叹逝哀伤十九首尽同德精舍旧居伤怀时所作。"此注不知为何人所加，其说颇误。按，《伤逝》诗中云："念我室中人，逝去亦不回。结发二十载，宾敬如始来。"如为韦应物寓居洛阳同德精舍时作，则为永泰元年或后数年间所作。永泰元年为公元 765 年，时韦应物二十九岁，则"结发二十载"，显然不可能。今按，同卷《往富平伤怀》中有云："昨者仕公府，属城常载驰。"则显然指在长安任职之事。其妻当卒于在长安任职时，至于《伤逝》诗题下小注"同德精舍"云云，此同德精舍疑为善福精舍之误。同卷《同德精舍旧居伤怀》为离洛阳以后重游时所作。诗中云："洛京十载别，东林访旧扉。山河不可望，存殁意多违。时迁迹尚在，同去独来归。"意即谓仕洛阳时与其妻同来，离洛阳时亦同去，今日重又来游，则只有一人。又同卷《出还》述及其妻没时，家中尚有幼女："幼女复何知，时来庭下戏。"而后来在滁州所作的《送杨氏女》诗（韦集卷四）也曾提及其幼女，诗中有自注云："幼女为杨氏所抚育。"由以上所述，可以考定其妻之卒当在长安任职之时。唐人诗篇中，悼亡诗有十余首之多，且感情诚挚感人者，韦诗不在元稹之下。

公元 781 年　德宗建中二年　四十五岁

四月，除尚书比部员外郎。

韦集卷四《始除尚书郎别善福精舍》，题下自注："建中二年四月十九日，自前栎阳令除尚书比部员外郎。"诗中云："除书忽到门，冠带便拘束。愧忝郎署迹，谬蒙君子录。俯仰垂华缨，飘飘翔轻毂。行将亲爱别，恋此西涧曲。远峰明夕川，夏雨生众绿,迅风飘野路,回首不遑宿。"又卷五《答崔都水》中云：
"久嫌官府劳,初喜罢秩闲。终年不事业,寝食长慵顽。不
知何为来,名籍挂郎间。摄衣辞田里,华簪耀颓颜。"可见韦
应物始除尚书比部员外郎的心情。又据《新唐书》卷四十六
《百官志》一,比部员外郎属刑部,"掌句会内外赋敛、经费、俸
禄、公廨、勋赐、赃赎、徒役课程、逋欠之物,及军资、械器、和
籴、屯收所入。"其事至为繁杂,无怪乎韦应物比为"樊笼"：
韦集卷六《忆沣上幽居》中云"一来当复去,犹此厌樊笼。况
我林栖子,朝服坐南宫"。

公元 782 年　德宗建中三年　四十六岁

仍在尚书比部员外郎任。约四月间,有送李益赴幽州诗(后因朱
滔之乱,李益或未成行)。

韦集卷四《送李侍御益赴幽州幕》："二十挥篇翰,三十穷
典坟。辟书五府至,名为四海闻。始从车骑幕,今赴嫖姚
军。……登高望燕代,日夕生夏云。司徒拥精甲,誓将除国
氛。儒生幸持斧,可以佐功勋。无言羽书急,坐阙相思文。"
按,此诗之后为《自尚书郎出为滁州刺史留别友朋兼示诸弟》
诗,应物出刺滁州在建中四年夏秋(说详后),此诗之前数首为
建中二年四月间所作之《始除尚书郎别善福精舍》,按照诗集
编排次序,送李益之诗亦当作于建中年间。据《旧唐书》(卷
一三七)、《新唐书》(卷二〇三)《李益传》,李益曾游幽州,
但其时在刘济为幽州节度使时,而刘济为幽州节度使乃在
贞元元年九月(《旧唐书·德宗纪》上)。时韦应物已不在长
安。今按,诗中有"司徒拥精甲,誓将除国氛"之句,据《旧唐

书·德宗纪》上,建中三年正月"丙寅,幽州节度使朱滔、张孝忠破李惟岳之兵于束鹿。"闰正月"甲辰,成德军兵马使王武俊杀李惟岳,传首京师"。二月戊午,"加朱滔检校司徒"。又《旧唐书》卷一四三《朱滔传》:"建中二年,(李)宝臣死,其子惟岳谋袭父位。滔与成德军节度使张孝忠征之,大破惟岳于束鹿。……以功加检校司徒,为幽州、卢龙军节度使。"刘济则始终未封为司徒。韦诗所谓"司徒拥精甲,誓将除国氛",无疑即指朱滔因破李惟岳兵而加检校司徒一事。但据《旧唐书·德宗纪》上所载,朱滔不久即叛:"(建中三年四月)朱滔、王武俊与田悦合从而叛。"唐朝廷又命马燧、李抱真、李芃等三节镇连兵征讨,兵连不结,直至建中四年十月泾卒之变,德宗出奔奉天。今观韦诗有称颂朱滔之语,且勉励李益去幽州军中为国立功,诗中又有"登高望燕代,日夕生夏云"之句,而朱滔之叛又在四月,则李益之赴幽燕及韦应物之赠诗,或当即在四月间,盖其时朱滔虽叛,与王武俊、田悦相连结,但其消息尚未传来。有关李益事迹的记载皆未云李益赴朱滔幕,仅云在刘济幕中任职,则当是建中三年四月之行,终因朱滔之叛而未能实现。

公元 783 年　德宗建中四年　四十七岁

夏,由尚书比部员外郎出为滁州刺史,秋至任。

王钦臣《宋嘉祐校定韦苏州集序》:"建中二年,由前资除比部员外郎,出为滁州刺史。"姚宽《西溪丛语》卷下:"建中二年,由前资除比部员外郎,出为滁州。"都未言为滁州刺史的年月。沈作喆所作补传则谓:"建中二年,拜尚书比部员外郎；明年，出为滁州刺史。"据沈作喆所说，则是韦应物于建中三年为滁州刺史。今按，韦集卷三有《寄诸弟》诗，题下自注云："建中四年十月三日，京师兵乱，自滁州间道遣使……"则建中四年十月以前已为滁州刺史。又同卷有《郡斋感秋寄诸弟》诗云："首夏辞旧国，穷秋卧滁城。方如昨日别，忽觉徂岁惊。"可知韦应物是在春季离长安，秋至滁州任。其为尚书比部员外郎是在建中二年四月，则所谓"首夏辞旧国"，只有建中三年或四年才有可能。按，韦集卷二另有《秋夜南宫寄沣上弟及诸生》诗，云南宫，即指尚书省官署。诗中云："空宇感凉至，颓颜惊岁周。"意即谓作此诗时，在比部员外郎职又是一年之秋。据此，则《秋夜南宫》诗当作于建中三年秋，亦即建中三年秋尚在长安，则《郡斋感秋寄诸弟》之"首夏辞旧国"，只能在建中四年，也就是：建中四年夏离长安，秋至滁州[1]。

又韦集卷二有《将往滁城恋新竹简崔都水示端》："停车欲去绕丛竹，偏爱新筠十数竿。莫遣儿童触琼粉，留待幽人回日看。"由长安赴滁州，途经洛阳，有诗。

韦集卷三《寄大梁诸友》："分竹守南谯，弭节过梁池。雄都众

---

[1]马茂元《唐诗选》，注《滁州西涧》诗，谓"建中二年，韦应物出任滁州刺史"。此乃误读王钦臣、姚宽所云"建中二年，由前资除比部员外郎，出为滁州刺史"语。实则此处所谓建中二年，乃指由前栎阳令为尚书比部员外郎，与后之"出为滁州刺史"实系两事，《唐诗选》乃合二为一，致此谬误。又其书韦应物小传云"玄宗时，任三卫郎，后应举成进士"，所谓"应举成进士"，亦不知所据（中国科学院文学研究所编的《中国文学史》同此误）。所有有关韦应物事迹的记载以及韦应物本人的诗作，都没有说韦应物曾应举进士的。

君子，出饯拥河湄。”又云：“昨日次睢阳，今夕宿符离。云树怆重叠，烟波念还期。相敦在勤事，海内方劳师。”南谯即指滁州。建中二年以来，频年皆有战事，“海内方劳师”，即指此。又卷二《自巩洛舟行入黄河即事寄府县僚友》：“夹水苍山路向东，东南山豁大河通。寒树依微远天外，夕阳明灭乱流中。孤村几岁临伊岸，一雁初晴下朔风。为报洛桥游宦侣，扁舟不系与心同。”此也为韦诗名篇，系赴滁州任离洛阳时所作，所谓府县僚友，即指广德、永泰时为洛阳丞时之河南府同僚。赴滁州作者尚有《将往江淮寄李十九儋》（韦集卷二）、《淮上即事寄广陵亲故》（同上）、《夕次盱眙县》（卷六）。

秋冬，在滁州时，有诗寄畅当，时畅当以子弟从军。卢纶时为昭应令，亦有送畅当从军诗。

韦集卷三《寄畅当》诗，题下自注：“闻以子弟被召从军。”诗云：“寇贼起东山，英俊方未闲。闻君新应募，籍籍动京关。出身文翰场，高步不可攀。青袍未及解，白羽插腰间。昔为琼树枝，今有风霜颜。秋郊细柳道，走马一夕还。丈夫当为国，破敌如摧山。何必事州府，坐使鬓毛斑。”按，畅当《新唐书》卷二〇〇《儒学下》有传，云：“当进士擢第，贞元初，为太常博士。”未载其从军事。今按，《唐会要》卷七十二“军杂录”条：“建中四年四月，初令京师募兵，以神策使白志贞为之使，又故节度观察使武将家，出僮马，具戎装从军，自是京师人心震摇，不保家室。”此事又见《旧唐书》卷一三五《白志贞传》，所载较详，可以看出当时藩镇拥兵作乱以及德宗朝廷昏庸无能的情况，云：“建中四年，李希烈陷汝州，命志贞为京城召募使。

时尚父(郭)子仪婿端王傅吴仲孺家财巨万,以国家召募有急,惧不自安,乃上表请以子弟率奴客从军,德宗嘉之,超授五品官。由是志贞请令节度、观察、团练等使并尝为是官者,令家出子弟、甲马从军,亦与其男官。是时豪家不肖子幸之,贫而有子者苦之。自是京师人心摇震,不保家室。"又云:"时禁军募致,悉委志贞,两军应赴京师,杀伤殆尽,都不奏闻,皆以京师沽贩之徒以填其阙。其人皆在市廛,及泾师犯阙,诏志贞以神策军拒贼,无人至者,上(指德宗)无以御寇,乃图出幸。"《通鉴》卷二二八建中四年四月也载此事,与《唐会要》《旧唐书·白志贞传》同,其中说:"志贞请诸尝为节度、观察、都团练使者,不问存没,并勒其子弟帅奴马自备资装从军,……贫者甚苦之,人心始摇。"所记更为明确。畅当之父为畅璀,有传见《旧唐书》卷一一一,谓:"大历五年,兼判太常卿,迁户部尚书。十七年七月卒。"畅当于大历七年进士登第(见《唐才子传》卷四),约大历后期任校书郎之职,韦应物在长安沣上闲居时有与交往(已见前)。韦诗《寄畅当》,题下自序既云"以子弟从军",诗中又云"寇贼起东山",按,建中三年,河北、山东诸藩镇如朱滔、王武俊、田悦、李纳等已连兵反唐,各自称王,建中四年正月,淮西节度使李希烈又起兵袭陷汝州,唐军屡为所败,朱滔等又奉李希烈为建兴王、李希烈自称天下都元帅。韦诗"寇贼起东山",东山即山东,即指潼关以东地区。唐朝廷的原有兵力无法应付,故命白志贞募文武官员的子弟从军,时畅当之父虽死,也如《通鉴》所记"不问存没",皆勒令子弟从军。韦诗云"秋郊细柳道",又自称云"何必事州府,坐使鬓毛斑"，揆之史实，故定于本年秋在滁州刺史时所作。但白志贞奉命召募是在四月间，韦应物当为在此之后在滁州闻讯畅当从军，故寄以此诗。又卢纶亦有《送畅当赴山南幕》（《全唐诗》卷二七六）云："含情脱佩刀，持以佐贤豪。是月霜霰下，伊人行役劳。……去矣奉戎律，悲君为我曹。"据《旧唐书》卷一六三《卢简辞传》，卢纶于建中元年为昭应令，昭应为长安属县，从诗中所述，当在秋冬。

在滁州所作诗，有对于当时战乱中滁州凋敝情况的反映。

韦集卷六《重九登滁城楼忆前岁九日归沣上赴崔都水及诸弟燕集悽然怀旧》，由诗题及诗中云"今日重九燕，去岁在京师"，可见为本年秋抵滁州未久时所作，诗中云："凋散民里阔，摧翳众木衰。楼中一长啸，恻怆起凉飔。"又卷五《答崔都水》、《答王郎中》，从排列次序及诗中所述，皆可定为在滁州作，前诗中有云："亩税况重叠，公门极熬煎。责逋甘首免，岁晏当归田。"后诗中云："风物殊京国，邑里但荒榛。赋繁属军兴，政拙愧斯人。"都可见出由于战乱而加重赋税、徭役的负担，由此造成城乡凋敝和荒凉的景状，韦应物的这些诗在当时富有现实性，在同时诗人中亦属少见。

公元784年　德宗兴元元年　四十八岁

仍在滁州刺史任。有诗反映自去年冬开始的朱泚之乱的情况。

韦集卷三《寄诸弟》诗，题下自注云："建中四年十月三日，京师兵乱，自滁州间道遣使，明年兴元甲子岁五月九日使还作。"兴元甲子岁，即兴元元年。可见此时仍在滁州任。诗云："岁暮兵戈乱京国，帛书间道访存亡。还信忽从天上落，唯知彼此泪千行。"按，韦应物出守滁州时，其旧居及诸弟等尚在长安，此于诗中屡见，如卷三《元日寄诸弟兼呈崔都水》（中云"一从守兹郡，两鬓生素发"），卷六《社日寄崔都水及诸弟群属》（中云"山郡多暇日，社时放吏归"），及同卷《寒食日寄诸弟》、《三月三日寄诸弟兼怀崔都水》等。又据《旧唐书·德宗纪》及《通鉴》卷二二八至二三〇等所载，建中四年，泾原兵本奉命东征李希烈，过长安时，以食劣无赏，哗变作乱，并奉朱滔之兄朱泚（前曾为幽州节度使）为天子，德宗出奔奉天。朱泚称帝，国号秦，并遣兵攻奉天。兴元元年二月，前来赴援的朔方节度使李怀光又与朱泚相结，战乱进一步扩大。直至五月下旬，李晟始收复长安，秦中一带自安史之乱以后，又一次受到大破坏。韦应物作此《寄诸弟》诗时，据自注是在五月九日，长安尚未收复。韦集卷三又有《京师叛乱寄诸弟》诗，中有"函谷行人绝，淮南春草生"句，则为本年春作，在上述的《寄诸弟》之前。中云："弱冠遭世难，二纪犹未平。羁离守远郡，虎豹满西京……忧来上北楼，左右但军营。"可见当时战乱之状。本年夏又有与杨凌唱和诗。凌在当时也有文名，柳宗元即为凌兄凭之婿。柳宗元曾为杨凌文集作序。

韦集卷三有《寄杨协律》，诗后附杨凌《奉酬滁州寄示》，中云："淮阳为郡暇，坐惜流芳歇。散怀累榭风，清暑澄潭月。"知在夏日。按，韦应物去年秋抵滁州，本年末或明年春又罢滁州刺史任，则夏日在滁州任上者只能是本年。又卷三另有《郡中对雨赠元锡兼简杨凌》诗，云"宿雨冒空山，空城响秋叶"，此诗亦为在滁州作，并云"遇兹端忧日，赖与嘉宾接。"对杨凌颇为推许,情见乎辞。

按,《旧唐书》卷一四六《杨凭传》:"杨凭字虚受,弘农人。……与母弟凝、凌相友爱,皆有时名。"《新唐书》卷一六〇《杨凭传》亦云:"与弟凝、凌皆有名。"并云:"凌字恭履,最善文,终侍御史。"柳宗元为杨凭之婿,可参见《柳河东集》卷九《唐故兵部郎中杨君墓碣》。《柳河东集》卷十二《先君石表阴先友记》中云:"杨氏兄弟者,弘农人,皆孝友,有文章。……凌,以大理评事卒,最善文。"(按,据此,则《新唐书》所谓凌终侍御史,不确。)另外,柳宗元在《杨评事文集后序》中对杨凌的文章作了极高的评价,说杨凌"少以篇什著声于时,其炳耀尤异之词,讽诵于文人,盈满于江湖";又说他"学富识远,才涌未已,其雄杰老成之风与时增加"(《柳河东集》卷二十一)。这些都可有助于韦、杨交往的研究。

本年又有《寄李儋元锡》、《寄全椒山中道士》等诗①。

《寄李儋元锡》见韦集卷三,亦为韦诗名作,云:"去年花里逢君别,今日花开已一年。世事茫茫难自料,春愁黯黯独成眠。身多疾病思田里,邑有流亡愧俸钱。闻道欲求相问讯,西楼望月几回圆。"去年春,韦应物尚未至滁州,明年春则已罢任,此

---

① 宋《墨客挥犀》卷十:"东坡曰,罗浮有野人,山中隐者或见之,相传葛稚川之隶也。有邓道士者尝见其足迹。余偶读韦苏州《寄全椒道士》诗云:'今朝郡斋冷,忽念山中客。涧底束荆薪,归来煮白石。遥持一樽酒,远慰风雨夕。落叶满空山,何处寻行迹。'想其风度则全椒道士,岂亦邓君之流乎?因以酒问,且依苏州韵作诗寄之曰:'一杯罗浮春,远饷采薇客。遥知独酌罢,醉卧松下石。幽人不可见,清啸闻月夕。聊戏庵中人,飞空本无迹。'"

诗当作于本年春①。李儋,两《唐书》无传,《新唐书》卷七十二上《宰相世系表》二上,陇西李氏姑臧大房,有给事中李升期子儋,殿中侍御史。其他事迹不详。韦应物屡有寄赠李儋诗,如卷三《赠李儋侍御》诗,可知韦诗中之李儋即《新表》中任殿中侍御史之李儋。

又韦集卷三《寄全椒山中道士》"今朝郡斋冷,忽念山中客"云云,亦为传诵之作,当也在本年秋作。

公元 785 年　德宗贞元元年　四十九岁

去年冬末罢滁州刺史任,本年春夏尚闲居于滁州西涧。

韦集卷三《岁日寄京师诸季端武等》云:"献岁抱深恻,侨居念旧缘……少事河阳府,晚守淮南壖……昨日罢符竹,家贫遂留连。部曲多已去,车马不复全。……听松南岩寺,见月西涧泉。为政无异术,当责岂望迁。"按,韦应物于去年春及五月尚在滁州刺史任(见前)。此诗作于正月初,而云"昨日罢符竹",则其罢滁州刺史任当在去年冬末。又云"家贫遂留连","见月西涧泉",可知寓居于西涧一带。西涧于韦集在滁州诗中屡见,如《滁州西涧》②、《西涧种柳》(皆卷八)、又如《示全真元常》(卷三)云:"余辞郡符去,尔为外事牵……始话南池

①文学研究所编注的《唐诗选》选此诗,注中谓"本篇当作于唐德宗贞元初年,作者正在苏州做刺史时"。无据。韦应物为苏州刺史亦非贞元初。

②欧阳修《书韦应物西涧诗后》云:"右唐韦应物《滁州西涧》诗。今州城之西乃是丰山,无所谓西涧者,独城之北有一涧,水极浅,遇夏潦涨溢,但为州人之患,其水亦不胜舟,又江潮不至此,岂诗家务作佳句,而实无此耶? 然当时偶不以图经考正,恐在州界中也。闻左司郭员外新授滁阳,欲以此事问之。"(《欧阳文忠公文集》卷七十三)

饮,更咏西楼篇。"此南池、西楼即上述《岁日》诗中的南岩寺、西涧。又《岁日》诗诗题中提及的其从弟韦武,为韦应物叔父韦镒之子(见前世系考)。《新唐书》卷九十八《韦挺传》附,谓韦武"累迁长安丞,德宗幸梁州,委妻子奔行在,除殿中侍御史"。德宗奔赴梁州在兴元元年二月,这时韦武也赴梁州,不在长安。同年五月李晟收复长安,七月德宗还京。据吕温《京兆韦公(武)神道碑铭并序》(《吕衡州文集》卷六)谓"皇舆返正,犹践旧职",即兴元元年七月以后随德宗还长安,仍任殿中侍御史之职。贞元元年正月韦武即在长安,故韦应物可以寄诗与他。

在滁州尚有《观田家》、《滁州西斋》等作。

《观田家》见韦集卷七,其中有"归来景常晏,饮犊西涧水",西涧在滁州,韦集中屡见,可见此诗也当在滁州作,确切年月则未能确定。诗中描写田家开春即全家劳动,"田家几日闲,耕种从此起,丁壮俱在野,场圃亦就理",但却苦于租税徭役,不得温饱,云:"仓廪无宿储,徭役犹未已。方惭不耕者,禄食出闾里。"此诗表现韦应物对贫苦农民抱同情态度,是韦诗中思想性之最强者。卷八又有《山耕叟》,写贫苦老农,当也是滁州所作。韦集卷八《滁州西涧》,中有"春潮带雨晚来急,野渡无人舟自横",亦为名句(参见明胡应麟《诗薮》外编卷四)。另外还有《滁城对雪》、《西涧种柳》等诗,皆为在滁州时所作。韦应物在滁州所作诗甚多,不备举。

本年秋,为江州刺史。

韦集卷三《登郡楼寄京师诸季淮南子弟》:"始罢永阳守,复卧浔阳楼。悬槛飘寒雨,危堞侵江流。迨兹闻雁夜,重忆别离秋……"据《新唐书》卷四十一《地理志》五,淮南道有滁州永阳郡,所属县有三,即清流、全椒、永阳。此处的"永阳守",即指永阳郡守,也就是滁州刺史。诗中又有"飘寒雨"、"别离秋"之句,可知韦应物去年冬末罢滁州刺史任,本年春夏在滁州闲居,至秋日又除为江州刺史。又韦集卷五《答偓奴重阳二甥》诗,其中云:"一朝忝兰省,三载居远藩",自建中四年至本年,亦为三年。因此可以确定韦应物于本年秋为江州刺史。

有《始至郡》诗,反映贫苦农民因不堪剥削压迫而逃亡的情况。

诗见韦集卷八,题云"始至郡",则为本年秋到达江州未久时所作。诗云:"溢城古雄镇,横江千里池。高树上迢递,峻堞绕敧危。"又云:"斯民本乐生,逃逝竟何为。旱岁属荒歉,旧逋积如坻。到郡方逾月,终朝理乱丝。宾朋未及宴,简牍已云疲。"可见当时江南如江州那样的"古雄镇",也因受战乱影响,与滁州同样破败①。

---

①独孤及《江州刺史厅壁记》(《毗陵集》卷十七)记江州地形及安史之乱以后的情况,颇可与韦诗参看,其中云:"是州也,在荆之域,于浔之阳,江从岷山东注,渤澥洪涛,至是派分为九,而庐山溢水,周于雉堞,洞庭彭蠡,为之襟带。故自晋元康,迄于梁陈,出入五代,四百余载,世称雄镇,且曰大府,匪亲匪贤,莫荷其寄。唐有天下,六合一轨,设险斯废,惟民之恤,则命官择任,与列郡等矣。至德已来,戎马生而楚氛恶,犹以是邦咽喉秦吴,跨蹑荆徐,而提封万井,歧路五裂。每使臣计郡县之财入,调军府之储峙,玺节旁午,羽书络绎,走闽禺而驰于越,必出此之路,而防虞供亿,功倍他郡,故亦大其任而难其人。"江州繁剧,又可参见符载《江州录事参军所壁记》(《全唐文》卷六八九)。

公元786年　德宗贞元二年　五十岁

本年仍在江州刺史任。

韦集卷六《春月观省属城始憩东西林精舍》,中云："因时省风俗,布惠逮高年。建隼出浔阳,整驾游山川。"去年秋至任,至今年春月乃出巡属县,并始游庐山东林、西林二寺。在江州并有《东林精舍见故殿中郑侍御题诗追旧书情……》、《发蒲塘驿沿路见泉谷村舍忽想京师旧居追怀昔年》、《自蒲塘驿回驾经历山水》(皆卷六)、《郡内闲居》(卷八)等诗。现存韦集内,江州之作不多,当是在江州时间甚短之故。

公元787年　德宗贞元三年　五十一岁

本年由江州刺史入朝为左司郎中。

王钦臣《宋嘉祐校定韦苏州集序》谓:"改刺江州,追赴阙,改左司郎中。"姚宽《西溪丛语》卷下:"改判江州,改左司郎中。"皆未言年岁。沈作喆所作补传则谓:"俄擢江州刺史,居二岁,召至京师。贞元二年,由左司郎中补外得苏州刺史。"接沈氏所说,则由江州刺史入朝当在贞元二年以前。但据上考,贞元元年、二年皆在江州刺史任。又韦集卷五有《答令狐侍郎》诗,中云:"三黜故无愠,高贤当庶几。但以亲交恋,音容邈难希。况惜别离久,俱忻藩守归。朝晏方陪厕,山川又乖违。"此诗之后附令狐峘《硖州旅舍奉怀苏州韦郎中》诗。韦与令狐这二首和答诗作于韦应物为苏州刺史时。按,令狐峘于建中元年(780)二月由礼部侍郎贬为郴州司马(新旧《唐书》本传作衡州别驾),韦应物曾有诗寄之,见前该年条。《旧唐书》卷一四九《令狐峘传》:"贬衡州别驾。迁衡州刺史。贞元中,李泌辅政,召拜右庶子、史馆修撰。"而据《旧唐书·德宗纪》及《宰相表》,贞元三年六月,李泌由陕虢观察使为中书侍郎、同中书门下平章事,拜相。则令狐峘之由衡州入朝,当在贞元三年六月以后。又据韦诗《答令狐侍郎》,"俱忻藩守归,朝晏方陪厕",即指令狐峘由衡州刺史、韦应物由江州刺史入朝,一为史馆修撰,一为左司郎中,时与事均合。由此可知,两人在朝只能在贞元三年六月以后,而不能在此之前。又,韦集卷五《答河南李士巽题香山寺》诗,中有云:"前岁守九江,恩召赴咸京……今兹守吴郡,绵思方未平。"韦应物之为苏州刺史在贞元四年七月以后。所谓前岁,即去年,此亦为一旁证,可以佐证韦应物是在贞元三年应召由江州赴京的。沈作喆定于贞元二年以前,误。

公元 788 年　德宗贞元四年　五十二岁

本年七月以后,韦应物由左司郎中为苏州刺史。

关于韦应物任苏州刺史的时间,过去的记载大多皆误,今考之于下。按,王钦臣云:"贞元初,又历苏州。"贞元共二十一年,则贞元初也可理解为贞元元年或二年。姚宽未载何年,仅云"自后守九江,至为苏州刺史。"而沈作喆所作补传,则确定即为贞元二年:"贞元二年,由左司郎中补外得苏州刺史。"自此以后,所有记载韦应物任苏州刺史者,均载于贞元二年(包括过去的一些文学史著作,及有关专著,如华忱之校订的《孟东野诗集》后附录的《孟郊年谱》)。今按,由前贞元三年条,可以考定贞元三年六月以后韦应物尚在长安,与令狐峘交往,由此一条,即可断定所谓贞元二年为苏州刺史之误。今更论证于下。

据《旧唐书·德宗纪》所载,贞元元年至十年间任苏州刺史者,有两处,一为贞元四年七月"乙亥,以苏州刺史孙晟为桂州刺史、桂管观察使",二为贞元八年二月壬午,"以苏州刺史齐抗为潭州刺史、湖南观察使"。此两处皆记载离职的时间,未记始任的时间。孙晟,两《唐书》无传(岑仲勉《元和姓纂四校记》谓晟应作成)。齐抗,《旧唐书》卷一三六本传未载为苏州刺史事,《新唐书》卷一二八本传载:"为处州刺史,历苏州,徙潭州观察使。"也未言何时始为苏州刺史。白居易有《吴郡诗石记》一文(《白氏长庆集》卷六十八),其中说:"贞元初,韦应物为苏州牧,房孺复为杭州牧,皆豪人也。韦嗜诗,房嗜酒,每与宾友一醉一咏,其风流雅韵,多播于吴中,或目韦、房为诗酒仙。时予始年十四五,旅二郡,以幼贱不得与游宴。"按,白居易生于大历七年(772),年十四五,则为贞元元年和二年。这与白氏文中称"贞元初,韦应物为苏州牧"相合。沈作喆所作补传的贞元二年之说,或即本之于白居易。但实际上白居易的所谓"始年十四五"并不准确(说详后),我们且从另一些材料来说明韦应物为苏州刺史不可能在贞元四年孙晟之前,而只能在孙晟于四年七月去任之后。

刘太真有诗,题为《顾十二况左迁过韦苏州房杭州韦睦州三使君皆有郡中燕集诗辞章高丽鄙夫之所仰慕顾生既至留连笑语因亦成篇以继三君子之风焉》(《全唐诗》卷二五二),诗中有云:"宠至乃不惊,罪及非无由。奔迸历畏途,缅邈赴偏陬。牧此凋弊甿,属当赋敛秋。"由此可知,作此诗时刘太真也正任郡守,而且是因罪而贬谪的。从刘太真这首诗所提供的材料,可分三点论述:(一)《旧唐书》卷一三七《刘太真传》载刘太真累历台阁,所任官职为:"自中书舍人转工部、刑部二侍郎。……转礼部侍郎。……贞元五年,贬信州刺史,到州寻卒。"(《新唐书》卷二〇三《文艺下·刘太真传》略同)又《旧唐书·德宗纪》贞元四年九月载德宗曲江宴,命诸臣作诗,刘太真与李纾之作被评为上等,可见此时尚在长安。至贞元五年三月"丙寅,贬礼部侍郎刘太真为信州刺史。"可见刘太真在贞元五年三月以后才在信州(即江西饶阳)刺史任。又据裴度所作《刘府君神道碑铭并序》(《全唐文》卷五三八),刘太真为信州刺史后,"移疾去郡,以贞元八年三月八日薨于余干县之旅馆,春秋六十八。"(又参见《全唐文》卷五二八顾况《信州刺史刘府君集序》)又《唐诗纪事》卷二十六载刘太真写给韦应物的信说:"顾著作来(况也),以足下《郡斋燕集》相示,是何情致畅茂遒逸如此!……"韦应物并有《酬刘侍郎使君》诗(韦集卷五),中云:"英贤虽出守,本自玉阶人……孰云俱列郡,比德岂为邻。"可见刘太真写信给韦应物作酬答诗时,两人同任刺史之职。刘太真之为信州刺史既在贞元五年三月以后,韦应物当也应为约略同时;孙晟既于贞元四年七月离苏州刺史任,则韦应物之为苏州刺史当然不可能在孙晟之前,而只能在他之后,也就是贞元四年七月以后。(二)顾况本在长安为著作郎,后因事贬饶州司户,其事见《旧唐书》卷一三〇《李泌传》附,但《旧唐书》未言在何时。而据《旧唐书》所载,顾况被贬,是因为李泌死后,顾况不临哭,反而有调笑之言,因而被劾。而李泌之卒,据《旧唐书·德宗纪》所载是在贞元五年三月,则顾况当是与刘太真于同年后先被贬的。唐张彦远《历代名画记》卷十顾况条,即明载:"贞元五年,贬饶州司户。"顾况于被贬道中路经苏州,此时之苏州刺史为韦应物,也证明贞元五年间韦应物为苏州刺史。(三)刘太真诗题中提及"顾著作况左迁过韦苏州房杭州韦睦州三使君皆有郡中燕集诗"云云。房杭州即为房孺复(可参见上引白居易《吴郡诗石记》)。房孺复见《旧唐书》卷一一一及《新唐书》卷一三九的《房琯传》附,均未言何年为杭州刺史。从清人劳格《读书杂识》卷七《杭州刺史考》中,可以推知其任杭州刺史是在建中二年以后,贞元六年之前。另一是韦睦州,据宋人所编《严州图经》卷一唐刺史题名,"韦赞:贞元四年正月十六日自驾部郎中拜。"其后任为张汇征:"贞元七年二月十一日自刑部郎中拜。"韦赞,两《唐书》无传,据《新唐书》卷七十四上《宰相世系表》四上,韦氏逍遥公房,有韦儹,睦州刺史,当即其人。戴叔伦有《赠韦评事儹》诗(《全唐诗》卷二七三),可见作"儹"是。由此可知,当时任睦州刺史者为韦儹,时间则在贞元四年正月至七年二月。从韦儹任睦州刺史的时间也正可证明韦应物之任苏州刺史不可能在贞元四年以前,而只能在贞元四年七月以后。

至于白居易的《吴郡诗石记》所载,也可进一步辨析。按,此文末署"宝历元年七月二十一日苏州刺史白居易题"。文中说:"贞元初,韦应物为苏州牧,房孺复为杭州牧。……时予始年十四五,旅二郡。……然二郡之物状人情,与曩时不异,前后相去三十七年,江山是而齿发非。"宝历元年为公元 825 年,前推三十七年,当为公元 788 年或 789 年,则恰好是贞元四年或五年,与上述所考相合。而贞元四年、五年,白居易为十七、十八岁,并非十四五岁。白氏自己在同一文中关于年岁的记载即自相矛盾,因此所谓"贞元初"者云云,正当不足为据。

公元 789 年　德宗贞元五年　五十三岁

仍在苏州刺史任。有答令狐峘诗,时令狐峘贬吉州别驾。

韦集卷五《答令狐侍郎》诗,中云:"吴门冒海雾,硖路凌连矶。"此诗之后附令狐峘《硖州旅舍奉怀苏州韦郎中》,题下自注:"公频有尺书,颇积离乡之思。"按,令狐峘于贞元三年六月后由衡州刺史入为史馆修撰,时韦应物亦由江州刺史入朝为左司郎中,二人时相过从,见前贞元三年条。又据《新唐书》卷一〇二《令狐德棻传》附峘传:"贞元五年,坐守衡州冒前刺史户口为己最,窦参素恶之,贬吉州别驾。"可见韦与令狐酬答之诗当作于本年。

顾况贬饶州司户,途经苏州,韦因有《郡斋燕集》诗。

其事见前贞元四年关于韦应物任苏州刺史时间的考辨中,此处不再重复。韦集卷一有《郡斋雨中与诸文士燕集》诗,首二句即为:"兵卫森画戟,宴寝凝清香。"为白居易所赞赏,见其所著之《吴郡诗石记》(《白氏长庆集》卷六十八)。韦诗之后附顾况《奉同郎中使君郡斋雨中宴集之什》,署为"州民朝议郎行饶州司士参军员外置同正员顾况"。

公元 790 年　德宗贞元六年　五十四岁

本年春仍在苏州刺史任,有同孟郊作送邹儒立诗。孟郊有赠韦应物诗。

孟郊有《春日同韦郎中使君送邹儒立少府扶侍赴云阳》诗（《孟东野诗集》卷七，华忱之校订，人民文学出版社 1959 年 7 月版）。韦集卷四有《送云阳邹儒立少府侍奉还京师》。按，据《唐会要》卷七十六"制科举"条，《册府元龟》卷六四五"贡举部"，贞元四年四月，贤良方正能直言极谏科邹儒立及第。邹当以贞元四年及第后，授云阳尉，至是自苏州侍奉其亲赴云阳任所。按，韦诗中云："省署惭再入，江海绵十春。"韦应物于建中二年（781）由前栎阳令为尚书比部员外郎，贞元三年（787）又由江州刺史为左司郎中，故云省署再入。自建中二年，历十年，则为本年，故系此诗于贞元六年。孟诗云"太守不韵俗，诸生皆变风"，则韦应物本年春尚在苏州刺史任。

孟郊又有《赠苏州韦郎中使君》（《孟东野诗集》卷六），或当作于同时。其中赞仰韦应物云："尘埃徐庾词，金玉曹刘名。章句作雅正，江山益鲜明。"

在苏州时，与丘丹、皎然、秦系等皆有诗往还。崔峒亦有诗寄之。
韦集有与丹丘诗多首，如《秋夜寄丘二十二员外》《赠丘员外》《复理西斋寄丘员外》（皆卷三），《送丘员外还山》《重送丘二十二还临平山居》《送丘员外归山居》（皆卷四）。丘丹亦有《和韦使君秋夜见寄》《奉酬韦苏州使君》等诗（见《全唐诗》卷三〇七）丹为丘为之弟，见《元和姓纂》卷五。《唐诗纪事》卷四十七："丹隐临平山，与韦苏州往还。"
又韦集卷三有《寄皎然上人》，皎然则有《五言答苏州韦应物郎中》（《皎然集》卷一，四部丛刊本）。《唐诗纪事》卷七十三：“（皎然）尝于舟中抒思，作古体十数篇，求合韦苏州，韦大不喜。明日，献其旧制，乃极称赏云：师几失声名，何不但以所工见投，而猥希老夫之意？人各有所得，非卒能至。昼大服其鉴裁之精。”所载未知是否实有其事，录以备参考。

又崔峒（大历十才子诗人之一）有《书情寄上苏州韦使君兼呈吴县李明府》（《全唐诗》卷二九四）。韦则未见有答崔峒诗。又秦系有《即事奉呈郎中韦使君》（《全唐诗》卷二六〇，题下自注：时系试秘书省校书郎），诗云：“久卧云间已息机，青袍忽著狎鸥飞。诗兴到来无一事，郡中今有谢玄晖。”韦集卷五则有《答秦十四校书》：“知掩山扉三十秋，鱼须翠碧弃床头。莫道谢公方在郡，五言今日为君休。”卷四并有《送秦系赴润州》诗。按，权德舆曾有《秦征君校书与刘随州唱和集序》（四部丛刊本《权载之文集》补遗），称刘长卿“自以为五言长城，而公绪（按，为秦系字）用偏伍奇师，攻坚击众，虽老益壮，未尝顿锋”，为当时写五言诗名家，故韦诗有“五言今日为君休”之句。

以上与丘丹、皎然、秦系等唱和诗，以及崔峒赠诗，皆未能确切考定为何年何月，但皆在韦刺苏州时，故一并系于本年，其时当在本年前后。

关于韦应物在苏州的生活情况：

韦应物在苏州的生活情况，从以上的记载中可以见到一些，现在拟进一步引用一些材料，以有助于对韦应物后期生活的研究。按，宋朱长文《吴郡图经续记》卷上“牧守”门：“若韦应物、白居易、刘禹锡亦可谓循吏,而世独知其能诗耳。韦公以清德为唐人所重,天下号曰韦苏州,当贞元时为郡于此,人赖以安,又能宾儒士,招独隐,顾况、刘长卿、丘丹、秦系、皎然之俦类见旌引,与之酬唱,其贤于人远矣。"又唐李肇《国史补》卷下:"韦应物立性高洁,鲜食寡欲,所至焚香扫地而坐。"这是唐宋时有关韦应物传记资料的一个方面。但我们从李观的两封书信还可以看到韦应物的另一面。李观的《李元宾文集》(粤雅堂丛书本)保存着李观代人上韦应物的两封书信,卷四有《代彝上苏州韦使君书》,彝失其姓,此人因言语触犯了当时作为苏州刺史的韦应物,因而得罪,李观乃代他上书,为之求情。信中云:"早闻阁下清节玉立,洪量海纳,军谋在握,文藻盈帙,中外腾口,声归其高。彝是用□□微诚,庶被知己,不测阁下以言罪之。"信中又云:"彝举家十口,儿女幼弱,皆小寺中侨寄,目下绝粒,阁下锢彝在此,令吏推责,反覆忧难,词理俱屈,衰发一夕如经千秋。"另一封信是同卷的《代李图南上苏州韦使君论戴察书》,信中称李图南为"布衣",戴察为其同学生,字彦衷,年二十二,苏州人,信中叙述戴察时说:"其人固穷自立,家无一□,老父垂白,处妹未字,湫底之巷,蓬茨蔽身,敝衣粝食,丐贷取给。"但即令如此,仍然是"重以官迫,不聊有生",信中具体叙述道:"见有衣黄衣者,排闼直入,口称里胥,骂彦衷曰:'两税方敛,何独不纳? 刺史县令,公知是谁? 俾予肌肤,代尔担责。'嚖嚖叫怒,不容少安。"后来戴察只好将家中的书和琴卖去,缴纳两税。里胥临走前还威胁说:"后所欠者,必搤公喉唾雪而取办!"从这两封信中,可以推知彝与戴察只不过是较清寒的读书人，还不是贫苦农民。但即使如此，也还是受到剥削与压迫，一般的劳动人民就更不用说了。李观信中所写的韦应物在苏州刺史时的"功绩"真实地反映了作为封建地主官僚的韦应物，并不是一味地"鲜食寡欲，所至焚香扫地而坐"那样的超然，他的行事仍然打上深刻的地主阶级的烙印。有关李观信中的材料，是历来研究者所忽视的，有的虽然引及，却以为唐代名李观者有数人，此处李观所写的信，并不是给诗人韦应物，而是另一人。今按，唐人中名李观者确实不止一人（可参岑仲勉《唐集质疑》中的《中唐四李观》）。但此《李元宾文集》作者的李观是与韦应物同时的，据韩愈《李元宾墓志》（《昌黎先生集》卷二十四）："李观字元宾，……始来自江之东，年二十四举进士，三年登上第，又举博学宏词，得太子校书，又一年，年二十九，客死于京师。"《唐诗纪事》卷四十陆复礼条，云贞元八年宏词赋，登第者有陆复礼、李观、裴度。李观之卒在贞元十年（参岑仲勉《唐集质疑》中的《李观疑年》），年二十九。则韦应物为苏州刺史时，李观为二十三至二十五岁之间。在上述与韦应物的书信中，称"郎中阁下"，与韦应物以左司郎中出刺苏州相合。《李元宾文集》卷四另有《上杭州房使君书》，此房使君即房孺复；又同卷《与房武支使书》中也提及戴察。这些，都可证明此李观确与韦应物为同时人，他所写的与韦苏州书，也确是给诗人韦应物的。

关于韦应物晚年的考证：

《旧唐书》卷十三《德宗纪》下，贞元八年二月壬午，"以苏州刺史齐抗为潭州刺史、湖南观察使"。由此可知,贞元八年二月以前的一段时间内,任苏州刺史的为齐抗。按,《旧唐书》卷一三六《齐抗传》,言齐抗"历处州刺史,转潭州刺史、湖南都团练观察使"。未载任潭州刺史前曾为苏州刺史一事。《新唐书》卷一二八《齐澣传》附孙抗传,载抗"历谏议大夫,坐小累,为处州刺史,历苏州,徙潭州观察使"。此处载齐抗曾为苏州刺史。新旧《唐书》本传都没有记载齐抗这几次官职迁转的具体时间,但从《旧唐书》未载刺苏州一点看来,似齐抗为苏州刺史的时间甚为短促。又据前面所述,韦应物与孟郊皆有诗送邹儒立,可以确定其时间为贞元六年春,这时韦尚在苏州刺史任,则韦之罢任当在贞元六年春以后至八年二月以前这一段时间之内。

又,韦集卷八有《寓居永定精舍》诗,题下自注:"苏州。"诗云:"政拙忻罢守,闲居初理生。家贫何由往,梦想在京城。野寺霜露月,农兴羁旅情。聊租二顷田,方课子弟耕。眼暗文字废,身闲道心精。即与人群远,岂谓是非婴。"永定寺在苏州,宋朱长文《吴郡图经续记》卷中"寺院"门:"永定寺,在吴县西南。梁天监中吴郡顾氏施宅为寺,唐陆鸿渐书额。韦苏州罢郡,寓居永定,殆此寺耶。旧在长洲界,后于永定乡安仁里。"可见永定寺是在苏州的郊区乡间。韦集卷八于上述《寓居永定精舍》后又有《永定寺喜辟强夜至》诗:"子有新岁庆,独此苦寒归。夜叩竹林寺,山行雪满衣。深炉正燃火,空斋共掩扉。还将一尊对,无言百事违。"以上二诗,所写都是春日,后一诗为刚过新年;前一诗则已是二、三月间,诗中说"野寺霜露月",天气尚寒,但已云"农兴羁旅情",即农事已兴,已经春耕了。而且从诗中"政拙忤罢守,闲居初理生"二句,可知作此诗时乃是刚罢任者。从这二首诗提供的情况,则韦应物之罢苏州刺史任,闲居于苏州永定寺,其时间当在贞元六年岁暮或七年春初,其次的可能性则为贞元七年岁暮或八年春初。韦应物的事迹可记者,就到这一时期为止。从《寓居永定精舍》二诗可见,这时他罢苏州任,由于"家贫",不得即归长安故居,于是只好暂时寄居于苏州乡间的佛寺中。此时已年老眼昏,远离"人群"。至于他在苏州闲居多久,最后有否回长安,以及卒于何年,则因为史料缺乏,不得而知。王钦臣《宋嘉祐校定韦苏州集序》谓:"又历苏州,罢守,寓居永定精舍,其后事迹究寻无所见。……以集中事及时人所称考其仕官本末,得非遂止于苏邪?案白居易苏州答刘禹锡诗云'敢有文章替左司',左司,盖谓应物也,官称亦止此。"姚宽的《西溪丛语》(卷下)所述与王钦臣同。王、姚二人之说是较为审慎的。我们可以大致推测,韦应物大约在贞元七、八年间(791—792)卒于苏州,此时已罢苏州刺史任,其年岁为五十五、六岁。但是南宋初年的沈作喆在其所作韦应物补传中却另持一说,谓:"由左司郎中补外得苏州刺史。……久之,白居易自中书舍人出守吴门,应物罢郡(沈氏自注:见刘禹锡集中酬白舍人诗云:苏州刺史例能诗,西掖今来替左司),寓于郡之永定佛寺。大和中,以太仆少卿兼御史中丞为诸道盐铁转运、江淮留后,年九十余矣,不知其所终(沈氏自注:见刘禹锡大和六年为苏州刺史举官自代状)。"沈作喆还说:"谨按大和年去应物刺郡时已更六朝四十余年矣，而梦得犹举之，岂其遗爱尚在耶？"清朝乾隆年间所编的《四库全书总目提要》同意沈说，也认为刘禹锡所举的即是诗人韦应物，韦应物至大和时尚在世。关于此点，南北宋之际的叶梦得就已提出怀疑，他说："刘禹锡集中有大和六年举自代一状。然应物《温泉行》云：'北风惨惨投温泉，忽忆先皇巡幸年，身骑厩马引天仗，直至华清列御前。'则尝逮事天宝间也，不应犹及大和，盖别是一人，或集之误。"①胡仔在《苕溪渔隐丛话》(前集卷十五)更进一步推论说："余以编年通载考之，天宝元年至大和六年，计九十一年。应物于天宝间已年十五，及有出身之语，不应能至大和间也。"叶梦得与胡仔都从大和六年与天宝间，时间相距太远，论述刘禹锡所举为别一人，韦应物不可能活到大和年间。清人钱大昕《十驾斋养新录》卷十二有《韦应物》条，同意叶、胡二人的意见，并作进一步的论证："近世陈少章景云据白乐天于元和中谪江州后贻书元微之，于文盛称韦苏州诗，又言当苏州在时，人亦未甚爱重，必待身后人始贵之，则是时苏州已殁，而刘状又在此书十年以后，则其所举必别是一人矣。乐天守苏日，梦得以诗酬之云：'苏州刺史例能诗，西掖今来替左司。'言白之诗名足继左司耳，非谓实代其任也。沈传谓贞元二年补外得苏州刺史，久之，白居易自中书舍人出守吴门，应物罢郡，寓郡之永定佛寺，则误甚矣。白公出守在长

①此据赵与峕《宾退录》卷九引，称叶石林《南宫诗话》，叶廷琯校辑《石林诗话》曾辑入作为附录。但这段文字又见于宋胡仔的《苕溪渔隐丛话》前集卷十五，作《蔡宽夫诗话》。

庆间,距贞元初垂四十年,岂有与韦交代之理乎?（大昕案,乐天刺苏州在宝历元年,陈以为在长庆间,亦误)"在近代学者中,论及此事而不同意沈作喆之说的还有岑仲勉《唐集质疑》中的"韦应物"条,以及余嘉锡《四库提要辨证》卷二十集部"韦苏州集"条,因文繁,不具引(但余嘉锡先生根据《旧唐书·德宗纪》贞元四年七月孙晟由苏州刺史为桂州刺史,而谓"孙晟盖即代应物者,则应物治苏州不过一二年,即已去官"。则仍然沿袭所谓贞元二年为苏州刺史这一旧说而致误,实则韦应物恰恰是代孙晟为苏州刺史的,详见前考。文学研究所编注的《唐诗选》,关于韦应物的介绍,也误据余嘉锡之说,谓韦应物于贞元二年作苏州刺史,不一二年去官)。关于所谓韦应物活到文宗大和年间,刘禹锡为苏州刺史时举官自代状中所称的韦中丞应物即是大历、贞元年间的诗人韦应物,以及白居易任苏州刺史又是接替韦应物之任的,等等,都不合事实,不能成立,这已经成为定论,不需再考。

附录:关于韦集的版本,前人藏书志中曾有著录与记载,今录其可供参考者如下,以备研讨。

杨守敬《日本访书志》卷十四:"《须谿先生校本韦苏州集》十卷(元刊本):首有王钦臣序,次目录,首行题须谿先生韦苏州集,卷第一次行题苏州刺史韦应物。每半叶九行,行十七字。卷中多校录异同之字,间有评语,末有何堪之两跋。须谿此本多据何本补入者,其第二卷《呈崔郎中》之上补入三编,《雪夜下朝》之下补入四编,第五卷《答綦处士》下补入十八首,第七《秋景诣琅邪精舍》之下补入三首,第八末补入一首,共补入二十一首,皆低一格。拾遗八首,则云熙宁丙辰校本添四首,绍兴壬子校本添三首,乾道辛卯校本添一首,则是韦集自嘉祐本以至何堪之本,凡六本矣。原序五百七十一首,按目录除补遗外只五百五十五首,以何本补入二十九首,则当为五百八十四首,其数皆不相应,未知其故。昔人云,'独怜幽草涧边生',宋板作'涧边行',以'生'为误。此诗在第八卷,'幽'下注云'一作芳','生'下注云'一作行',则知作'生'作'行'皆宋板所有矣。今世行者,康熙中项絪以北宋本翻雕,称即王钦臣本,又毛晋所刻'王孟韦柳四家'本。行箧中无此二书,未知何如,然须黐据六本以校定此本,则所得多矣。"

杨绍和《楹书隅录》:"宋本《韦苏州集》十卷六册:诗家每以陶、韦、王、孟并称,盖王、孟皆源出于陶,而苏州尤追步柴桑者也。余宋存书室中藏北宋本《陶渊明集》、南宋本汤注《陶靖节诗》、北宋蜀本《王摩诘集》、南宋初本《孟浩然集》,独于韦集阙如也。岁辛亥,获此本于袁江,每半叶十行,行十八字,与余前收黄复翁藏本《唐山人诗》款式正合,即《百宋一廛赋注》所谓临安府睦亲坊南陈氏书棚本也。计六册,每册有季沧苇印记。案《延令书目》载韦集凡二,然无六册者,惟宋板目中《韦苏州集》下注云四册、又二册,当即此本,传写者误分耳。"

瞿镛《铁琴铜剑楼藏书目录》卷十九:"《韦苏州集》十卷(明刊本):唐韦应物撰。明弘治间杨一清出所藏钞本刊于陇州,其书编次,分类不分体,与《王右丞集》同,犹出宋时旧第。卷首有拾遗数首,汲古本所出也。有王钦臣序,杨一清跋。"

丁丙《善本书室藏书志》卷二十四:"《韦苏州集》十卷拾遗一卷(宋刊配元本,周松霭藏书):……嘉祐元年太原王钦臣取诸本校定十卷。此前四卷宋刊本，每半叶十行，行十八字，当即棚本行款，乃项氏、席氏翻雕祖本。后六卷配元刊校点本。……"《韦苏州集》十卷（明翻宋本，恽南田藏书）：……集乃嘉祐元年太原王钦臣取诸本校定十卷，仍所部居，去其杂厕，分十五总类，合五百七十一篇。末有拾遗数首，汲古刻本所自出。……"

缪荃孙《艺风堂藏书记》卷六："《韦苏州集》十卷附拾遗：明沁水李瀚重刻宋本，每半叶十行，每行十八字，黑口。前有王钦臣叙，后有杨一清跋。"

[附记]

笔者曾得孙望先生信，承孙先生告知，千唐志中有韦应物所作墓志一篇。又承周绍良先生惠借所辑出土的唐人墓志碑传，录文于下。韦集散佚已久，现在所见的仅是诗，韦文是一向无人道及的，这篇墓志对于我们研究诗人的事迹和创作，当是足资参考的。

大唐故东平郡巨野县令顿丘李府君墓志铭并序

朝请郎行河南府洛阳县丞韦应物撰

李氏源乎老聃，流乎百代，代有贤嗣，间生将相，岂不以道德之浸，垂乎无穷者哉！公讳璀，字瑾。代祖后魏武皇后之兄，以才加戚，王于顿丘，后因为顿丘人也。曾祖宗俭，随胶州刺史；祖文礼，皇朝侍御史、尚书刑部员外郎、扬州大都督府司马；父明允，太中大夫、淄州长史，衣冠旧地，儒学门业。公籍累世之美，孝友文质，备成茂才。乌呼！不忝其德者行之修，不继其位者命之屈。弱冠以门子宿卫出身，选授右司御率府仓曹参军，中年出摄汉州金堂县丞，又改汝州鲁山县丞，满授亳州司士参军，复改东平郡巨野县令。岁凶，哀其鳏寡，发廪擅贷。朝廷贤汲黯之仁政，寝有司之简书，其后吏有不谨于法，公当青师之罪，贬武陵郡武陵县丞。发自司御，达于巨野，政随官移，在所有闻。且率以清简，素末荣利，故秩不进而道自居，可谓远名亲身，祗丞圣祖之教；和光挫锐，犹劲世人之观。器而不任，知者为恨，以天宝七载九月十六日终于武陵，养年七十有二。前以天宝八载别葬于洛阳北原，长子浣尝因正梦，左右如昔，垂泣旨诲，俾归先茔。旋以胡羯，都邑沦陷，浣偷命无暇，作念累载，如冰在怀。及广德二年夏夜，复梦诲如先日，又期以岁月，授以泉闉。明年，永泰元祀，浣始拜洛阳主簿，迩期哀感，聚禄待事，乃上问知者，下考著龟，事无毫著，吉与梦叶。夫见梦迁宅，神也；奉先思本，孝也。行则知道，没而不昧，存没□行，卓哉异称。以其年十二月九日归葬于河南府河南县谷阳乡先茔之东偏，奉幽旨也。夫人博陵崔氏，赠礼部尚书悦之女，先以天宝八载四月廿七日终于滏阳，年五十六，领族柔德，义当同穴，儳绋齐窆，礼终于斯。有子三：浣之仲曰泳，秀才奄世；泳之季曰溦，吏部常选。有女二：长适博陵崔晤，早岁殂没；幼适御史中丞袁傪，佐奉丧事。应物与浣为道术骨肉，加同寮迹亲，祗感奉铭，以布其实。铭曰：

　　玄泉之流，浸于顿丘，茂叶之下，生于巨野。冠屦词学，发肤仁义，所丰于德，所屈于位。孝思罔极，虽没而存，见梦迁宅,归于先人。淑善中闻,亦随逝川,礼以永讫,同斯亿年。

这篇墓志大约作于永泰元年十二月中,这时韦应物仍在洛阳丞任上,与《系年考证》中推测的韦应物约于永泰二年春辞官闲居并不矛盾。

又据前所考,此时韦应物从子韦班任河南尉,文中曾引述杜甫诗以考索韦班的行迹。今查《元和姓纂》卷二,载吏部郎中韦憬玄孙有启、肇、班。韦启官左补阙,《文苑英华》卷三八三有贾至《授韦启左拾遗制》,称"剑门县令韦启"云云。肇官吏部侍郎,据《旧唐书·代宗纪》,大历九年十二月,韦启自秘书少监为吏部侍郎。《姓纂》未明著韦班官历,《新唐书·宰相世系表》则载韦班为衡州刺史。《姓纂》另有"衢州刺史生汭"条,据岑仲勉先生《元和姓纂四校记》所考,此"衢州刺史"前当夺"班"字,衡、衢字近,韦班后来是做衡州刺史还是衢州刺史,则难于查考。

又《系年考证》中曾论及韦应物任苏州刺史时,韦儇为睦州刺史。《严州图经》作韦赞,《新唐书·宰相世系表》作韦儇。今按,《元和姓纂》卷二也作儇,独孤及《前左骁卫兵曹参军独孤公故夫人京兆韦氏墓志》(《文苑英华》卷九六六)中有云:"夫人……秘书省著作郎伟、睦州刺史儇之妹。"这些,都证明以作儇为是。

刘方平的世系及交游考

一

《新唐书·艺文志》丁部集录别集类载"刘方平诗一卷"。宋代的晁、陈二志未著录刘方平的诗集。清人编纂的《全唐诗》即录其诗一卷,看来他的诗自宋以来散失不多。从现存他的诗看来,差不多全是写山水、乡思、闺怨,以及交游之间的寄赠之作,触及当时社会现实矛盾的作品几乎没有。因此,一些文学史著作中提不到他,有些唐诗选本也没有选他的诗。闻一多先生的《唐诗大系》却选了他五首诗,即:《乌栖曲》、《秋夜思》、《秋夜泛舟》、《夜月》、《春怨》。明人胡应麟的《诗薮》曾提到他的两首诗,即《巫山高》和《梅花落》,并引用杨慎的话,认为《梅花落》诗"可配太白,此作于齐梁不多让也"(《诗薮》卷四)。但看来这两首诗并不见得有多少特色。《唐诗大系》能够选载刘方平的诗五首,而且这五首诗都确可吟赏,从这里也可见出闻一多先生的艺术鉴赏力是要高出于胡应麟和杨慎的。

这五首当中最佳的是《夜月》(《全唐诗》卷二五一):

> 更深月色半人家,北斗阑干南斗斜。今夜偏知春气暖,虫声新透绿窗纱。

单看前面两句,只是感到一种平静、宁谧的意境,还见不出有打动人的特殊的艺术笔触。读了后面两句,人们的感觉,想象,就突然活跃起来了。"虫声新透绿窗纱"句,将春天带来的生意盎然,通过虫声表现出来,这一艺术手法是很新鲜的。

另外,像《春怨》诗:"纱窗日落渐黄昏,金屋无人见泪痕。寂寞空庭春欲晚,梨花满地不开门。"整首诗并没有直接描写人的形体和感情的表现,只是通过夕阳西照,空庭寂寞,梨花满地而无人扫除,等等,描绘出那纱窗里的女主人公精神苦闷、内心空虚的深刻意境。应当说,刘方平的诗缺乏社会现实内容,是他最大的弱点,但在他所涉及到的较小范围内,他的诗歌表现手法,还是有特色的。

根据现有材料,还考不出刘方平的多少事迹。《新唐书·艺文志》于"刘方平诗一卷"下仅说:"河南人,与元鲁山善,不仕。"元鲁山即元德秀,有传见《旧唐书》卷一九〇下,《新唐书》卷一九四,生活于唐玄宗开元、天宝年间,天宝十三年(754)卒,年五十九。刘方平既与他相善,则也当是差不多同时候的人。闻一多先生《唐诗大系》定刘方平的生年为710年,比杜甫的生年还早两年,不知何据。但无论如何,仅从《新唐书·艺文志》所载"与元鲁山善"这一句,也并没有给我们提供稍多的有关他的事迹的材料。至于较《新唐书》晚了二三百年的《唐才子传》(卷三)又具体地描绘刘方平的形貌,说是"白皙美容仪"云云,即据李颀送刘方平诗。

刘方平本身的生平既无法详考,从现有材料出发,拟考其世系及交游,可能从这些方面有助于对他事迹及作品的了解。

二

刘方平的世系,见于唐林宝的《元和姓纂》。据《元和姓纂》卷五所载,其先世为匈奴贵族,当北魏时,有罗辰,为征东将军、永安公,"(罗辰)七代孙政会,生奇,吏部侍郎。奇生超、微、同、循。超,河南少尹,生全诚。微,吴郡太守、江南采访,生方平。同,万年令。循,金吾将军。会次子元象,主客郎;元育,易州刺史。"今据此处所叙世系,列表如下:

```
                                ┌─ 超(河南少尹)── 全诚
                                │  微(吴郡太守、江南采访)── 方平
刘政会 ──┬─ 奇(吏部侍部)──┤  同(万年令)
         │                     └─ 循(金吾将军)
         ├─ 元象(主客郎)
         │
         └─ 元育(易州刺史)
```

其次是《新唐书》卷七十一上《宰相世系表》一上,称:"河南刘氏本出匈奴之族。汉高祖以宗女妻冒顿,其俗贵者皆从母姓,因改为刘氏。左贤王去卑裔孙库仁,字没根,后魏南部大人,凌江将

军。弟眷,生罗辰,定州刺史、永安敬公。其后又居辽东襄平,徙
河南。罗辰五世孙环隽,字仲贤,北齐中书侍郎、秀容懿公。弟仕
隽。"今据《新表》,列仕隽以下世系于下:

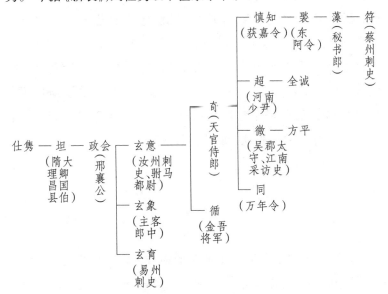

另外,宋邵伯温《河南邵氏闻见前录》卷十七,载河南刘氏的
世系,据其自称,谓:"北齐至本朝五百余年,而刘氏不衰,洛阳多
大家,世以谱牒相付授,宁氏、刘氏,尤为著姓,有可传者。"据此,
则邵伯温是见到过河南刘氏的世系谱牒的,其文说:"河南刘氏,
有名环隽者,事齐、魏为中书侍郎。子坦,事隋文帝,赠尚书右丞。
子政会,事唐高祖、太宗,为洪州大都督;既死,太宗手敕曰:'政会
昔预义举,有殊勋。'赠户部尚书,谥襄,配享高祖庙,图形凌烟阁。
子玄意袭爵,封渝国公,事太宗,尚南平公主;弟玄象,主客郎中;
玄育,益州刺史。玄意之子名奇,长寿中为天官侍郎,论则天革命

下狱死；弟循，金吾卫将军。(奇)子慎知，幼居父丧，奉其母居伊南，一日群盗至，众走，慎知独不动，盗怪问，则曰：'母老且病不可行，唯有同生死耳。'盗感其言而去，赖之以免。弟超，河南少尹；微，吴郡太守。微之子裘，开元中以功臣之后，赐进士第，为济州东阿令，服后母丧，以毁卒。子藻，秘书郎，弟全成、方平，皆有文。方平之子符，宝历二年擢第，至户部侍郎，赠司徒，八子，崇龟、崇彝、崇圣、崇鲁、崇辇、崇珪、崇璨、崇玗，皆有官。崇珪子岳，天福四年登进士第，事后唐明宗为吏部侍郎，赠司徒。子温叟，事本朝太祖皇帝，为御史中丞。"今据此处所载，列表如下：

这里邵伯温的叙述有不清楚的地方，就是"(裘)子藻，秘书郎，弟全成、方平，皆有文"。按照一般理解，则可认为藻之子为全成、方平，这就与《元和姓纂》、《新表》相差太大，《元和姓纂》以方平为微之子，全诚为超之子，微与超为弟兄；《新表》也以方平为微之子，全诚为超之子，裘为慎知之子，慎知、超、微为兄弟，裘、全诚、方平为堂兄弟，即同辈。而据邵伯温所述，则全诚、方平为藻之弟，为裘之子，与微为祖孙。因此，邵氏的这几句，主语当应是裘，即裘之子藻，为秘书郎，以及裘之弟全诚、方平，皆有文名。这样，与《元和姓纂》、《新表》就没有大的矛盾。

当然，以上三种关于世系的记载，相互之间还有一些小的差异。如《新表》以刘政会等皆出环隽弟仕隽之后，而《闻见前录》

则以为出于环隽之后,在这一点上《旧唐书》卷五十八《刘政会传》则是与《闻见前录》相同的,传载:"刘政会,滑州胙城人也。祖环隽,北齐中书侍郎。"这是一。第二,《姓纂》以奇、玄象、玄育为兄弟,都是政会之子;《新表》与《闻见前录》则以玄意、玄象、玄育为兄弟,都是刘政会子,而奇则为玄意之子。在这点上,《旧唐书·刘政会传》及《新唐书》卷九十《刘政会传》则与《姓纂》有同有异,以玄意为政会的长子,奇为次子,而不载玄象、玄育。看来《新表》与《闻见前录》较为合理。第三,《姓纂》以奇之子为超、微、同、循;《新表》则以奇之子为慎知、超、微、同,而以循为奇之弟;《闻见前录》大致与《新表》相同,但微之下没有同的名字。至于刘方平为刘微之子,则是《姓纂》与《新表》相同的,《闻见前录》则记载得不甚清楚,已见上述。

由以上的记述,可以知道,刘方平乃是匈奴的后裔,他的祖先在北齐、北魏时曾做过中书侍郎等大官。他的高祖刘政会,原来是隋的太原鹰扬府司马,随从李渊、李世民起兵,为开国元勋之一,封邢国公,官至洪州都督,贞观九年(635)卒。据《旧唐书·刘政会传》,卒后其子玄意袭爵,"改封渝国公,尚南平公主,授驸马都尉,高宗时为汝州刺史"。

刘方平的祖父刘奇,在武则天时做官,在当时是颇著名的。新旧《唐书》没有为他立传,我们从一些记载中可以略考知其一些事迹。据《旧唐书》卷一八七下《忠义下·颜杲卿传》:"父元孙,垂拱初登进士第,考功员外郎刘奇榜其词策,文瑰俊拔,多士耸观。"垂拱为武则天时年号,共四年(685—688),则垂拱初当为垂拱元年(685)。这时刘奇任考功员外郎。又《唐摭言》卷一《乡贡》条,其中载："永淳二年,刘廷奇下五十五人,内元求仁一人。光宅元年闰七月二十四日,刘廷奇重试下十六人,内康庭芝一人。"永淳二年为 683 年,光宅元年为 684 年。这个刘廷奇当即是刘奇,《唐摭言》所载多一廷字。另外,据《唐会要》卷七十五《藻鉴》条："证圣元年,刘奇为吏部侍郎,注张文成、司马锽为监察御史,二人因申屠玚以谢之,奇正色曰:'举贤自无私,二君何为见谢!'"又《太平广记》卷一六九引《谭宾录》亦云:"唐证圣中,刘奇为侍郎,注张文成、司马锽为御史,二人因申屠玚以谢,奇正色曰:'举贤无私,何见谢!'"证圣为 695 年,可见过了十年,刘奇有了迁升,由吏部的属官考功员外郎升为吏部尚书的副职吏部侍郎[1]。《新表》所载称天官侍郎,即吏部侍郎[2]。刘奇在吏部任职时,是以清直著称的,如《新唐书》卷一一二《员半千传附石抱忠传》:"进检校天官郎中,与侍郎刘奇、张询古共领选,寡廉洁,而奇号清平。"此事又详见于《太平广记》卷二五五引《御史台记》:"石抱忠检校天官郎中,与侍郎刘奇、张询古同知选。抱忠素非静慎,刘奇久著清平,询古通婚名族,将分铨,时人语曰:'有钱石下好,无钱刘下好,士大夫张下好。'斯言果征。复与许子儒同知选,刘奇独以公清称,抱忠、师范、子儒颇任令史勾直,每注官,呼曰勾直手,时人又为之语曰:'硕学师刘子,儒生用典言。'"可见刘奇久在吏部,颇有直声。至于刘奇之死,《闻见前录》云"论则天革命下狱死",上引《太平广记》云"抱忠后与奇同弃市",《新唐书》石抱忠附传则谓"二人

---

①据上引《邵氏闻见前录》,称"长寿中为天官侍郎"。长寿为 692—694 年,则证圣元年以前已晋升为吏部侍郎。
②《新唐书》卷四十六《百官志》一:"武后光宅元年(684),改吏部曰天官。"

坐綦连耀伏诛"。按,綦连耀案件,据《旧唐书》卷六《则天皇后纪》,万岁通天二年正月,"凤阁侍郎李元素、夏官侍郎孙元亨坐与綦连耀谋反,伏诛。"此事在《通鉴》卷二〇六神功元年正月有详细的记载,是武懿宗任用酷吏来俊臣等利用一名地方小官洛州录事参军綦连耀与箕州刺史刘思礼及看相术士张憬藏谋反事,株连当时的宰相李元素、孙元亨,刘奇也被牵累,《通鉴》载牵连此案的"凡三十六家,皆海内名士,穷楚毒以成其狱。壬戌,皆族诛之,亲党连坐流窜者千余人"。万岁通天二年,也就是神功元年,即697年。刘奇死于这一年。

但看来刘奇一家经过这一次打击,并没有衰败下去。据《姓纂》、《新表》等书所载,刘方平的父亲刘微曾为吴郡太守、江南采访使。宋范成大纂修的《吴郡志》卷十一牧守门,在未能明其确切时期一项的,也有刘微之名,下注"江东采访使"。又刘襞(刘方平的堂兄弟),据《闻见前录》所载,"开元中以功臣之后,赐进士第,为济州东阿县令"。其他像刘方平的伯父慎知为获嘉令,超为河南少尹,叔父同为万年县令,官职虽不算高,但都仕禄。可见,刘方平是出身于世代仕宦之家,是河南洛阳的一个大族。但从刘方平本人和他的友人所作的诗中,却反映出他是长期过着隐居不仕的生活的。这在别人可能并不成为问题,但联系他的出身家族来说,却算是奇特的人。当然,原因何在,由于史料阙乏,还不能够考知。

据《新表》,襞生藻,藻生符,符曾任蔡州刺史。而据《闻见前录》,则符为方平之子,宝历二年擢第,后官至户部侍郎。宝历为敬宗年号,宝历二年为826年。如符果真是方平之子,那末闻一多先生《唐诗大系》定刘方平的生年为710年,就未免过早了。从以上世系的材料以及后面的交游材料看来,刘方平主要恐怕生活在天宝到大历年间。

三

《新唐书·艺文志》说刘方平"与元鲁山善",但现有记载未能查考出二人交游的记载。据《唐诗纪事》卷四十七沈仲昌条载:"仲昌,登天宝九年进士第。萧颖士《送刘方平沈仲昌秀才同观所试杂文》云:'山东茂异,有河南刘方平、临汝沈仲昌,以郡府计偕之尤,当礼闱能赋之试,余勇待贾,未始逾辰。吾徒相与登群玉,咀遗芳,目临云外,思入神境,佳哉乐乎! 意数子之出幽谷而渐于陆矣。'"①萧颖士此文题中称刘方平、沈仲昌为秀才,据唐李肇《国史补》卷下:"进士为时所尚久矣。……其都会谓之举场,通称谓之秀才。投刺谓之乡贡。得第谓之前进士。"(此数句也见《唐摭言》卷一《述进士下篇》)可见萧颖士作此文,乃是沈仲昌天宝九载(750)登进士第以前。萧颖士于天宝九载以前已得名,他在天宝八载前曾任集贤校理,当时的宰相李林甫曾慕他的文名邀求见他,为他所拒绝,触犯了李林甫,被调为广陵参军事(参见《新唐书》卷二〇二《文艺中·萧颖士传》及《全唐文》卷三二二萧颖士《伐樱桃树赋》)。萧颖士在天宝前期即推许刘方平为"山东茂异",可见

①萧颖士文见《全唐文》卷三二二、三二三,其诗见《全唐诗》卷一五四,皆无此篇。

那时刘方平已显露头角。沈仲昌天宝九年登第,不知刘方平于何年登第。《唐诗纪事》卷四十七载沈仲昌《状江南》四句五言诗一首,《全唐诗》卷三〇七沈仲昌名下也仅载此诗,当即本之于《唐诗纪事》。关于沈仲昌,其他事迹不详,刘方平诗中也未有提及,他们二人大约是天宝年间的早年之交。

与刘方平来往较多的是皇甫冉。刘方平有《秋夜寄皇甫冉郑丰》诗(《全唐诗》卷二五一),说:"洛阳清夜白云归,城里长河列宿稀。"又说:"长怜西雍青门道,久别东吴黄鹄矶。借问客书何所寄,用心不啻两乡违。"可能这时皇甫冉还在江东,具体的时间不可考。皇甫冉则有好几首诗提及刘方平。刘方平与当时诗人交往,从现存的诗看来,约为李颀和皇甫冉。

皇甫冉有《刘方平壁画山水》(《全唐诗》卷二四九):"墨妙无前,性生笔先。回溪已失,远嶂犹连。侧径樵客,长林野烟。青峰之外,何处云天。"这是为刘方平所作壁画画山水的题画诗,说他"墨妙无前",评价颇高。从诗中描写看来,当是一幅山水画。按,唐张彦远《历代名画记》卷十《叙历代能画人名(唐)》,就专门提到刘方平:"刘方平,工山水树石,汧国公李勉甚重之。"李勉在大历时为名臣,家中藏古玩名画甚多,刘方平的画能得其赏识,看来是有一定成就的[①]。皇甫冉另有《寄刘方平》(《全唐诗》卷二四九),其中说:"坐忆山中人,穷栖事南亩。……田取颍水流,树入阳城口。"《寄刘方平大谷田家》(《全唐诗》卷二五〇):"故山闻独往,

---

① 《唐才子传》卷三刘方平小传谓"善画山水,墨妙无前。汧国公李勉延致斋中,甚敬爱之。欲荐于朝,不忍屈,辞还旧隐。"当大致本《历代名画记》及皇甫冉诗,但又加渲染,不知其何所本。

樵路忆相从。冰结泉声绝,霜清野翠浓。篱边颍阳道,竹外少姨峰。日夕田家务,寒烟隔几重。"看来刘方平即隐居于颍川一带[①]。

皇甫冉此外还有《答张谭刘方平兼呈贺兰广》《刘方平西斋对雪》《秋夜戏题刘方平壁》(皆《全唐诗》卷二四九)、《之京留别刘方平》(《全唐诗》卷五十)等作。这些诗篇都不易考定其写作年月。可以注意的是上面曾引述过的《寄刘方平》诗,其中又有说:"潘郎作赋年,陶令辞官后,达生遗自适,良愿固无负。"这里的潘郎、陶令显然是比喻刘方平。今按,潘岳《秋兴赋》(《文选》卷十三)有云:"晋十有四年,余春秋三十有二,始见二毛,以太尉掾兼虎贲中郎将,寓直于散骑之省。"所谓"潘郎作赋年",意即三十二岁。从这几句,我们可以推知,刘方平原先当是做过官的,至于是否如陶渊明那样任过县令,倒不一定,并非如《唐才子传》所谓的"隐居颍阳大谷,尚高不仕",一直没有做官。只是在他三十二岁左右光景,就辞官归隐,大约从此就再也没有入仕。

皇甫冉另有《寄刘方平》七言诗一首(见《全唐诗》卷八八二补遗),载其事迹及隐居生活颇详,可供研讨,今录其诗全文于此:"十年不出蹊林中,一朝结束甘从戎。严子持竿心寂历,寥落荒篱遮旧宅。终日碧湍声自喧,春秋黄菊花谁摘。每望南峰如对君,昨来不见多黄云。石径幽人何所在,玉泉疏钟时独闻。与君从来同语默,岂是悠悠但相识。天畔三秋空复情,袖中一字无由得。世人易合复易离,故交弃置求新知。叹息青青长不改,岁寒霜雪贞松枝。"

---

① 《唐才子传》说刘方平"隐居颍阳大谷,尚高不仕",当即据皇甫冉诗。

戎昱考

一

代宗宝应元年（762）冬，唐朝廷的军队，继十月再次收复东部洛阳以后，在河北副元帅、朔方节度使仆固怀恩的统帅下，会合河东节度使辛云京、青淄节度使侯希逸等部队，渡河北上，追击史朝义的残军。宝应二年（763）正月，史朝义逃奔至叛乱的发源地范阳城下，众叛亲离，走投无路，终于在树林中自缢而死。历时八年，使黄河流域广大地区受到极大破坏的安史之乱，终于平定了。为了庆祝这一胜利，就在那年七月，代宗正式改宝应二年为广德元年，大赦天下，群臣上尊号称宝应元圣文武孝皇帝，征讨史朝义而立功的诸将都进官阶、加爵邑，京都长安城又一度繁荣起来，据中唐人封演所记，是：

> 代宗即位，宰辅及朝士当权者，争修第舍，颇为烦敝，议

者以为土木之妖。(《封氏闻见记》卷五《第宅》)

安史之乱的平定使一些人产生了幻想,以为贞观、开元那样的太平盛世又似乎在眼前了。诗人杜甫就是那样。杜甫这时远在四川,一听到唐军收复河北故地,就情不自禁地写下了那首有名的《闻官军收河南河北》诗:

> 剑外忽传收蓟北,初闻涕泪满衣裳。却看妻子愁何在,漫卷诗书喜欲狂。白日放歌须纵酒,青春作伴好还乡。即从巴峡穿巫峡,便下襄阳向洛阳。(《钱注杜诗》卷十二)

杜甫还天真地想象,不但应该回洛阳,还可以去到江南东吴,那里或许会有不少"胜事",——战乱的平定给他带来的鼓舞实在太大了,他在另一首诗中说道:

> 天畔登楼眼,随春入故园。战场今始定,移柳更能存。厌蜀交游冷,思吴胜事繁。应须理舟楫,长啸下荆门。(《钱注杜诗》卷十二《春日梓州登楼二首》之二)

但是现实并非如杜甫所想象的那么风光流丽,恰恰相反,那时不论南北,都是疮痍满目。南方的情况,如独孤及的《吊道殣文》所写的,是:"辛丑岁大旱,三吴饥甚,人相食;明年大疫,死者十七八,城郭邑居为之空虚,而存者无食,亡者无棺殡悲哀之送……由是道路积骨相支撑,枕藉者弥二千里。"(《毗陵集》卷十九）这里所写的是761、762年的情况。就在762年十月，浙东一带爆发了袁晁领导的农民起义，起义军一直打到浙西及江西东部。763年，也就是宝应二年三、四月间，起义军被镇压下去了，而浙东一带则是一片破败荒凉，如刘长卿的诗中所写，是：

> ……空城垂故柳，旧业废春苗。闾里相逢少，莺花共寂寥。（《刘随州集》卷一《送朱山人放越州贼退后归山阴别业》）

北方的情况怎样呢？我们不应该忘记，唐朝军队之所以最终打败史朝义，是借了回纥的力量。安史乱军固然蹂躏河北河南的广大土地，但唐军与回纥军队并不比他们好多少，他们在讨伐史朝义的残余部队时，也同样充分表现了封建军队的野蛮性与破坏性。据《通鉴》卷二二二宝应元年十月载：

> 回纥入东京，肆行杀略，死者万计，火累旬不灭。朔方、神策军亦以东京、郑、汴、汝州皆为贼境，所过虏掠，三月乃已。比屋荡尽，士民皆衣纸。回纥悉置所掠宝货于河阳，留其将安恪守之。

又同卷广德元年闰正月载：

> 回纥登里可汗归国，其部众所过抄掠，廪给小不如意，辄杀人，无所忌惮。

也就在那年，韦应物为洛阳丞，他描写受过洗劫的洛阳城，是："王师涉河洛，玉石俱不完。时节屡迁斥，山河长郁盘。萧条孤烟绝，日入空城寒。"

这样的现实，与杜甫远在蜀中所想望的，有多大的距离！正是在这个时候，顺着当年杜甫在安史之乱时由洛阳往西，写出名篇"三吏"、"三别"的那条道路走的，是另一诗人戎昱，时隔四年[①]，青年诗人戎昱又以沉痛的笔调，描写了那个时代的社会矛盾和苦难的人们，那就是他的《苦哉行五首》(《全唐诗》卷二七〇)。现在录其中的三首如下：

彼鼠侵我厨，纵狸授粱肉。鼠虽为君却，狸食自须足。冀雪大国耻，翻是大国辱。膻腥逼绮罗，砖瓦杂珠玉。登楼非骋望，目笑是心哭。何意天乐中，至今奏胡曲。(其一)

官军收洛阳，家住洛阳里。夫婿与兄弟，目前见伤死。吞声不许哭，还遣衣罗绮。上马随匈奴，数秋黄尘里。生为名家女，死作塞垣鬼。乡国无还期，天津哭流水。(其二)

妾家清河边，七叶承貂蝉。身为最小女，偏得浑家怜。亲戚不相识，幽闺十五年。有时最远出，只到中门前。前年狂胡来，惧死翻生全。今秋官军至，岂意遭戈鋋。匈奴为先锋，长鼻黄发拳。弯弓猎生人，百步牛羊膻。脱身落虎口，不及归黄泉。苦哉难重陈，暗哭苍苍天。(其四)

---

①杜甫的"三吏"、"三别"写于乾元二年(759)。

戎昱的这几首诗,比起杜甫的"三吏"、"三别"来,艺术造诣当然要差,但在同一时期,反映唐朝廷因本身的昏庸无能,只得借回纥之兵来平定安史之乱,因而又增加了人民的新的苦难,能够用诗歌来触及这一时代和社会矛盾,而又表现得较为真切的,如戎昱那样,还是不多见的[①]。

戎昱此诗题下自注云:"宝应中过滑州洛阳后同王季友作。"王季友是元结《箧中集》选入的诗人之一。按,据杜确《岑嘉州诗集序》(四部丛刊本《岑嘉州诗》卷首),载岑参"寻出虢州长史,又改太子中允,兼殿中侍御史,充关西节度判官。圣上潜龙藩邸,总戎陕服,参佐僚吏皆一时之选,由是委公以书奏之任"。此处所谓"圣上潜龙藩邸",即指雍王李适(后为德宗)。代宗宝应元年(762),岑参由虢州长史改太子中允,兼殿中侍御史、充关西节度判官,在华州。同年十月,雍王李适为天下兵马元帅会师陕州,岑参为其掌书记[②]。那时岑参有《潼关使院怀王七季友》诗(《岑嘉州诗》卷一),又有《送王七录事赴虢州》诗(同上卷三),题下自注云:"王录事自华阴尉授虢州录事参军,旬日却复旧官。"可见宝应年间王季友正任华阴尉之职,曾于短期内一度任虢州录事参军,不久又复原职。又郎士元有《酬王季友题半日村别业兼呈李明府》(《全

[①]宋严羽《沧浪诗话·诗评》中说:"戎昱在盛唐为最下,已滥觞晚唐矣。戎昱之诗,有绝似晚唐者。"严羽以兴象分盛中晚,而并不从作品的实际内容出发。如果晚唐诗系指聂夷中、罗隐、杜荀鹤等反映民生疾苦的作品而言,戎昱的这些诗可以说是与聂夷中等相通的。

[②]参闻一多《岑嘉州系年考证》(见《唐诗杂论》)。

唐诗》卷二四八）。郎士元于宝应元年为渭南尉[①]。半日村即在渭南[②]。钱起也有《题郎士元半日吴村别业兼呈李长官》诗（《全唐诗》卷二三九，《钱考功集》卷八），其中有"闰月今年春意赊"句，而宝应二年为闰正月。可见上述郎、钱及王季友之作（王作已佚）都在宝应二年春，地点是在渭南，渭南又与华阴相近，由此可见王季友宝应二年仍在华阴。

由以上所考，戎昱的这五首《苦哉行》诗，当是他在宝应元年唐军收复河南以后，从滑州[③]、洛阳西行，经过华阴、渭南等地，见到王季友，两人以《苦哉行》为题，写了当时唐朝廷借回纥兵以平内难这一错误政策所造成的社会矛盾和人民苦难。可惜王季友的同题之作已佚，我们今天见到的只是戎昱的五首。

二

对于这样一位诗人，新旧《唐书》并没有为之立传。《新唐书·艺文志》丁部集录著录"戎昱诗五卷"，关于其事迹的记载只有两句话："卫伯玉镇荆南从事，后为辰州、虔州二刺史。"至元辛文房《唐才子传》卷三戎昱小传，记载他的事迹增多了，而且还颇具传奇性，有些还被后来的一些研究者所援引，其实却是错误

---

① 据《新唐书·艺文志》丁部集录别集类著录"郎士元诗"。
② 参见《太平寰宇记》卷二十九华州渭南县。
③ 据《新唐书》卷三十八《地理志》二，河南道有滑州灵昌郡，大约在今豫北一带。

甚多。为便于考辨，现将《唐才子传》记叙其生平事迹部分录之于下：

> 昱，荆南人。美风度，能谈。少举进士，不上，乃放游名都。虽贫士，而轩昂，气不稍沮。爱湖、湘山水，来客。时李夔廉察桂林，寓官舍，月夜，闻邻居行吟之音清丽，迟明访之，乃昱也，即延为幕宾，待之甚厚。崔中丞亦在湖南，爱之，有女国色，欲以妻昱，而不喜其姓戎，能改则订议。昱闻之，以诗谢云："千金未必能移姓，一诺从来许杀身。"自谓李大夫恩私至深，无任感激。初事颜平原，尝佐其征南幕，亦累荐之。卫伯玉镇荆南，辟为从事。历虔州刺史。至德中，以罪谪为辰州刺史。后客剑南，寄家陇西数载。

此处叙其事迹，似历历可考，按其行文次序，则当先在李夔的桂林观察使幕府，受到厚待。后又在湖南崔中丞处，这位崔中丞欲以女嫁之，令其改姓，戎昱一则不能改姓，二则受李大夫（当即指李夔）之恩甚深，就拒绝了他。戎昱曾受颜真卿的推荐，又为卫伯玉镇荆南时的从事，后历虔州刺史，至德中又因罪谪为辰州刺史。晚年乃客居剑南，又寄家于陇西数载。但经考查，这短短的十几行文字，不仅有人名、年号搞错的，而且前后时间也搞得一塌糊涂，不得不加以辨正。

又，关于戎昱生卒年的记载，首见于闻一多先生的《唐诗大系》，定为740—787（？）。这里740年是确定的，787年下则加一问号，以示还有疑问。后来有些文学史著作（如游国恩先生等编的

《中国文学史》）即本闻说。其实这一生卒年的记载也有问题，不足为据。

三

闻一多先生定戎昱的生年为 740 年，即唐玄宗开元二十八年，不知何所根据。唐宋人记载戎昱事迹的甚少。今天所见的唐人选唐诗中，如《中兴间气集》、《极玄集》、《又玄集》，都未选载其诗。《河岳英灵集》收天宝十二年以前的诗，时代太早，戎昱还赶不上，当然更不会有他的诗。只是《才调集》（卷八）收他的诗四首，并无记述之语。宋代的晁、陈二志也没有著录他的诗集。今按，戎昱有《八月十五日》诗（《全唐诗》卷二七〇），其中说："年少逢胡乱，时平似梦中。"胡乱即指安禄山之乱，安禄山起兵在公元 755 年（天宝十四载）十月，由此可知当安史之乱初起时，戎昱正当年少，由此可以推知其年岁的大概情况。但"年少"是泛称，自十余岁至二十岁左右都可称年少，含义并不十分确定。因此只能说，当安史之乱刚开始时，戎昱尚为年少，至于他的确切生卒年，则限于史料，未可考知。不过由此倒可以大致推知其《苦哉行五首》是他早年的作品。安史之乱初期为年少，安史之乱八年，《苦哉行》作于安史之乱刚平定时，则最晚也不会超过三十岁，很可能是他二十余岁的作品。戎昱的诗歌创作有着面对现实、关心人民疾苦的良好开端，但从今天所存他的诗作看来，在这之后，他所反映社会现实的深度与广度，却再也没有超过这五首诗了。

《唐才子传》说他是荆南人,《全唐诗》卷二七〇小传所载同。这大致不错。他的籍贯虽不见于他书记载,但从戎昱本人的诗篇可以考知。他有《长安秋夕》诗说:"八月更漏长,愁人起常早。闭门寂无事,满院生秋草。昨宵西窗梦,梦入荆南道。远客归去来,在家贫亦好。"此诗为在长安思乡之作,所谓"梦入荆南道"、"在家贫亦好",点明其家乡即在荆南。他另有《云梦故城秋望》:"故国遗墟在,登临想旧游。一朝人事变,千载水空流。梦渚鸿声晚,荆门树色秋。片云凝不散,遥挂望乡愁。"也是说荆门、云梦一带是他的故乡。据《新唐书》卷四十《地理志》四,大约即为江陵一带①。

四

《新唐书·艺文志》载戎昱曾为"卫伯玉镇荆南从事"。《唐诗纪事》卷二十八戎昱条也说:"昱登进士第,卫伯玉镇荆南,辟为从事。"但都未言年岁。今按,《旧唐书》卷一一五《卫伯玉传》云:"广德元年冬,吐蕃寇京师,乘舆幸陕,以伯玉有干略,可当重寄,乃拜江陵尹、兼御史大夫,充荆南节度观察等使。寻加检校工部尚书,封城阳郡王。……大历十一年二月入觐,以疾卒于京师。"(《新唐书》卷一四一《卫伯玉传》所载略同)《旧唐书》卷十一《代

---

①据《新唐书·地理志》四:"江陵府江陵郡,本荆州南郡。"有属县八,荆门即其中之一。

宗纪》没有明载卫伯玉镇荆南的时间,但于广德元年八月载"以荆南节度使李峴为宗正卿"。这年十月,即发生吐蕃侵犯长安之事,由此也可证《旧唐书·卫伯玉传》所载广德元年冬卫伯玉为荆南节度使是可信的。

卫伯玉于广德元年(763)冬至大历十一年(776)二月镇荆南,则戎昱为其从事,也只能在这一期间之内。另外戎昱有《上湖南崔中丞》诗(《全唐诗》卷二七○),此崔中丞为崔瓘,他于大历四年七月至五年四月间为潭州刺史、湖南都团练观察使,则是戎昱于大历四、五年间即已在湖南(说详后)。据此,则戎昱在荆南卫伯玉幕府,当在大历四年(769)之前,广德元年(763)冬之后的数年间。《唐诗纪事》说他于进士登第后为卫伯玉所辟,而《唐才子传》则说他"少举进士,不上,乃放游名都",二说有异。据现在所存有关进士登第的材料,未见戎昱于何年登第,因此他是否登进士第,还是一个疑问。

大家知道,大历三年(768)正月,杜甫离开夔州,三月抵江陵,与当时在卫伯玉幕中的杜位、李之芳、郑审等游从。秋末移居公安,至这年年底,就又离开湖北,移居岳州[1]。而戎昱有《观卫尚书九日对中使射破的》诗(《全唐诗》卷二七○),据《旧唐书·代宗纪》大历元年七月,"加荆南节度使卫伯玉检校工部尚书"。则大历初的几年戎昱正在荆南。从时间的排比来说,就有一个杜甫与戎昱是否结识的问题。马茂元《唐诗选》于戎昱小传则说:"他曾在江陵见过杜甫,是杜甫所器重的后辈诗人之一。"刘大杰《中国

①参见闻一多《少陵先生年谱会笺》(《唐诗杂论》)。

文学发展史》（修订本第二册）也说：“他见过杜甫，得其赏识。”今按，现在所见唐宋人的有关材料，并无杜、戎交游的记载，杜甫本人的作品，尤其是在江陵之作，没有一首提及戎昱。戎昱有诗涉及杜甫的，有《耒阳溪夜行》（《全唐诗》卷二七〇）一首，题下自注：“为伤杜甫作。”全诗为：“乘夕棹归舟，缘源二转幽。月明看岭树，风静听溪流。岚气船间入，霜华衣上浮。猿声虽此夜，不是别家愁。”观诗题与题下注，以及诗意，当然是杜甫卒于耒阳后，戎昱曾经行此地，有感而作。但诗中并没有说他与杜甫曾经相识，更没有说受到杜甫的器重。因此，所谓戎昱在江陵曾见到杜甫，甚至说他是杜甫所器重的后辈诗人，可以说是毫无凭据，经不起史料的检核[1]。

另外，戎昱有《赠别张驸马》诗（《全唐书》卷二七〇）：

> 上元年中长安陌，见君朝下欲归宅。飞龙骑马三十四，玉勒雕鞍照初日。……天子爱婿皇后弟，独步明时负权势。……泰去否来何足论，官中晏驾人事翻。一朝负谴辞丹阙，五年待罪湘江源。……渚官相见寸心悲，懒欲今时问昔时。看君风骨殊未歇，不用愁来双泪垂。

考此诗所咏为肃宗张皇后弟张清等事。据《旧唐书》卷

①明胡震亨《唐音癸签》卷二十六“谈丛”二，载：“大历才子及接开、宝诸公相倡和者，未可缕指。钱起、司空曙之于王维，戎昱之于杜甫，其尤著者。”按，钱起、司空曙与王维是有诗唱酬的，但戎昱与杜甫却未有唱和，此处所记误。有些研究者说戎昱为杜甫赏识，可能即沿袭胡震亨之误。

五十二《后妃下·肃宗张皇后传》："天宝中，选入太子宫为良娣。后弟清又尚大宁郡主。……乾元元年四月，册为皇后。弟驸马都尉清加特进、太常卿同正，封范阳郡公。皇后宠遇专房，与中官李辅国持权禁中，干预政事，请谒过当，帝颇不悦，无如之何。"戎昱诗的前半段极力描写张皇后及张清炙手可热、奢侈铺张的情状，可与传中的记述相参看。由此也可见上元（760—761）中戎昱曾在长安。宝应元年（762）四月肃宗死，宦官程元振等拥立代宗李豫为帝，杀张皇后，"驸马都尉清贬硖州司马，弟延和郡主婿鸿胪卿潜贬郴州司马"（同上《旧唐书·肃宗张皇后传》）。戎昱诗中的张驸马当是张清，他的贬所硖州，属荆南节度使管辖。诗中说得罪五年，又于渚宫相见，即大历元年、二年（766、767）间相见于江陵①。由此也可见大历初几年戎昱已在江陵荆南节度使幕。

五

　　戎昱《上湖南崔中丞》诗（《全唐诗》卷二七〇）云："山上青松陌上尘，云泥岂合得相亲。举世尽嫌良马瘦，唯君不弃卧龙贫。千金未必能移性，一诺从来许杀身。莫道书生无感激，寸心还是报恩人。"这首诗中的"千金未必能移性"二句后来曾有误载，应加辨正。

---

① 渚宫为江陵的别称。《左传·文公十年》："（子西）沿汉溯江，将入郢，王在渚宫下见之。"

这首诗中的湖南崔中丞,为崔瓘。据《旧唐书》卷十一《代宗纪》,大历四年七月,"己巳,以澧州刺史崔瓘为潭州刺史、湖南都团练观察使。"大历五年四月,"庚子,湖南都团练使崔瓘为其兵马使臧玠所杀,玠据潭州为乱。"则崔瓘于大历四年(769)七月至五年(770)四月在这不到一年的时间,为湖南的军事行政长官。戎昱当于此时已离卫伯玉的荆南幕来到湖南,并受到崔瓘的器重,所谓"举世尽嫌良马瘦,唯君不弃卧龙贫",不仅表现了戎昱的自负不凡,主要恐怕还是赞颂崔瓘的能够鉴拔人才。据史书所载,崔瓘在湖南还是有治绩的,《旧唐书》卷一一五《崔瓘传》载:"累迁至澧州刺史,下车削去烦苛,以安人为务。居二年,风化大行,流亡襁负而至,增户数万。有司以闻,优诏特加五阶,至银青光禄大夫。以甄能政,迁潭州刺史,兼御史中丞,充湖南都团练观察处置使。"这时,为杜甫称誉为"静者也",并评其诗为"才力素壮,词句动人","突过黄初"的苏涣(见《钱注杜诗》卷八《苏大侍御访江浦赋八韵记异并序》),也在崔瓘幕中①。杜甫那时也在潭州(即长沙)。不知戎昱此时与杜甫、苏涣是否有交结,可惜没有文献材料,因此不能作出判断。

但戎昱的这首诗,后世却演化为与事实绝不相干的故事。最早见于《云溪友议》,其卷下《和戎讽》条载:

　　　宪宗皇帝朝,以北狄频侵边境,大臣奏议,古者和亲之有

①高仲武《中兴间气集》卷上苏涣条:"累迁至御史,佐湖南幕。"《新唐书·艺文志》丁部集录别集类"苏涣诗一卷"下云:"湖南崔瓘辟从事。"

五利,而日无千金之费。上曰:"比闻有一卿能为诗,而姓氏稍僻,是谁?"宰相对曰:"恐是包子虚、冷朝阳。"皆不是也。上遂吟曰:"山上青松陌上尘,云泥岂合得相亲。世路尽嫌良马瘦,唯君不弃卧龙贫。千金未必能移姓,一诺从来许杀身。莫道书生无感激,寸心还是报恩人。"侍臣对曰:"此是戎昱诗也。京兆尹李銮,拟以女嫁昱,令改其姓,昱固辞焉。"……

宪宗有没有提起过戎昱,这是另一问题,但此处却无端增添京兆尹李銮嫁女戎昱,并欲令其改姓的情节,并将原诗的"千金未必能移性"的"性",改为姓氏的"姓"。此事又被采入宋计有功的《唐诗纪事》(卷二十八戎昱条)[1],而略去其所根据《云溪友议》的书名,使人以为即是史实,影响更大。至元代辛文房著《唐才子传》,他当是看到了戎昱原诗的诗题,但又不愿放弃原来传说的情节,为缝补这一破绽,就将李銮之名移于崔瓘,说是:"崔中丞亦在湖南,爱之,有女国色,欲以妻昱,而不喜其姓戎,能改则订议。昱闻之,以诗谢云:'千金未必能移姓,一诺从来许杀身。'"

现在经查《旧唐书》的肃宗、代宗两纪,当时任京兆尹职的,并无李銮其人。李銮,新旧《唐书》也无传。据《新唐书》卷七十二上《宰相世系表》二上,赵郡李氏东祖房,有李銮,为延固(安阳令)之子,其兄鉴,藁城令;銮,长洲尉;表质,密州司仓参军。《新表》于銮下未注官职,未知是否即为此处所说的京兆尹李銮。戎昱此诗明明是在湖南上给崔瓘,《云溪友议》却移至长安,而且把性

---

①宋阮阁《诗话总龟》卷四"诗进门"亦载此事。

改成姓，以渲染其故事情节。《云溪友议》的作者范摅，是唐僖宗时（874—888）人，距戎昱的时代已有一百年，所记唐代文人的事迹，不少荒诞无稽，清朝《四库全书总目提要》就说他的一些记载"皆委巷流传，失于考证"（卷一四〇子部小说家类《云溪友议》提要）①。至于《唐才子传》所谓崔瓘拟以其女嫁之，其谬误就更不待言了。

六

崔瓘于大历五年四月为湖南兵马使臧玠所杀害，接着湖南又发生了中原地带曾发生过的战乱。杜甫避难到衡州，又流徙湘中、湘北一带，就在那年冬天死于潭、岳之间。苏涣最初也随杜甫至衡州，后来又越过五岭，奔向广州②。杜甫在他多难一生的最后一年，沉痛地说："近时主将戮，中夜商于战。丧乱死多门，呜呼泪如霰。"（《白马》，《钱注杜诗》卷八）又说："战血流依旧，军声动至今。"（《风疾舟中伏枕书怀三十六韵奉呈湖南亲友》，同上卷十八）戎昱早年曾在北方目睹安史之乱带给人民的苦难，也曾写下富有

①明胡震亨《唐音癸签》卷二十九"谈丛"五也曾加以讥笑说："昱姓固僻，然其《上崔中丞》诗'千金未必能移性，一诺从来拟杀身'，求知激切之辞，与改姓事无涉也。范摅欲傅合为一，并易诗中移性为移姓，使昱一生作诗，下一嫌字不得，不大苦乎！"

②《中兴间气集》卷上苏涣条："崔中丞遇害，涣遂逾岭扇动哥舒。"《新唐书·艺文志》："瓘遇害，涣走交广。"又《钱注杜诗》卷八《入衡州》诗叙及苏涣随杜甫避臧玠之乱，由潭州避难至衡州。

现实性的诗篇,现在在南方,又遇上了军阀混战,这真是一个多难的时代。但我们不知道这时戎昱的去向如何,也不知道他是否有诗作来反映这一次的战乱,可能他还在湖南一带流寓作客,大约时隔五六年,从他所作的《哭黔中薛大夫》诗(《全唐诗》卷二七○),才又见到他的行踪。

此诗为:"亚相何年镇百蛮,生涯万事瘴云间。夜郎城外谁人哭,昨日空余旌节还。"此处的薛大夫,当为薛舒,新旧《唐书》无传,其事迹见韦建所作《黔州刺史薛舒神道碑》(见《全唐文》卷三七五),碑中说:"宝应初,皇上以四郊多垒,五溪未安,乃拜黔州刺史、黔中经略招讨官、观察处置盐铁选补等、大理卿、兼御史中丞。"后又说:"以大历十年四月二十五日薨于溪州之公馆,春秋六十有八。……以大历十一年七月二十日合祔于万年县栖凤原,礼也。"黔中经略招讨使管辖的范围,大约相当于现在的四川东南部、贵州东部、湖南西部一带。戎昱此诗,当作于薛舒的灵柩北返长安途中经湖南作,时间当在大历十年至十一年(775—776)之间。

大约在此之后,戎昱又继续往南走,终于有几年的时间在桂州任幕宾之职。他有《桂州腊夜》诗说:"坐到三更尽,归仍万里赊。……二年随骠骑,辛苦向天涯。"是说在桂州已有两年,现在又逢岁暮,仍在天涯。此外又有《再赴桂州先寄李大夫》、《上桂州李大夫》诗(以上皆见《全唐诗》卷二七○)。此处的桂州李大夫为李昌巙,两《唐书》无传,据《旧唐书》卷十一《代宗纪》,大历八年九月,"戊戌,以辰锦观察使李昌巙为桂州刺史、桂管防御观察使。"同书卷十二《德宗纪》上,建中二年二月乙未,"以桂管观察使李昌夔为江陵尹、兼御史大夫、荆南节度等使。"由此可知,李昌夔于大历八年(773)九月至建中二年(781)二月间在桂州任。从上述《哭黔中薛大夫》诗,得知大历十年、十一年间戎昱尚在湖南,则在此后几年间即在桂州。《上桂州李大夫》诗中说"今日辞门馆",大约在幕中任文字之职。由《再赴桂州先寄李大夫》诗题,知戎昱曾一度离李昌夔幕,后又返旧任,诗中又说:"过因谗后重,恩合死前酬。"大约在这 时期曾因有谗言而得罪,但具体情况及在桂州究竟任何职,有多少年,则限于史料,不可详知。

这里应当考辨的是《唐才子传》记载之误。其卷三戎昱小传载:"少举进士,不上,乃放游名都。……爱湖、湘山水,来客。时李夔廉察桂林,寓官舍,月夜,闻邻居行吟之音清丽,迟明访之,乃昱也,即延为幕宾,待之甚厚。"此处把李昌夔误写成李夔,这还可能是笔误。问题较大者,是它把戎昱事迹的叙述,从为桂林幕宾叙起,以后才叙述在湖南、在荆南,似乎戎是举进士不第以后,第一个职务即是在桂州。实际上,以桂州、湖南、荆南三地来说,依时间顺序,据前面所考,则倒是先在荆南,其次是湖南,再其次才是桂州。至于《唐才子传》所写月夜闻吟诵之声云云,不知其何所本,待考。戎昱在桂州受到李昌夔的信用,在戎昱本人诗中倒是可以得到印证的,如《上桂州李大夫》中说:"今日辞门馆,情将众别殊。感深翻有泪,仁过曲怜愚。……唯于方寸内,暗贮报恩珠。"对李昌夔是颇有知遇之感的①。

---

①唐佚名《大唐传载》:"杜亚为淮南,竞渡采莲龙舟锦缆绣帆之戏,费金数千万。于頔为襄州,点山灯,一上油二千石。李昌夔为荆南,打猎,大修妆饰,其妻独孤氏亦出女队二千人,皆著红紫锦绣袄子。此三府(转下页)

七

《新唐书·艺文志》于"戎昱集五卷"下注云:"卫伯玉镇荆南从事,后为辰州,虔州二刺史。"未言何年为辰、虔二州刺史。今考戎昱有《辰州建中四年多怀》诗(《全唐诗》卷二七〇),则建中四年(783)已在辰州任。又有《谪官辰州冬至日有怀》(同上):

> 去年长至在长安,策杖曾簪獬豸冠。此岁长安逢至日,下阶遥想雪霜寒。梦随行伍朝天去,身寄穷荒报国难。北望南郊消息断,江头唯有泪阑干。

按,建中四年十月,泾师兵变,据长安作乱,推朱泚为帅,朱泚又谋称帝,德宗出奔奉天,关中大乱。直至兴元(784)五月,李晟等唐将收复长安,七月德宗回京师,这一战乱总算平定。戎昱此诗最后两句,当是写建中四年冬至时,长安还为朱泚盘据,长安四郊战争正在激烈进行,而诗人自己则正"身寄穷荒",报国甚难,北望长安,又消息断绝,于是只好说"江头唯有泪阑干"了。这首诗表现了作为封建臣僚对君主蒙难的关切和忠心,思想性是并不高的。但从这首诗,可以考见戎昱的行迹。

(接上页)亦因而空耗。"李昌夔由桂林改荆南,这里说的虽是荆南的事,但也可见他的挥霍民财的情况。关于李昌夔,又可参见常衮《授李昌夔辰锦等州团练使制》(《文苑英华》卷四〇九),称其"素有识略,达于事体,刚柔相济,文武中立,居职可纪,实浮于名。"参以《大唐传载》所记,常衮的制词则不无溢美。

此诗作于建中四年冬至，而据诗中"去年长至在长安，策杖曾簪獬豸冠"二句，可见建中三年（782）冬戎昱在长安任职，可能是做监察御史一类的官。后因某事而遭到贬谪，为辰州刺史，至于他何时始返长安，则不可确考，由上面在桂州的一些诗作看来，大约在大历末、建中初。

又，《唐才子传》卷三戎昱小传说："历虔州刺史。至德中，以罪谪为辰州刺史。"照此记载，则戎昱至德前为虔州刺史，至德中为辰州刺史。此可谓大谬。但马茂元《唐诗选》、刘大杰《中国文学发展史》（修订本第二册）以及文学研究所编注的《唐诗选》，都据《唐才子传》，说戎昱历任虔、辰二州刺史，将虔州放在辰州之前。今按，至德为肃宗年号，公元756—758年，这个时候安史之乱还未结束，戎昱直到安史之乱平定的宝应二年才从滑州、洛阳，经华阴，作《苦哉行》诗，已见上述，至大历年间才在荆南、湖南、桂州等地任幕宾之职，而于建中三、四年间始为辰州刺史，虔州刺史则更在以后（详见后）。《唐才子传》所谓的至德云云，实在是不知所云，至于将虔州列在辰州之前，是毫无根据的，一些研究者因袭旧说，也都失之不考。

戎昱在德宗兴元元年（784）秋还在辰州刺史任。他有《辰州闻大驾还宫》诗（《全唐诗》卷二七〇）。德宗于兴元元年秋七月从兴元返抵长安，朱泚之乱总算平定。戎昱诗中说："闻道銮舆归魏阙，望云西拜喜成悲。"又说："自惭出守辰州畔，不得亲随日月旗。"也同样表现了臣子对封建君主的忠心，而没有更多的社会意义。

戎昱不知何时卸辰州刺史任，现已知道他于贞元二年（786）

已在长安。他有《赠韦况征君》诗(《全唐诗》卷二七〇)云:"身欲逃名名自随,凤衔丹诏降茅茨。苦节难违天子命,贞心唯有老松知。回看药灶封题密,强入蒲轮引步迟。今日巢由旧冠带,圣朝风化胜尧时。"按,韦况本隐于河南嵩山,据《册府元龟》卷九八帝王部"征聘":"贞元二年七月,以嵩山韦况为右拾遗。"梁肃《送韦拾遗归嵩阳旧居序》也说德宗自兴元还长安后征召韦况,"鹤板入谷,拜左拾遗"(《全唐文》卷五一八)。另外,权德舆《太子宾客举人自代状》,举谏议大夫韦况,说他昔年曾"远迹声利,征拜谏列"①。可见韦况确曾应征为左拾遗,其时间为贞元二年。由此也可知,戎昱此诗当作于同年,而此时戎昱已在长安,但不知此时在长安任何官职。

戎昱在任辰州刺史后曾任虔州刺史,任虔刺在何年,各书都未明载(《唐才子传》误载在至德前,辨已见前)。今按,戎昱有《送吉州阎使君入道二首》(《全唐诗》卷二七〇),其一云:"闻道桃源去,尘心忽自悲。余当从宦日,君是弃官时。金籙封仙骨,灵津咽玉池。"其二云:"庐陵太守近臞官,霞帔初朝五帝坛。风过鬼神延受箓,夜深龙虎卫烧丹。……莫遣桃花迷客路,千山万水访君难。"这里说的吉州阎使君,为阎寀。《全唐文》卷六八四载董侹有《阎贞范先生碑》,其中叙其事云:

　　先生名寀,天水人。蝉联戚属,才为时选。再登宪府,三

①此文四部丛刊本《权载之文集》未载。又,关于韦况,又可参见《太平广记》卷一六八引《尚书故实》,记李约与"韦征君况"相善。《全唐诗》卷三〇九载李约《赠韦况》诗。

领大郡。不乐进取机密,求出为武陵相,闻桃源有黄君瞿童之事,甘心而请学焉。……居无何,转吉州刺史,公乃叹曰:"夙奉道牙,志期修进,而流年不待,齿发将暮,湛恩稠叠,恐遂无报。"乃上言乞以皇帝诞庆之辰,度为武陵桃源观道士。……优诏褒美,赐号遗荣。……以贞元七年十一月三日,顺化于锺陵宗华观。

文中记阎寀卒于贞元七年(791)十一月,但未言何时入道。据《唐会要》卷五十:"贞元七年四月,吉州刺史阎寀上言,请为道士,从之,赐名遗荣。"又李肇《唐国史补》卷史也说:"阎寀为吉州刺史,表请入道,赐名遗荣,隶桃源观,朝端盛赋诗以赠之。戎昱诗云:'庐陵太守近骖官,月帔初朝五帝坛。'"[①]由此可见,戎昱的《送吉州阎使君入道二首》,是在阎寀贞元七年四月表请入道后所作。诗中说:"余当从宦日,君是弃官时。"则阎寀罢去吉州刺史时,戎昱正在江西做官。而据《新唐书》卷四十一《地理志》五,吉州庐陵郡与虔州南康郡,地域相接。我们有理由根据上述的材料确定,这时戎昱正是在虔州刺史任上。至于他何时始任虔州刺史,何时罢去虔州刺史,限于史料的缺乏,已不可考。

---

①阎寀为阎用之第二子,见独孤及《毗陵集》卷十二《唐故右金吾卫将军河南阎公墓志铭并序》;墓志又称:"广德中,寀以监察御史领高陵令。"又元人揭斯俁《天华万寿宫碑》有云:"唐贞元中吉州刺史阎侯隐于城东十五里天岳山之夫容峰,后传以为仙云。……按庐陵志,侯名寀,初隐夫容,后得道山东南三十里洞岩。临江玉笥山志又言承天宫西南十五里南障山葆光观有吉州阎使君别墅,后得道衡岳。"(四部丛刊影印乌程蒋氏密韵楼藏旧钞本《揭文安公全集》卷十)

在这以后，戎昱作品可以大致系年的，仅有《送零陵妓》一诗（《全唐诗》卷二七〇）。据《唐诗纪事》卷二十八载："昱在零陵，于襄阳闻有妓善歌，取之。昱以诗遣行曰：'宝钿香蛾翡翠裙，妆成掩泣欲行云。愍愍好取襄王意，莫向阳台梦使君。'于遂遣还。"按，此事在《唐诗纪事》之前又见于晚唐人范摅的《云溪友议》卷上《襄阳杰》条：

> 初，有客自零陵来，称戎昱使君席上有善歌者，襄阳公遽命召焉。戎使君岂敢违命，逾月而至。及至，令唱歌，乃戎使君送妓之什也。公曰："丈夫不能立功立业，为异代之所称，岂有夺人姬爱，为己之嬉娱？以此观之，诚可窜身于无人之地。"遂多以缯帛照行，手书逊谢于零陵之守也。云溪子曰："王敦驱女乐以给军士，杨素归徐德言妻，临财莫贪，于色不吝者，罕矣！"时人用为雅谭。历观国朝挺特英雄，未有如襄阳公者也。戎使君诗曰："宝钿香蛾翡翠裙，妆成掩泣欲行云。愍愍好取襄王意，莫向阳台梦使君。"

此事又见《太平广记》卷一七七"器量"门"于頔"条。此条在记戎昱事之前还记载于頔礼遇文士数事，意在颂扬于頔的德政，其实于頔为人实不足当此，《云溪友议》的这些记载已受到清朝人的批评，《四库全书总目》卷一四〇子部小说家类关于《云溪友议》的提要中说："至于颂于頔之宽仁，诋李绅之狂悖①，毁誉不

---

① 按，此事见《云溪友议》卷上《江都事》条。

免失当。"按，据《旧唐书》卷十三《德宗纪》下，贞元十四年九月，"丙辰，以陕虢观察使于頔为襄州刺史、山南东道节度使。"（《旧唐书》卷一五六《于頔传》所载同）至宪宗元和年间，于頔方由襄州入朝。如果《唐诗纪事》所载属实，那末贞元十四年（798）或后数年间戎昱尚在湖南，从"莫向阳台梦使君"句看来，似乎这个时候戎昱也还任刺史之职。据《新唐书》卷四十一《地理志》五，江南西道有永州零陵郡，似乎戎昱在晚年曾任永州刺史。此诗除《云溪友议》《唐诗纪事》外，又见于《全唐诗》，可见诗确是戎昱作的，所谓"慇懃好取襄王意"，当也指于頔之在襄州的意思。据《旧唐书·于頔传》，于頔在襄州，也是一个跋扈不法的地方军阀，传中说于頔在襄阳时"广军籍，募战士，器甲犀利，偭然专有汉南之地。小失意者，皆以军法从事。"又说他"公然聚敛，恣意虐杀，专以凌上威下为务。"传又载于頔死后，朝臣议谥，右补阙高钺论奏，说"頔顷镇襄汉，杀戮不辜，恣行凶暴。"于頔既是这样的人，当他听说戎昱有妓善歌，就强行取之，也是极可能的。

由《送零陵妓》诗，可知戎昱至少贞元十四年（798）还在人世，而且此诗可能还是在贞元十四年以后的数年内。闻一多先生《唐诗大系》定其生卒年为740—787（？），游国恩先生等编著的《中国文学史》本闻说。740年之说不确，已见前辨。今按，787年为贞元三年，而据前所考戎昱《送吉州阎使君入道》诗，作于贞元七年（791），时正任虔州刺史，又据此《送零陵妓》诗，则又当卒于798年以后。虽然戎昱的确切卒年仍不可知，但从现在可以考知的材料，是应该比《唐诗大系》等所定大大推后的。

又按，唐孟棨《本事诗》亦载戎昱事迹，云：

韩晋公镇浙西，戎昱为部内刺史（自注：失州名），郡有酒妓善歌，色亦烂妙，昱情属甚厚。浙西乐将闻其能，白晋公召置籍中，昱不敢留，饯于湖上，为歌词以赠之，且曰："至彼令歌，必首唱是词。"既至，韩为开筵，自持杯命歌送之。遂唱戎词。曲既终，韩问曰："戎使君于汝寄情耶？"悚然起立曰："然。"泪下随言。韩令更衣待命，席上为之忧危。韩召乐将责曰："戎使君名士，留情郡妓，何故不知，而召置之，成余之过！"乃十笞之，命与妓百缣，即时归之。其词曰："好去春风湖上亭，柳条藤蔓系离情。黄莺久住浑相识，欲别频啼四五声。"（《情感》第一）

按，"好去春风湖上亭"诗见《全唐诗》卷二七〇，题《移家别湖上亭》。从诗题及诗中内容，皆与送郡妓与韩滉事无涉。又韩滉为苏州刺史、浙江东西观察使在大历十四年（779）十一月（见《通鉴》卷二二六），贞元三年（787）春卒。在这期间，戎昱无缘为浙西所属州刺史者。由此可见，《本事诗》所载，皆非实有其事，但其情节与《云溪友议》相类似，由此例彼，《云溪友议》所载，其真实性如何，也是值得怀疑的。

　　戎昱晚年的情况不可确知。《唐才子传》卷三戎昱小传说是"后客剑南，寄家陇西数载"。马茂元《唐诗选》，刘大杰《中国文学发展史》（修订本第二册）都本《唐才子传》，以此作为戎昱的晚年行迹[1]。今按，所谓居剑南、陇西，首见于《唐才子传》，不见于唐宋

---

[1] 马茂元《唐诗选》载戎昱事，谓："德宗建中年间历任虔辰二州刺史。后客居剑南。"按，此处说建中年间任虔州刺史，亦误。刘大杰《中国文学发展史》（修订本第二册）："后任虔、辰二州刺史。后客剑南，寄家陇西。"

人的记载。戎昱曾居住剑南和陇西，见于其诗篇，但《唐才子传》系之于晚年，则殊属可疑。戎昱诗涉及剑南的，有：《入剑门》《成都元十八侍御》《云安阻雨》《成都暮雨秋》《送严十五郎之长安》《成都送严十五之江东》（以上皆见《全唐诗》卷二七○）。可见戎昱确曾客居剑南，问题是在何时。按，《入剑门》诗云："剑门兵革后，万事尽堪悲。鸟鼠无巢穴，儿童话别离。山川同昔日，荆棘是今时。征战何年定，家家有画旗。"诗题为《入剑门》，则是由北而南，经剑门而入蜀中。这首诗中有"征战何年定，家家有画旗"，使我们想起杜甫大历三年末在岳阳所作的《岁晏行》，其中说："万国城头吹画角，此曲哀怨何时终。"（《钱注杜诗》卷八）戎昱此诗反映剑南地方军阀连年混战造成的破坏，是比较真切的。但我们查阅新旧《唐书》等有关史籍，蜀中地区的军阀战争，大致在大历三、四年后就逐步停息下来，因此，戎昱这首诗不可能写于蜀中大体平息的大历三、四年以后，而只能在此之前。另外，《云安阻雨》诗说："日长巴峡雨濛濛，又说归舟路未通。游人不及西江水，先得东流到渚宫。"云安在巴东。从这首诗，可见戎昱是由云安经水路赴江陵。由以上所考的戎昱整个事迹看来，很可能是戎昱于大历初年前后由长安入剑门，一度客居于剑南，然后由云安出蜀，赴江陵卫伯玉荆南节度使幕。这虽然只是推想，但当与实际相距不远。可见所谓晚年客居剑南，是没有什么事实根据的。

至于"寄家陇西数载"云云，大约本之于戎昱的《逢陇西故人忆关中舍弟》诗（《全唐诗》卷二七○），这首诗说："莫话边庭事，心摧不欲闻。数年家陇地，舍弟殁胡军。每念支离苦，常嗟骨肉分。急难何日见，遥哭陇西云。"此诗的写作时间不易确定，但可以确定的是，写此诗时，戎昱已不在陇西，他只是在某地遇见过去的陇西故人，因而回忆昔日的生活。由此可见，也不能据此而认为他晚年居住于陇西。

又，《新唐书·艺文志》著录戎昱诗五卷，《全唐诗》卷二七〇编录其诗一卷。但其中也杂有别人的作品，如《同辛兖州巢父虚副端岳相思献酬之作因抒归怀兼呈辛魏二院长杨长宁》、《抚州处上湖泛舟送北回两指此南昌县查溪兰若别》二诗，即又见于戴叔伦诗(《全唐诗》卷二七四)，应为戴作。戴叔伦另有《暮春游长沙东湖赠辛兖州巢父二首》(《全唐诗》同上卷)，与辛巢父本来就有交往，且戴诗诗题中作"卢副端"，戎作中作"虚副端"，显误。至于戎作的后一首诗，戴作题为《抚州处士胡泛见送北回两馆至南昌县界查溪兰若别》，文词较戎作通顺，为戴叔伦离抚州刺史时所作，详见另文《戴叔伦的事迹系年及作品的真伪考辨》，此不赘。

[附记]

　　我在文中曾说："今按，现在所见唐宋人的有关材料，并无杜、戎交游的记载，……所谓戎昱在江陵曾见到杜甫，甚至说他是杜甫所器重的后辈诗人，可以说是毫无凭据，经不起史料的检核。"今查到陈振孙《直斋书录解题》卷十六别集类著录《戎昱集》五卷，下云："唐虔州刺史扶风戎昱撰。其侄孙为序，言弱冠谒杜甫于渚宫，一见礼遇。集中有哭甫诗。……"陈振孙是南宋人。由此可见，我说唐宋人的记载中，没有杜、戎交游的材料，这是不确切的，一些研究者说戎昱在江陵见过杜甫，并为杜甫所器重，当即本于《直斋书录解题》，这不能说是"毫无凭据,经不起史料的检核"。

但《书录解题》的这一记载,可靠性如何,还是可以讨论的。他说是戎昱的侄孙曾为戎昱的集子作序,这个侄孙是谁,不得而知,现在所见唐人材料,还未发现有戎昱的侄孙为戎昱集子所作的序文。可能是陈振孙所见的五卷本《戎昱集》前有其侄孙的序文,但这篇序文连同戎昱集都已亡佚。问题在于陈振孙记述的戎昱侄孙的话,不无可疑。他说戎昱弱冠时在江陵见到杜甫。杜甫是大历三年(公元 768)在江陵的,如此年戎昱弱冠,即二十岁,则其生年当为 749 年。但我们已知戎昱反映安史之乱所造成的社会苦难及唐统治者借回纥兵所带来的社会动乱的诗篇——《苦哉行五首》,乃作于宝应元年(762 年),如戎昱生于 749 年,则宝应元年只有十四岁。以这样的年岁,作出思想内容如此深刻的诗篇,恐怕是不可能的。因此,所谓戎昱在江陵见杜甫,是否确实,仍然是一个问题。很可能是戎昱侄孙为了抬高其先世的身价,得之未能证实的传闻,而写入序文的。

又,戎昱还以能书著称,一般文学史著作对此未曾道及。据元人陶宗仪《书史会要》载:"戎昱,建中间为虔州刺史。作字有楷法,其用笔类段季展,然筋骨太刚,殊乏婉媚,故雅德者避之。"

戴叔伦的事迹系年及作品的真伪考辨

过去的一些文学史著作,对于戴叔伦的生平,叙述极为简略。本文拟据权德舆所作《唐容州刺史戴公墓志铭》①,和《新唐书》卷一四三《戴叔伦传》,结合戴氏本人的诗作,并参考有关的史书,对他的事迹加以系年,希望提供经过整理的资料,以供研究者参考。另外,《新唐书·艺文志》著录戴叔伦《述稾》十卷,现已不存,《全唐文》卷五一〇仅录他的文两篇。司空图在《与极浦书》中曾援引过他论诗的话:"戴容州云:诗家之景,如蓝田日暖,良玉生烟,可望而不可置于眉睫之前也。"(《司空表圣文集》卷三)可惜他的诗论全篇已不可复见。可见戴叔伦的作品散失已多。即使如此,在已存的、《全唐诗》编录的二卷戴叔伦诗作中,也杂有不少他人的作品。本文拟就其中较明显的,作一些考辨,以有助于对唐诗的研究。

---

① 见四部丛刊本《权载之文集》卷二十四,其全称为《唐故朝散大夫使持节都督容州诸军事守容州刺史兼侍御史充本管经略招讨处置等使谯县开国男赐紫金鱼袋戴公墓志铭并序》。

一

据权德舆所作《容州刺史戴公墓志铭》，戴叔伦的先世，有东汉时的司徒戴涉，西晋时的司农戴邈。戴家本来是谯国人，戴邈西晋末南渡，就开始定居于丹徒。后来至南朝宋有临湘侯戴明宝，南朝梁左丞戴暠。戴叔伦的曾祖戴好问，在唐初曾为德州司士，已经是州县的中下级官吏，至于他的祖父修誉，父亲眷用，就终生未有官职，权德舆所作的墓志中所谓"皆自縻天爵，不顾翘车，传次君之礼文，尽通奥旨，师安道之晦德，尤恶知名"，尽管权德舆用历史上的典故来称颂其祖、父辈的道德和学问，但实际上只不过是说，他的祖父和父亲两代都是未曾有过功名的普通士人而已。因此，所谓的戴涉、戴邈等等名人，是否即是戴叔伦的先世，也甚可怀疑。

姚合《极玄集》卷下载戴叔伦为润州金坛人，《新唐书》卷一四三《戴叔伦传》同。权德舆所作墓志也说戴卒后，"返葬于金坛玉京原之旧封"。可见金坛为其籍贯，谯国为其郡望。润州即今江苏镇江，唐时属江南道，所属县有四，金坛即其中之一。

权德舆所作墓志、《极玄集》（卷下），以及《新唐书》本传，都说他字幼公，但阮元《两浙金石志》卷二载陆长源《唐东阳令戴公去思颂并序》，中云"公字次公"。阮元跋中又说："按县志，叔伦字次公。"（陆长源此文又载《全唐文》卷五一〇，则作"公字幼公"，恐系清人所改，当以《两浙金石志》所录碑文石刻为准。）但无论幼公或次公，都与他的名相应。据权德舆所作墓志，叔伦有兄伯伦，但不知是否有弟。——如果有材料可以查考出戴叔伦有几个兄弟的话，则作次公较为确切。

玄宗开元二十年　公元 732 年　一岁

据权德舆所作墓志,戴叔伦卒于德宗贞元五年(789),年五十八。以此推算,当生于本年。

代宗广德元年　公元 763 年　三十二岁

本年有诗反映袁晁起义失败后浙东一带破败萧条的情况,所作《送谢夷甫宰余姚县》诗(《全唐诗》卷二七三)云:"君去方为宰,干戈尚未销。邑中残老小,乱后少官僚。廨宇经兵火,公田没海潮。到时应变俗,新政满余姚。"此诗"廨宇"二句见唐高仲武《中兴间气集》(卷二)评语中引,全诗又载于韦庄《又玄集》,题为《送谢夷甫宰鄮县》,可见为戴叔伦作无疑。按,《新唐书》卷四十一《地理志》五,余姚县属越州会稽郡,另外明州余姚郡所属有鄮县,鄮县即鄞县。《全唐诗》与《又玄集》,一作余姚,一作鄮县,但都在浙东。按,宝应元年(762)浙东有袁晁领导的农民起义。《旧唐书》卷十一《代宗纪》,广德元年三月,"丁未,袁傪破袁晁之众于浙东。"同年四月"庚辰,河南副元帅李光弼奏生擒袁晁,浙东州县尽平"。袁晁起义的时间虽然并不很长,但其影响遍及浙东、浙西以至江西。肃、代时浙东兵事较大的,即是袁晁起义。刘长卿有《送朱山人放越州贼退后归山阴别业》诗(《刘随州集》卷一),云:"越州初罢战,江上送归桡。南渡无来客,西陵自落潮。空城垂故柳,旧业废春苗。闾里相逢少,莺花共寂寥。"也写于袁晁起义被镇压后浙东州县的残破情景,可与戴叔伦之作相参看。戴诗所谓"干戈尚未销",以及"邑中残老小"、"廨宇经兵火"等句,当即指袁晁起义一事。谢夷甫,其人不详。戴叔伦此时或即尚居于金坛故里，似未有官职。此诗是戴叔伦诗作中可以系年的最早的一篇，为其早年所作，可见戴叔伦早年为诗，即具有反映现实的特色。

代宗大历四年　公元 769 年　三十八岁

戴叔伦为刘晏所辟，曾在其转运府中任职，本年督赋荆南，曾至夔州，逢蜀将杨子琳之乱，劝说杨子琳归顺唐朝廷。据权德舆所作墓志，云："分命于计相也，则为湖南、河南留后，自秘书正字二迁至监察御史。"又云："始在转运府也，董赋于南荆。会蜀将杨琳拥徒阻命，诏书告谕，初无革志，宵引锐卒劫胁使臣曰：'归我金币，可以纾死。'公山立不挠，勇生于仁，端其词气，强于师旅。暴叛知感，乞盟于公，黎明率其徒西向拜泣，指期诣阙。冢臣列状，天子召对，而推功于府，不伐其劳，时谈翕然，勇让具举。"其事又见《新唐书》卷一四三本传："刘晏管盐铁，表主运湖南，至云安，杨子琳反，驰客劫之曰：'归我金币，可缓死。'叔伦曰：'身可杀，财不可夺。'乃舍之。"显然《新唐书》此处即本权德舆所作墓志，但稍加省简。据《旧唐书》卷十一《代宗纪》，大历元年正月，"丙戌，以户部尚书刘晏充东都京畿、河南、淮南、江南东西道、湖南、荆南、山南东道转运、常平、铸钱、盐铁等使。"则戴叔伦之应辟，及在刘晏转运府中任职，自当在大历元年正月以后。至于遇杨子琳事，则在大历三、四年间。杨子琳本为泸州刺史，大历三年，西川节度使崔宁入朝，"杨子琳袭取成都"（《新唐书》卷一四四《崔宁传》）。据《通鉴》卷二二四大历三年载，七月，崔宁妾任氏出家财十万募兵，击走子琳。《通鉴》又于大历四年二月载："杨子琳既败还泸州，招聚亡命，得数千人，沿江东下，声言入朝；涪州守捉使王守仙伏兵黄草峡，子琳悉擒之，击守仙于忠州，守仙仅以身免。子琳遂杀夔州别驾张忠，据其城。荆南节度使卫伯玉欲结以为援，以夔州许之，为之请于朝。阳曲人刘昌裔说子琳遣使诣阙请罪，子琳从之。乙巳，以子琳为峡州团练使。"（《旧唐书》卷十一《代宗纪》大历四年二月乙巳亦载其事，但所授杨子琳官职为陕州刺史，误，应从《通鉴》改正）《通鉴》大历四年二月乙巳是记杨子琳授峡州团练使事，在此之前的文字都是回叙，杨子琳攻忠州、据夔州似当在大历三年冬。则戴叔伦督赋于荆南，至夔州（胡三省于上所引《通鉴》文"荆南节度使卫伯玉欲结以为援，以夔州许之"下有注云："夔州，荆南巡属"），当是大历三、四年间之事。但权德舆所作墓志是说杨子琳之归顺唐朝廷，是由于戴叔伦的劝说，而《通鉴》则说出于刘昌裔。《旧唐书》卷一五一《刘昌裔传》云："刘昌裔，太原阳曲人。少游三蜀，杨琳之乱，昌裔说其归顺。"说与《通鉴》同。以史料的时间说，权德舆作志的时间近，似较可靠，但为同时代人作墓碑传状，往往难免有溢美夸饰之辞，也不尽可信。二说可以并存，备查考。

戴叔伦有《渐至涪州先寄王员外使君纵》诗（《全唐诗》卷二七三），当作于往夔州督赋时，诗中云："将命宁知远，归心讵可传。"是说出使。又云："江分巴字水，树入夜郎烟。毒瘴含秋气，阴崖蔽曙天。"是说时节正当秋季。参据上引史料，则此诗当作于大历三年秋冬。诗题中所称王员外使君纵，当是涪州刺史王纵。据《新唐书》卷七十二《宰相世系表》二中，琅邪王氏，有夏州长史昇，子纵，不详历官，不知是否即是戴诗中之涪州刺史王纵否？按，清劳格《唐郎官石柱题名考》卷十八仓部员外郎有王纵，劳考于其名下引戴叔伦此诗，又引《新唐书·宰相世系表》王昇子纵，但又引《旧唐书·王重荣传》"父纵，盐州刺史，咸通中有边功"，及司空图《故盐州防御使王纵追述碑》，以戴叔伦诗中的王纵，即以为王重荣之父的王纵。按，《旧唐书》卷一八二《王重荣传》明云王纵"咸通中有边功"，咸通为公元860—874，距大历三年（768）将近一百年。司空图《故盐州防御使王纵追述碑》（见《司空表圣文集》卷六）也说王纵"长庆初以力战拜兼监察御史"，长庆初距大历三年也有五十多年，王纵才初次立功。又叙太和九年（835）为河中都知兵马使。由此可知，王重荣之父王纵为一武将，时代与戴叔伦相去甚远，不可能是一人。劳格于唐史事号称精熟，但此处却疏于考核，因而致误。

按，大历四年，戴叔伦已三十八岁，在此之前的仕履未详。大历十才子之一的李端有《送新城戴叔伦明府》诗（《全唐诗》卷二八五），云："遥想隋堤路，春天楚国情。白云当海断，青草隔淮生。雁起斜还直，潮回远复平。莱芜不可到，一醉送君行。"据《新唐书》卷四十一《地理志》五，江南道，杭州余杭郡有新城县，云："武德七年省入富阳，永淳元年复置。"从诗中"白云当海断"、"潮回远复平"等句看来，与新城的地理位置正相符合。据此，则戴叔伦又曾为杭州新城县令。按，据权德舆所作墓志及《新唐书》本传，戴叔伦所历官职，先后都可考见，却未见有新城县令的记载，可知当是在转运府以前所任,具体时间则不可确知。

又,高仲武《中兴间气集》卷上载戴叔伦诗,评语中有云:"叔伦之为人,温雅善举止,无贤与不肖,见皆尽心。在租庸幕下数年,夕□靡怠。吏部尚书刘公与祠部员外郎张继书,博访选材,曰:'揖对宾客如叔伦者,一见称心。'"[1] 按,张继曾为祠部员外郎,分掌财赋于洪州(参见《新唐书·艺文志》集部别集类),也是刘晏盐铁转运府幕中的人材,大约大历四年前后即已在洪州任职[2]。则刘晏与张继书,论及戴叔伦,也当在此数年间。

又,《唐才子传》卷五谓戴叔伦乃"贞元十六年陈权榜进士"。清徐松《登科记考》卷十四即据此列贞元十六年进士科状元为陈权,其下有戴叔伦,与白居易等同科及第。但据权德舆所作墓志,戴叔伦早于贞元五年即已去世,年五十八岁,又据上所考,大历三、四年间即已在转运府任职,《唐才子传》所载本已甚谬,而徐松又号为治唐史者,乃也不经查核有关史籍,而遂采入书中(此点并可参见岑仲勉《唐史余沈》卷二《戴叔伦贞元进士》条)。

代宗大历七年　公元 772 年　四十一岁

本年或明年,在京口有送皇甫曾赴洛阳诗。戴叔伦《京口送皇甫司马副端曾舒州辞满归去(《全唐诗》原注:一本无去字)

---

[1]《唐才子传》卷五小传尝引此,却作:"尝在租庸幕下数年,夕惕匪怠。吏部尚书刘公与祠部员外郎张继昼访选材,日揖宾客,叔伦投刺,一见称心,遂就荐。"大误。
[2]参见本书《张继考》。

东都》(《全唐诗》卷二七三):"潮水忽复过,云帆俨欲飞。故园双阙下,左宦十年归。晚景照华发,凉风吹绣衣。淹留更一醉,老去莫相违。"按,皇甫曾曾因事贬为舒州司马,当时独孤及为舒州刺史,时当在大历六年左右。大历七年,皇甫曾罢舒州司马任北归,后又为阳翟令①。由戴此诗,可知皇甫曾曾北归,当由舒州沿长江而下,经京口,折入东南漕河。戴叔伦与皇甫曾相遇,约在本年或明年夏秋(见"凉风吹绣衣")。

德宗建中元年　公元 780 年　四十九岁

本年春在汴州,《和李相公勉晦日蓬池游宴》(《全唐诗》卷二七三):"高会吹台中,新年月桂空。貂蝉临野水,旌旆引春风。"又《和汴州李相公勉人日喜春》(同上卷),中云:"年来日日春光好,今日春光好更新。"按,《旧唐书》卷一三一《李勉传》:"(李)忠臣遇下贪虐,明年为麾下所逐,诏复加勉汴宋节度使,移理汴州,余并如故。德宗嗣位,加检校吏部尚书,寻加平章事。建中元年,检校左仆射,充河南汴宋滑亳河阳等道都统,余如故。"据《旧唐书》卷十一《代宗纪》,汴宋节度使李忠臣为部将李希烈所逐在大历十四年三月,在此之后当即以李勉为汴州刺史、汴宋节度使。又据《旧唐书》卷十二《德宗纪》上,德宗于大历十四年五月即位,六月己亥,"加李正己司徒、太子太傅,崔宁、李勉本官同平章事。"戴诗中称李相公勉,诗题中又云在汴州,则当是大历十四年后之明年,即建中元年正月作,因建中元年五月以后戴叔伦又出为东阳令,不复

①参见本书《皇甫冉皇甫曾考》。

更在汴州。权德舆所作墓志云："分命于计相也，则为湖南、河南留后，自秘书正字三迁至监察御史。"即任转运府之职，湖南以后，又任河南。据此，本年之前数年间则为转运府河南留后之职。

五月以后，又以监察御史里行出为东阳令。阮元《两浙金石志》卷二载陆长源《唐东阳令戴公去思颂并序》（又见《全唐文》卷五一〇），此篇文字残缺甚多，几乎不能卒读。文中云："建中元祀……夏五月壬辰诏书，以监察御史里行戴叔伦为东阳令。"末署"□□兴元元年岁次甲子五月□□□"（宋陈思《宝刻丛编》卷十三婺州，引《复斋碑录》载："唐东阳令戴叔伦去思颂：唐陆长源撰，李秋寔八分书，兴元二年五月二十八日建在本县学"）。由此可知，本年五月以后出为东阳令。《新唐书》卷四十一《地理志》五，江南道婺州东阳郡有东阳县，"垂拱二年析义乌置"。即今浙江东阳县。

德宗建中二年　公元 781 年　五十岁

任东阳令约至本年春间。权德舆所作墓志云："其阜人成化也，则东阳一同之人沐旬岁之治。"旬岁即满岁、周岁。去年五月始授任为东阳令，一周年当即至本年春间（说详下）。陆长源《唐东阳令戴公去思颂并序》中曾称其治绩，谓："由是桑柘茂，堤塘修，平林□阴，大壑含润……路绝豺狼，□狱止讼，聚货通商。"这当然有溢美之词，但看来他在东阳令一年，在当时还是为人所称道的。阮元《两浙金石志》（卷二）中曾引东阳县志，称戴叔伦在东阳"抑权豪，劝农桑，政通讼简，民以富庶，奏课为一州最，拜殿中侍御史"。

《全唐诗》卷二七四载戴叔伦《张评事涉秦居士系见访郡斋即同赋中字》："轺车忽枉辙，郡府自生风。遣吏山禽在，开樽野客同。古墙抽腊笋，乔木飔春鸿。……"当为春初作。此时秦系隐居于会稽，故能近道至东阳往访。戴叔伦另有《送秦系》《题秦隐君丽居亭》(同上卷)，当同在东阳时所作。

本年春初由东阳赴湖南嗣曹王李皋幕。《新唐书·戴叔伦传》："嗣曹王皋领湖南、江西，表在幕府。"权德舆所作墓志："曳裾于贤王也，则为湖南、江西上介，由大理寺司直再转至尚书祠部郎中。"则戴叔伦曾入李皋的湖南幕。据《旧唐书》卷一三一《李皋传》："建中元年，迁湖南观察使。"又据卷十二《德宗纪》上，建中元年四月，"壬戌，以衡州刺史、嗣曹王皋为潭州刺史、湖南团练观察使。"李皋在湖南任，至建中三年十月又转为江西节度使。已知戴叔伦建中元年五月为东阳令，在东阳一年，其《将赴湖南留别东阳旧僚兼示吏人》诗(《全唐诗》卷二七四)，有"晓路整车马，离亭会衣冠，冰坚细流咽，烧尽乱峰寒"之句，则离东阳赴湖南，当在建中二年春初，河冰尚未融化之时。

德宗建中四年　公元 783 年　五十二岁

《新唐书》卷一四三本传谓："嗣曹王皋领湖南、江西，表在幕府。皋讨李希烈，留叔伦领府事。"权德舆所作墓志云："曳裾于贤王也，则为湖南、江西上介，由大理司直再转至尚书祠部郎中。"由此可知，李皋为湖南观察使时，戴叔伦在湖南幕府，李皋后改为江西，戴则又随李皋在江西节度使幕。据《旧唐书》卷十二《德宗纪》上，建中三年"冬十月辛亥，以湖南观察使嗣曹王皋为洪州刺史、江西节度使。"可能戴叔伦也在建中三年十月或稍后一些时日转至江西。又据同书《德宗纪》，建中三年十一月"丁丑，李希烈自称天下都元帅、太尉、建兴王，与朱滔等四盗胶固为逆。"李希烈于此时正式称兵，与唐朝廷对抗。建中四年正月，唐朝廷以龙武大将军哥舒曜为东都畿汝节度使，率领凤翔、邠宁、泾原等节镇的兵力，征讨李希烈。三月"辛卯，嗣曹王皋击李希烈将陈质之众，败之，收复黄州。"又"夏四月庚申，以永平宣武河阳等军节度都统、检校司徒、平章事李勉为淮西招讨使，襄阳帅贾耽、江西嗣曹王等为之副。"李皋出江西兵与李希烈作战，后来又为李勉之副，正式奉命征讨，大约即在建中四年三、四月间，戴叔伦当也就在此时为江西节度使留后，统领府事，而其所带中朝官衔则为尚书祠部郎中。

德宗兴元元年　公元 784 年　五十三岁

建中四年十月，泾原节度使姚令言率领泾原之师往河南增援哥舒曜，泾原军经过长安，刚出京城，即因军食恶劣而哗变，随即推举幽州节度使朱滔之兄、当时闲居于长安的朱泚为首领，朱泚称帝。德宗匆忙逃至长安西北的奉天。时为建中四年冬、兴元元年春。至兴元元年二月丁卯，因奉天兵力单薄，德宗又迁往梁州（即陕西南郑）。戴叔伦有《奉天酬别郑谏议云逵卢拾遗景亮见别之作》（《全唐诗》卷二七三），诗的前半篇云："巨孽盗都城，传闻天下惊。陪臣九江畔，走马来赴难。伏奏见龙颜，旋持手诏还。"按，《旧唐书》卷一三一《李皋传》曾称"上至梁州，进献继至"，就是说，李皋曾遣吏输送粮饷至梁州。从戴叔伦此诗,可知戴曾奉李皋之命至奉天。叔伦另有《建中癸亥岁奉天除夜宿武当山北茅平村》(《全唐诗》卷二七三),建中癸亥即建中四年,则建中四年冬末已至奉天。《奉天酬别》诗叙戴叔伦离奉天时说:"重阴蔽芳月,叠岭明旧雪。泥积辙更深,木冰花不发。"当是春初尚有冰雪之时。

诗题中提及的郑云逵,《旧唐书》卷一三七有传,云:"郑云逵,荥阳人。大历初举进士。"后曾为朱滔节度判官,"滔助田悦为逆,云逵谕之不从,遂弃妻子驰归长安,帝嘉其来,留于客省,超拜谏议大夫。奉天之难,云逵奔赴行在,李晟以为行军司马,戎略多以咨之。"戴叔伦诗中"郑君间世贤,忠孝乃双全。大义弃妻子,至淳易生死。知心三四人,越境千余里"云云,就是写郑云逵的这一段经历。《奉天酬别》诗题中提及的另一人为卢景亮,诗称"卢生富才术,特立居近密。采掇献吾君,朝廷视听新。宽饶狂自比,汲黯直为邻。"卢景亮见《新唐书》卷一六四本传,时为左补阙。

德宗贞元元年　公元 785 年　五十四岁

本年春夏间为抚州刺史。《新唐书》卷一四三本传仅云"皋讨李希烈,留叔伦领府事,试守抚州刺史"。未言为何年。按,《旧唐书》卷十三《德宗纪》下,贞元四年七月,"乙丑,以前抚州刺史戴叔伦为容州刺史、兼御史中丞,本管经略使"。又据权德舆所作墓志:"其卓人成化也,则东阳一同之人沐旬岁之治,抚人饫三年之惠。"可见在抚州为三年,从贞元四年上推三周年,为贞元元年七月。又据《旧唐书》卷十二《德宗纪》上,贞元元年四月,"丁丑,以江西节度使嗣曹王皋为江陵尹、荆南节度使。"贞元四年七月戴叔伦被任命为容州刺史时,为"前抚州刺史",可见并非现任抚州刺史者。疑李皋于贞元元年四月改荆南时,戴叔伦也就在此时出节度使幕,被任命为抚州刺史。由贞元元年四月至贞元四年四月为三年,离贞元四年七月,其间尚有一段期间,然后又授命为容州刺史,故云"前抚州刺史"。因此可以推知其始授命为抚州刺史的时间当在贞元元年春夏之间。

德宗贞元二年 公元 786 年 五十五岁

本年仍在抚州刺史任,曾上书当时宰相齐映、刘滋等,论当时朝政得失。《新唐书》卷一四三本传:"齐映、刘滋执政,叔伦劝以'屯难未靖,安之者莫先于兵,兵所藉者食,故金谷之司不轻易人。天下州县有上中下,紧望雄辅者,有司铨拟,皆便所私,此非为官择人、为人求治之术。其尤切者,县令、录事参军事,此二者宜出中书门下,无计资序限,远近高卑,一以殿最升降,则人知劝'。映等重其言。"按照《新唐书》卷六十二《宰相年表》,贞元二年正月壬寅,"吏部侍郎刘滋为左散骑常侍,给事中崔造、中书舍人齐映并同中书门下平章事"。三年正月,"壬子,滋罢守左散骑常侍,映贬夔州刺史"(《旧唐书》卷十二《德宗纪》下所载同)。则刘滋、齐映居相位的时间即贞元二年的一年时间之内。戴叔伦上书的时间当然也在此年。关于他在抚州的政绩,权德舆所作墓志中说:"其在临川也,清明仁恕,多省费力略,蜀郡崇儒之化,南阳均水之法,精力区处,民以便安,田壤耕辟,狱犴清净,居一年,玺书褒异,就加金紫。"《新唐书》本传则谓:"试守抚州刺史。民岁争溉灌,为作均水法,俗便利之。耕饷岁广,狱无系囚。俄即真。期年,诏书褒美,封谯县男,加金紫服。"显然,《新唐书》所写即根据权德舆所作的墓志,这些都不无溢美。他在抚州的政绩是为当时人称道的,但其诗作可以确定在抚州所作者,却甚寥寥。

德宗贞元四年　公元 788 年　五十七岁

秋,改为容州刺史。《旧唐书》卷十三《德宗纪》下贞元四年七月"乙丑,以前抚州刺史戴叔伦为容州刺史、兼御史中丞、本管经略使"。此处云"前抚州刺史",可知本年七月授命为容州刺史时已不在抚州刺史任上。据前贞元元年条,可能本年春夏间已离任,但仍居于抚州。戴叔伦有诗《抚州处士胡泛见送北回两馆至南昌县界查溪兰若别》(《全唐诗》卷二七四),其中说:"郡政我何有,别情君独深。禅庭古树秋,宿雨清沉沉。挥袂千里远,悲伤去住心。"由此可知,戴叔伦是由抚州前往容州的,时节是在秋天,与《旧纪》所载七月者相合。《德宗纪》所叙戴叔伦为容州刺史时的官衔为"兼御史中丞",但据权德舆所作墓志,则为"兼侍御史",陈羽送行诗,也称"端公",则作御史中丞者不确。陈羽《送戴端公赴容州》云:"分命诸侯重,葳蕤绣服香。八蛮治险路,千骑踏繁霜。山断旌旗出,天晴剑佩光。还将小戴礼,远去化南方。"(见《唐诗纪事》卷三十五陈羽条,又见《全唐诗》卷三四八)据《唐诗纪事》所载,陈羽与韩愈为同年进士登第(《唐才子传》卷五陈羽小传谓"贞元八年,礼部侍郎陆贽下第二人登科,与韩愈、王涯等共为龙虎榜"。)韩愈有《落叶送羽》诗云:"谁云少年别,流泪各沾衣。"(《昌黎先生集》卷二)陈羽的生卒年不详,但据此处所引几条材料,可见贞元四年时陈羽尚未登第。韩愈生于大历三年(768),从韩愈送陈羽诗看来,二人年岁相若,则陈羽本年当也不过二十余岁。戴叔伦另有《过故人陈羽山居》(《全唐诗》卷二七三)云:"向来携酒共追攀,此日看云独未还。不见山中人半载,依然松下屋三间。峰攒仙境丹霞上,水绕渔矶绿玉湾。却望夏洋怀二妙,满崖霜树晓斑斑。"《唐才子传》谓陈羽"江东人",戴此诗疑作于抚州时(戴叔伦在江西有四五年之久,在此之前又在湖南,若再早,则陈羽之年岁不相及),据此,则陈羽早年曾居住于江西一带。

德宗贞元五年　公元789年　五十八岁

六月卒。按,权德舆所作墓志云:"维贞元五年夏四月,容州刺史、经略使、侍御史、谯县男戴公至部之三月,以疾受代,回车瓯骆,六月甲申,次于清远峡而薨,春秋五十八。"此处云贞元五年四月,戴叔伦以疾受代,而其时抵任才三个月,则到容州当在贞元五年一月间。墓志又称:"其卓人成化也,则东阳一同之人沐旬岁之治,抚人饫三年之惠,容人被逾月之教。"也言其实际在任的时间极短。但从上年所引《旧唐书·德宗纪》及戴所作《抚州处士胡泛见送……》诗,其授命及离抚州确在贞元四年秋。抚州距容州不远,何以须走将近半年的时间,颇令人费解。

《新唐书》卷一四三载其在容州的政绩说:"迁容管经略使,绥徕夷落,威名流闻。其治清明仁恕,多方略,故所至称最。德宗尝赋中和节诗,遣使者宠赐。"关于后一点,李肇《国史补》已载及，卷下云："贞元五年，初置中和节。御制诗，朝臣奉和，诏写本赐戴叔伦于容州，天下荣之。"按，《旧唐书》卷十三《德宗纪》下贞元五年正月载："乙卯，诏：'……自今宜以二月一日为中和节，以代正月晦日。……'"则是年二月初戴叔伦即已在容州。《全唐文》卷四八一载有马总《为戴中丞谢赐御制中和节诗序表》，可参。

又《唐摭言》卷八《入道》条载："戴叔伦，贞元中罢容管都督，上表请度为道士。"此事不见于他书，不知其具体情况如何。中国社会科学院文学研究所古代组、北京市维尼纶厂的《唐诗选注》（北京出版社 1978 年 9 月版）关于戴叔伦的介绍，说"晚年他当了道士"。可能本于《唐摭言》。但《唐摭言》只是说"上表请度为道士"，并未言是否即得请成为道士，而据权德舆所作墓志铭及其他有关传记资料，都未有度为道士之说。《唐诗选注》此说恐误。

据权德舆所作墓志，戴叔伦娶京兆韦氏永州长史韦采之女为妻，较早去世，后又娶博陵崔氏殿中侍御史崔殷之女，也在他之前死去。戴叔伦有二子：郅、郍，在叔伦死时都才七、八岁。

二

在大历、贞元间的诗人中，戴叔伦是以反映当时的社会现实见长的。这部分诗篇，在他的整个创作中只是极少数，但这少数诗篇却是他作品中最有价值、最富有社会意义的。如在前面系年部分已经提到过的，在他早年，三十岁时，就已从一个侧面反映了袁晁起义被镇压以后浙东地区"邑中残老小"的萧条情景。当然，我们并不能认为这时戴叔伦已经是同情农民起义，这样的要求是不恰当的，但是他在涉及到这一事件时，并没有去极力赞颂统治者的武功，而是描写农民革命的力量被镇压下去以后，在起义发生过的地方，是如此地破败，如此地不景气，这样做，就与同时代的其他一些优秀诗人一起，反映了那一时代人民所承受的苦难，以及现实社会的多方面的矛盾和缺陷，这就给人们以认识的价值。

其他的几篇，如《女耕田行》(《全唐诗》卷二七三)，写农家女子，家贫母老，长兄从军未归，没有耕牛，又缺少农具，姊妹二人只能是"无人无牛不及犁，持刀斫地翻作泥"，长日劳作，"姊妹相携心正苦，不见路人唯见土"。在古代诗歌中，正面描写在封建压迫下，妇女的田间劳动之苦的，除戴叔伦这篇《女耕田行》外，确还是不多见的。又如《边城曲》(《全唐诗》，卷同上)，写"人生莫作远行客，远行莫戍黄沙碛，黄沙碛下八月时，霜风裂肤百草衰"，写当时远戍边城的艰苦，以与长安的豪华生活对照："不似京华侠少年，清歌妙舞落花前。"又如《屯田词》(《全唐诗》同卷)，开始写"春来耕田遍沙碛，老稚欣欣种禾麦"，但后来遇到天旱，蝗灾，颗粒无收，在这种情况下，官吏还强迫去砍伐南山树木，赶着耕牛去，耕牛也因"霜重草枯"而冻死。诗篇以"艰辛历尽谁得知，望断天南泪如雨"结句，具有强烈的艺术效果，诗人对当时处于苛重的压迫和剥削之下的劳动者的同情心，十分明显。这些作品，大多"即事名篇"，采取七言歌行的形式，可以看作是白居易所提倡的新乐府体的先导。

可惜这些作品,我们今天还不能考定其写作的年月。如《边城曲》和《屯田词》,写的似乎是北方边地,但从现有的史料中,我们知道戴叔伦长期在南方做官,尤其是中年以后更是如此,现在还不能考出他的生活经历中,在哪一时期有过北方边塞的游历。这当然给研究带来某种困难和不足。

更为令人遗憾的是,现存属于戴叔伦名下的作品,如《全唐诗》编录为两卷的(卷二七三、二七四),却有一些并非戴叔伦的作品。在现存唐人诗歌中,羼入他人之作的,并非鲜见,但如戴叔伦那样,所存作品的数量本来并不多,却很有些伪作,就值得引起注意了。关于这点,明人胡震亨早就提起过,在他所辑的《唐音统签》中,其戴叔伦集的叙录有云:"唐宋志《述藁》十卷,宋志诗一卷。今代云间朱氏刻本二卷,但中杂元人丁鹤年、本朝刘崧诗,而他诗亦有引用后代事者,讹伪不一。今稍加删订,其见《中兴间气》《又玄》《才调》三集,郭氏《乐府》、洪氏《绝句》《纪事》《三体》、高氏《品汇》,确然无伪者,定为正集二卷;余在疑似间者,别为附录一卷,庶不相淆乱云。"可见胡氏也认为存世戴叔伦诗中讹伪的情况相当严重,需要特地加以厘正。但即使如此,以《唐音统签》为前资的清朝官修的《全唐诗》还仍然夹杂好些伪作。这里仅举一些例子,说明存世戴叔伦作品真伪情况的复杂性,提供研究者注意和参考。

胡震亨说戴叔伦诗集中杂有后人的作品,实际不仅如此,现在可以考知的,还有在他之前的,也有与他约略同时的。如《全唐诗》卷二七三所载《送崔融》一首:"王者应无敌,天兵动远征。建牙连朔漠,飞骑入胡城。夜月边尘影,秋风陇水声。陈琳能草橄,含笑出长平。"按,崔融见《旧唐书》卷九十四,《新唐书》卷一一四,有传,为武则天时人,大约死于中宗神龙二年(706),年五十四。他的卒年较戴叔伦的生年,还早二十多年。又按,陈子昂有《送著作佐郎崔融等从梁王东征》诗(《陈子昂集》卷二),诗云:"金天方肃杀,白露始专征。王师非乐战,之子慎佳兵。海气侵南部,边风扫北平。莫卖卢龙塞,归邀麟阁名。"这两首诗,题材、内容相同,诗体、诗韵相同,所写的时节也相同,都是秋日。陈诗还有一篇小序,序中说:"岁七月,军出国门,天晶无云,朔风清海,时北部郎中唐奉一、考功员外郎李迥秀、著作佐郎崔融,并参帷幕之宾,掌书记之任。燕南怅别,洛北思欢,顿旌节而少留,倾朝廷而出饯。"陈子昂诗题中的梁王,即武三思。据《通鉴》卷二〇五武后万岁通天元年(696),"秋七月辛亥,以春官尚书梁王武三思为榆关道安抚大使,姚璹副之,以备契丹。"(《旧唐书》卷六《则天皇后纪》同)可见崔融是在这一年的七月随武三思,从军赴榆关。另外杜审言也有《送崔融》诗(《全唐诗》卷六十二):"君王行出将,书记远从征。祖帐连河阙,军麾动洛城。旌旃朝朔气,笳吹夜边声。坐觉烟尘扫,秋风古北平。"此诗与上面二诗同韵,所写情事也相同。《旧唐书》卷一九〇上《文苑·杜审言传》:"累转洛阳丞,坐事贬授吉州司户参军。"杜审言贬吉州是在圣历元年(698),则696年正好在洛阳,故可与陈子昂等相送。诗中君王指武三思(梁王),书记即谓崔融(陈子昂诗序所谓"掌书记之任")。由此可以断定,编录为戴叔伦作的那一首《送崔融》诗决非戴作,而是万岁通天元年(696)七月送崔融时某人所作,其人的姓名则失考。

又《全唐诗》卷二七三载戴叔伦《吊畅当》诗:"万里江南一

布衣,早将佳句动京畿。徒闻子敬遗琴在,不见相如驷马归。朔雪恐迷新冢草,秋风愁老故山薇。玉堂知己能铭述,犹得精魂慰所依。"按,畅当见《新唐书》卷二〇〇《儒学传》,谓:"畅当,河东人。……贞元初,为太常博士。……当以果州刺史卒。"未载其卒于何年。戴叔伦卒于贞元五年六月,如此诗为戴叔伦所作,则畅当应卒于贞元五年六月之前。畅当在大历、贞元间也以诗名世,与韦应物、卢纶、司空曙、李端、耿湋等都有诗酬答,我们可以根据这些酬答的诗篇作一些论证。按,韦应物于贞元四年七月后为苏州刺史 ①。畅当有《山居酬韦苏州见寄》(《全唐诗》卷二八七)。可见贞元四年七月以后畅当尚在人世,与作苏州刺史的韦应物有诗酬答。《吊畅当》诗有"秋风愁老故山薇"句,则戴之作此诗只能是贞元四年秋(因为第二年六月戴卒)。相隔的时间如此短促,畅当时在长安,叔伦则在江西、湖南一带,以当时交通条件而论,是否可能? 此其一。另外,卢纶有一诗,诗题颇长,但涉及畅当及其他一些诗人存没的,今具录于此:《纶与吉侍郎中孚、司空郎中曙、苗员外发、崔补阙峒、耿拾遗湋、李校书端,风尘追游向三十载,数公皆负当时盛称,荣耀未几,俱沈下泉,畅博士当感怀前踪,有五十韵见寄,辄有所酬,以申悲旧,兼寄夏侯侍御审、侯仓曹钊》。《新唐书·畅当传》说畅当贞元初为太常博士。《全唐文》卷五二八顾况《韩滉谥议》,题下自注云"代太博畅当作"。而韩滉卒于贞元三年正月(《旧唐书》卷十二《德宗纪》上)。可见畅当贞元三年任太博职。从卢纶诗题,知吉中孚等数人此时已卒,而据《旧唐书·德宗纪》,

①关于韦应物为苏州刺史的时间,参本书《韦应物系年考证》。

贞元四年"八月，以权判吏部侍郎吉中孚为中书舍人"。可见贞元四年八月吉中孚尚在长安。卢纶诗中有云："相逢十月交，众卉飘已零，感旧谅戚戚，问孤恳茕茕。"可见诗作于冬十月。即使假定吉中孚于授中书侍郎后不久（即十月之前）死去，卢纶之诗最早也只能作于贞元四年十月，而那时畅当还在，但《吊畅当》诗却作于秋天，即最晚只能在贞元四年的秋天，这显然就有矛盾。岑仲勉先生在《读全唐诗札记》中曾据《吊畅当》诗疑《新唐书》谓当卒于果州刺史为不确，说戴叔伦死于贞元五年六月，畅当于贞元三年尚为太常博士，不可能超迁得如此迅速。岑先生立论的根据是相信此诗确为戴叔伦所作，但恰恰是这一点就有问题。又《吊畅当》诗中说畅当为"万里江南一布衣"，按，畅当为河东人，所有有关畅当的事迹资料，都没有说他是江南人，或长期居住在江南。他更不是什么布衣，其父畅璀曾官至户部尚书，《旧唐书》卷一一一有传，当大历七年进士及第（见《唐才子传》卷四），累历录事参军、太常博士等职。戴叔伦与他同时，对这些情况不可能不知道。由此可以断定，此诗也非戴作，且诗题也有误，所吊者应非畅当。

又《全唐诗》卷二七三载戴叔伦《冬日有怀李贺长吉》："岁晚斋居寂，情人动我思。每因一尊酒，重和百篇诗。月冷猿啼惨，天高雁去迟。夜郎流落久，何日是归期？"按，李贺生于德宗贞元六年（790）（据杜牧《李长吉歌诗叙》），而戴叔伦卒于贞元五年，此诗显然非戴所作。且诗中"夜郎流落久"二句，与李贺事迹也不合，李贺从未有流落夜郎之事。清人王琦号称博洽，他作《李长吉歌诗汇解》，卷首载诸家叙评，其中就列戴叔伦《冬日有怀李贺长吉》，可见沿误已久，未有辨正的。与此类似的尚有《寄刘禹锡》

（《全唐诗》同卷），也编录为戴作。诗云："谢相园西石径斜，知君习隐暂为家。有时出郭行芳草，长日临池看落花。春去能忘诗共赋，客来应是酒频赊。五年不见西山色，怅望浮云隐落霞。"按，刘禹锡生于大历七年（772），贞元五年戴叔伦卒时仅十八岁，那时还在家乡苏州读书，至二十岁（贞元七年）始游长安（刘禹锡《谒枉山会禅师》："弱冠游咸京，上书金马外。结交当世贤，驰声溢四塞。"见《刘梦得文集》卷一，四部丛刊本）。而《寄刘禹锡》诗所写之刘禹锡至少已是中年以后，此诗也显然非戴所作。

有的仅就诗题就可决其不是戴叔伦所作的，如《江上别刘驾》（《全唐诗》卷二七三），刘驾为宣宗大中时（847—860）人（见《唐诗纪事》卷六十三）。又据《唐才子传》卷七，驾大中六年（852）进士及第。在戴叔伦卒后三四十年。又如《别郑谷》（《全唐诗》卷二七四），据《唐诗纪事》（卷七十），郑谷乾宁（894—898）中为都官郎中，时代更晚，就更非戴所作了。

戴叔伦诗中与当时一些诗人酬答的，有钱起、皇甫冉、郎士元、耿湋、包佶等，都属同时，其诗大致可信，但像《寄孟郊》（《全唐诗》卷二七三）诗，是否戴作也很可疑。戴卒时孟郊已三十九岁（郊生于天宝六载，见韩愈《贞曜先生墓志》），较戴叔伦稍晚，时代相及，但诗中所写与孟郊行事颇不相类，此诗当如胡震亨所说，属于疑似之间，不能据以论证戴、孟的交谊。

戴叔伦还有一组叙述被追赴抚州推问的诗，如《临川从事还别崔法曹》（《全唐诗》卷二七三），《岁除日奉推事使牒追赴抚州辨对留别崔法曹陆太祝处士上人同赋人字口号》、《赴抚州对酬崔法曹夜雨滴空阶五首》、《又酬晓灯离暗室五首》、《抚州被推昭雪答陆太祝三首》《抚州对事后送外生宋垓归饶州觐侍呈上姊夫》（以上皆《全唐诗》卷二七四）。合起来有十余首。这些诗都是写作者因某事被拿问，乃赴抚州辨对，后终于得到昭雪。此事如即属于戴叔伦，对于他本人当非细事，但所有有关戴叔伦的事迹材料，对此都没有记述。此已可疑。《抚州对事后送外生宋垓……》诗更详述其事："淮汴初丧乱，蒋山烽火起，与君随亲族，奔进辞故里。……石壁转棠阴，鄱阳寄茅室。淹留三十年，分种越人田。"后又云："顷因物役牵，偶逐簪组辈，谤书喧朝市，抚己惭浅昧。"淮汴丧乱，如从最早的安史之乱（755—756）算起，经三十年，当为785、786年，即贞元元年、二年。诗中说这三十年中作者一直淹留在鄱阳，这已与戴叔伦的经历不合（《唐才子传》卷五即据此叙述说："叔伦初以淮、汴寇乱，鱼肉江上，携亲族避地来鄱阳，肄业勤苦，志乐清虚，闭门却扫。"既疏于考核，又随意虚构），何况贞元元年、二年戴叔伦正在抚州刺史任上，而且他的治绩受到朝廷的褒扬，怎么可能同时又有被推问追赴抚州之事呢？这一组十余首诗当也是他人所作，编诗者因见有抚州字，而戴叔伦又曾任抚州刺史，于是就错误地编在他的名下了。

由以上所考，确知为他人所作，以及可疑为他人所作的，约二十余首。当然这还仅是举例，在《全唐诗》中类似情况者还有不少，有待于进一步的甄别校订。

顾况考

一

关于顾况的生卒年,据过去一些研究者记载,有下列诸说:

一、闻一多《唐诗大系》:727—815?

二、马茂元《唐诗选》:725?—814?

三、游国恩等《中国文学史》:727—815?

四、中国科学院文学研究所《中国文学史》:725?—816?所编《唐诗选》则定为725—814。

五、刘大杰《中国文学发展史》(修订本第二册):727—815。

以上几种虽稍有差异,但大致相似。如闻一多先生于815年下打一问号,以表示还不能十分确定的意思,而刘大杰则将问号去掉,以示完全确定之意,实则刘大杰此处即本闻说,恐并无发现什么新材料来证明815的卒年为确定无疑。其他几种关于顾况生卒年的记载,也都只不过相差一二年,显然都根据同一的材料来源,可惜他们没有一个是注明出处的。

公元 725 年为唐玄宗开元十三年，727 年为开元十五年。814 年为唐宪宗元和九年，815 年为元和十年。

以上各书关于顾况生卒年的记载都未注明根据。今按，现存有关顾况传记的文献资料，如《旧唐书》卷一三〇《李泌传》后所附《顾况传》，《唐诗纪事》卷二十八顾况条，《唐才子传》卷三顾况小传，以及《全唐诗》（卷二六四）、《全唐文》（卷五二八）小传，都未记载顾况生卒年。遍查有关史籍，可以确定为闻说等之所本的，有两条材料，一是所传镇江焦山的《瘗鹤铭》，一是唐皇甫湜的《顾况诗集序》。马茂元的《唐诗选》记载顾况的事迹，其中说"自号华阳真逸"。这个"华阳真逸"的称号就不见于他书，而只见于《瘗鹤铭》。这就更可证明以上诸家关于顾况生卒年的记载与《瘗鹤铭》的关系了。

按，今存《瘗鹤铭》残文，据宋董迫《广川书跋》（卷六），以及清人汪士铉《瘗鹤铭考》等书所著录，有壬辰、甲午等的干支纪年。约当顾况在世先后的，前一壬辰为天宝十一载（752），前一甲午为天宝十三载（754），这时当为顾况年青时期，不会有所谓隐居之事。后一壬辰为宪宗元和七年（812），后一甲午为元和九年（814）。由此可见，闻一多《唐诗大系》之所以定卒年为 815 年，即据《瘗鹤铭》，认为顾况著《瘗鹤铭》，所记有甲午的纪年，可见元和九年（814）尚在人世，其卒或当在 815 年之后。关于这一点，闻一多先生还是比较慎重的（虽然他定《瘗鹤铭》为顾况所作这一前提是错误的，说详后），他一方面承认甲午年（即 814 年）顾况尚著《瘗鹤铭》，于是定其卒年在 815 年，另一方面又在 815 年之下加一问号，以表示其卒可能在815年，也可能在815年之后。而刘大杰先生直接依据闻说，却将815年之后的问号径予删去，以表示有把握确定其卒即在815年。实际上，一比较就可以看得很清楚，刘大杰先生这样做，是很不慎重、很不严肃的。其他像814年之说，当也据《瘗鹤铭》，不过将其卒年定于著铭的那一年。

另外，中唐时古文作家皇甫湜有《顾况诗集序》，其中记叙顾况的晚年说："累岁脱屦，无复北意，起屋于茅山，意飘然若将续古三仙，以寿卒。"此据四部丛刊影印宋刊本《皇甫持正文集》卷二。但《文苑英华》卷七〇五所载皇甫湜的这篇序（题作《著作佐郎顾君集序》）①，"以寿卒"句，作"以寿九十卒"（《全唐文》卷六八六所载皇甫湜的这篇序也作"以寿九十卒"，与《英华》同）。由此可见，《唐诗大系》等书，一方面据《瘗鹤铭》，定其卒年为815、814年，另一方面又据皇甫湜的序，上推约九十年，定其生年为725、727年。

其实，这两方面的材料依据都是有问题的，也即：第一，《瘗鹤铭》是否为顾况所作，首先须要考定，如果它与顾况没有关系，那末以上诸说都将落空。第二，四部丛刊本《皇甫持正文集》系据宋刊本，中华书局于1966年影印的《文苑英华》，其底本一小部分是宋本，大部分是明本，皇甫湜的序这一部分则用的是明本，以时间的先后来说，四部丛刊的本子为早。当然，并不是说宋本一定比明本为好，但这种情况至少说明，顾况是否即是寿至九十，根据现在的记载，还是有版本异同的。至于《全唐文》，则当辑自《文苑英华》，不足为据。

<hr>

①中华书局1966年5月影印本。

按,《瘗鹤铭》题为华阳真逸撰,而最早提出华阳真逸为顾况道号的,是北宋时期的欧阳修,他在《集古录跋尾》(四部丛刊本《欧阳文忠公集》卷一四三)中说:"右《瘗鹤铭》,题云华阳真逸撰。刻于焦山之足,常为江水所没,好事者伺水落时摹而传之,往往只得其数字,云鹤寿不知其几而已。世以其难得,尤以为奇。……按润州图经以为王羲之书,字亦奇特,然不类羲之笔法,而类颜鲁公,不知何人书也。华阳真逸是顾况道号,今不敢遂以为况者,碑无年月,不知何时,疑前后有人同斯号者也。"在这之后,赵明诚则对此表示异议,其《金石录》卷三十二云:"右《瘗鹤铭》,题华阳真逸撰。真逸未详其为何代人,欧阳公《集古录》云华阳真逸是顾况道号,余遍检唐史及况文集,皆无此号,惟况撰《湖州刺史厅壁记》自称华阳山人耳,不知欧阳公何所据也。"按,顾况的《湖州刺史厅壁记》见《全唐文》卷五二九,篇末署为"华阳山人顾况述",如赵明诚所说。赵明诚对欧阳修的诘难是有道理的,是有材料依据的。实际上欧阳修也并没有完全肯定《瘗鹤铭》为顾况所作,在上述引文中他一方面说"华阳真逸是顾况道号",另一方面又说"疑前后有人同斯号者"。《集古录跋尾》于此段文下注有"右集本"三字,意为这一段文字见于欧阳修文集的本子,而在此段之后又另有文意相似的一段,注为"右真迹",即从欧阳修的跋文手迹中抄录下来,这后一段中则说:"或云华阳真逸是顾况道号,铭其所作也。"这就更清楚,欧阳修认为华阳真逸是顾况道号,铭为顾况所作,只是或云而已,并不表示确信。

　　在这之后,不断有人讨论这个问题,关于《瘗鹤铭》的作者,大致有三种说法,即一、东晋王羲之所作,二、南朝梁陶弘景所作,三、唐顾况所作。主王羲之说的极少，可以不论。主顾况说的，以清朱彝尊为最力，他在《书张处士瘗鹤铭辨后》（《曝书亭集》卷五〇）中说："淮阴张力臣乘江水归壑，入焦山之麓，藉落叶而仰读《瘗鹤铭》辞，聚四石绘作图，联以宋人补刻字，伦序不紊，且证为顾逋翁书。盖逋翁故宅虽在海盐之横山，而学道句曲，遂移居于此。集中有《谢王郎中见赠琴鹤》诗，鹤殆出于性所好，斯瘗之作铭，理有然者。自处士之图出，足以息众说之纷纶矣。"其实朱彝尊的这段考辨，论据是极为薄弱的。他并没有举出张力臣主张铭为顾况所作的坚强有力的证据。顾况晚年隐居茅山，也不能因此就确定铭非况作不可。至于顾况有谢人赠琴鹤诗，就推论说他一定瘗鹤，又推论他一定为此作铭，这就更是主观主义的任意假设了。

早在朱彝尊之前，宋代的董逌和黄伯思，对《瘗鹤铭》的作者问题，就作了有说服力的考辨，而朱彝尊却只字未提，不知何故。董逌《广川书跋》卷六《书瘗鹤铭后》中云："余于崖上又得唐人诗，诗在贞观中已刻铭后，则铭之刻非顾况时可知。"这是一条有力的证据，既然贞观中已有诗刻于铭后，则铭之作断非出于顾况之手，这是不辨自明的。黄伯思的《东观余论》卷下有《跋瘗鹤铭后》，从正面论证铭为陶弘景作，他说："仆今审定文格、字法殊类陶弘景。弘景自称华阳隐居，今曰真逸者，岂其别号欤。又其著《真诰》，但云己卯岁，而不著年名，其他书亦尔，今此铭壬辰岁、甲午岁，亦不书年名，此又可证。云壬辰者梁天监十一年也，甲午者十三年也。按，隐居天监七年东游海岳，权驻会稽、永嘉，十一年始还茅山，十四年乙未岁其弟子周子良仙去，为之作传，即于十一、十三年正在华阳矣。"当然，黄伯思此处的论断，还不是以直接材料论证确为陶弘景所作，但他的论述是合于情理的，是有一定说服力的。因此与朱彝尊约略同时的顾炎武，他在所著《金石文字记》（卷二）中，主要即据董逌、黄伯思二说，断定"则铭非顾况可知矣"。他还说："今考此铭，字体与旧馆坛碑正同，其为隐居书无疑。"还有可注意的是，朱彝尊援引其友人张力臣之说，认为铭乃顾况作，但顾炎武此处又援引同为一人之张绍（字力臣），说铭为陶弘景作，并且举出根据："予友淮阴张绍以丁未十月探幽山下，复得七字，云惟宁之上有厥土二字，华亭之上有爽垲势掩四字，其右题名征下有君字，皆昔人之所未见也。"（《亭林遗书全集》本）张绍所发现的"征君"字，即为陶弘景。

关于《瘗鹤铭》的作者问题，宋人笔记中谈及的还有《墨庄漫录》等几种，它们大多倾向于非顾况所作，今摘录三种于下，以备参考。宋张邦基《墨庄漫录》卷六："《瘗鹤铭》，润州扬子江焦山之足石岩下，惟冬序水退，始可模打。世传以为王逸少书，然其语不类晋人，是可疑也。欧阳永叔以为华阳真逸乃顾况之道号，或是况所作，然亦未敢以为然也。予尝以穷冬至山中，观铭之侧近复有唐王瓒刻诗一篇，字画差小于鹤铭，而笔势八法，乃与《瘗鹤》极相类，意其是瓒所书也。因模一本以归，以示知书者，亦以为然。"又刘昌诗《芦浦笔记》卷六："右前文（即《瘗鹤铭》文），镇江别刻，不知何人，考定后文，乃邵枢密亢就山下取所有字，以意櫽括，故存其阙，虽有差异，亦可参订。但前云逸少书，图经亦载羲之书，六一先生已论其非，至谓或云顾况作铭，蔡端明则以字有楷隶笔，当是隋代书，而山谷乃断然曰王书不疑，何也？今考铭引雷门鼓事，按《临海记》，昔有晨飞鹄入会稽雷门鼓中,于是鼓声闻洛阳,孙恩斫鼓,鹄乃飞去。恩起兵攻会稽,杀逸少之少子凝之,盖在安帝隆安三年,斫鼓必此时,岂复有羲之,谁肯遽取以为引证哉? 然则非晋人,又不辨可知矣。渔隐考订华阳真逸为陶隐居,推原本末,或庶几焉。"王观国《学林》卷七:"欧公曰,《瘗鹤铭》题云华阳真逸撰,刻于焦山之足,常为江水所浸,好事者伺水落模之,只得其数字,余所得六百余字,独为多也。按,《润州图经》以为王羲之书,字亦奇放,然不类羲之笔法,而类颜鲁公,不知何人书也。华阳真逸是顾况道号,今不敢遂以为况者,碑无年月,不知何时,疑前后有人同斯号者也。近世士人有论碑者曰,道书,陶隐居号曰华阳真逸,隐居尝在茅山修养,茅山与润州接境,疑华阳真逸即陶隐居也。观国按,《颜氏家训》曰,学二王书之得体者有陶隐居。今详观《瘗鹤铭》字,王书法也,欧以为似颜鲁公,非也。陶隐居既有华阳真逸之号,而茅山又近焦,隐居又善为二王书,则撰铭与书皆隐居矣。若顾况乃窃华阳真逸之号耳。碑铭甚古,顾况生唐之中叶,距今未远,决非况铭也。"

由上所考,可以确定,从宋以来所传的《瘗鹤铭》,并非顾况所作,与顾况毫无关系。因而华阳真逸也并非顾况自号,顾况则自称为华阳山人。至于《瘗鹤铭》是否究为陶弘景所作,当然还可讨论,还未最后论定,但它为南朝人所书,则大致不成问题。本文主要从文学史的角度论证非顾况所作,至于牵涉到《瘗鹤铭》本身的作者及时代问题,就不在此详论了。

既然《瘗鹤铭》与顾况无关,那末铭中的壬辰与甲午也就不可能是 812 和 814 年,而其生年也就不会是什么 725 或 727 年。这些都是根据虚假的前提作出的推论，经不起实际的推敲。

据现有材料，顾况于元和元年（806）或前后一、二年间尚在人世。他有《送宣歙李衙推八郎使东都序》（《全唐文》卷五二九），文中说："天宝末，安禄山反，天子去蜀，多士奔吴为人海。帝命乃祖掌乎春官，介珪建侯，统江表四十余郡，雷行蛰动。时况摇笔获登龙门，断乎礼部，讫乎吏部，陈谋沃论五十载，感恩怀故，今复得子。"按，顾况于至德二载（757）登进士第（说见后），从757年往后推五十年，为806年，即元和元年。当然，此处所说的五十年可能举成数而言，不一定恰好是五十年的整数，但当相差不远。从这以后，就未见其行迹。如以登进士第为二十岁至三十岁计算，至德二载（757）登第，其生年当为726—736年，距元和元年也有七、八十年的时间，也可以如皇甫湜所说的"以寿卒"了。当然，这些都是推算，是根据一些文字材料，推算其大致的生活年代，至于精确地说，那就只能是：顾况，生卒年不详，其生当在唐玄宗开元年间，其卒当在宪宗元和元年前后。

二

顾况的籍贯，所载也有歧异，计有三说：一，苏州人；二，吴兴人；三，海盐人。

《旧唐书》卷一三〇《李泌传》附《顾况传》作苏州人，同此说的有《唐诗纪事》（卷二十八），《郡斋读书志》（卷四上别集类），《直斋书录解题》（卷十九诗集类上），《唐才子传》（卷三）等。唐人著作记载顾况为苏州人的,如封演《封氏闻见记》卷五《图画》条:"大历中,吴士姓顾以画山水历抵诸侯之门。"此处的吴士姓顾即指顾况。又林宝《元和姓纂》卷八:"又吏部尚书露少连、著作郎露沈,并吴人。"岑仲勉先生《元和姓纂四校记》谓林宝书中露、顾互易,此应作顾,露沈即为顾况之讹。他们都说顾况为吴人,即吴郡人。按,四部丛刊本《韦江州集》卷一《郡斋雨中与诸文士燕集》诗后,附顾况和韦应物的诗,题为《奉同郎中使君郡斋雨中宴集之什》,署名为"州民朝议郎行饶州司士参军员外置同正员顾况"。贞元五年夏,顾况贬为饶州司户参军,途经苏州,这时苏州刺史为韦应物(说详后)。顾况自称"州民",正好证明他为苏州人。因此,从顾况本人的诗作,以及唐宋人的多数记载看来,应该确定顾况为苏州人。

吴兴之说出于晚唐时期张彦远的《历代名画记》,卷十《叙历代能画人名(唐)》:"顾况,字逋翁,吴兴人。"顾况为吴兴人只见于《历代名画记》,而未见于他书。这可能是张彦远的误会。与顾况同时,长期居于吴兴的僧人皎然,有《送顾处士歌》一首(四部丛刊本《皎然集》卷七),题下自注说:"即吴兴丘司仪之女婿,即况也。"此诗的首句即为:"吴门顾子予早闻。"皎然称顾况为"吴门顾子",又说他是吴兴丘司仪的女婿,区别是很清楚的。皎然居住吴兴,此诗又即是送顾况的,当然不会有误。明人董遹周撰《吴兴备志》(《吴兴丛书》本),书中历载吴兴的名人遗事,其书卷二十七"琐征"门,则仍据皎然诗注,云"顾况,吴兴丘司仪之婿也",并不把他算作吴兴人。很可能是张彦远把顾况为吴兴人之婿,误解为吴兴人了。

至于海盐说,则见于《全唐诗》卷二六四的顾况小传,未知所据。据《新唐书》卷四十一《地理志》五,海盐本为吴郡的属县之一,因此海盐与苏州,二者也是并不矛盾的。

三

《唐诗纪事》卷二十八顾况条载况"至德进士",未言为至德何年。《直斋书录解题》卷十九诗集类上说他为"至德二载进士"。《郡斋读书志》与《唐才子传》则记载得更为具体,《郡斋读书志》卷四上别集类说顾况"至德二年江东进士",《唐才子传》卷三顾况小传:"至德二年,天子幸蜀,江东侍郎李希言下进士。"

顾况于至德中在江东登进士第,也可见于他本人的文章。他的《送宣歙李衙推八郎使东都序》(《全唐文》卷五二九)中说:"天宝末,安禄山反,天子去蜀,多士奔吴为人海。帝命乃祖掌乎春宫,介珪建侯,统江表四十余郡,雷行蛰动,时况摇笔获登龙门。"此处说安禄山反以后,中原动乱,顾况则在江东登第。他的另一篇文章《戴氏广异记序》(《全唐文》卷五二八)说得更明确:"谯郡戴君孚幽赜最深,……至德初,天下肇乱,况始与同登一科。"顾况这里所说的"至德初",实际上也就是至德二载的意思。

按,天宝十四载(755)十一月安禄山在范阳起兵,很快就攻陷洛阳。第二年天宝十五载六月,潼关失守,唐玄宗仓皇从长安向四川逃跑,七月,肃宗即位于灵武,并改元至德。至德二载(757)十月,郭子仪率领的唐朝军队才收复长安与洛阳,中原一带,兵荒马乱,还不可能进行正常的科举考试,唐朝廷那时就派出官员在东南一带进行选补和考试,如《新唐书》卷一二〇《崔玄暐传》附子涣传:"肃宗立,与韦见素等同赴行在。时京师未复,举选不至,诏涣为江淮宣谕选补使,收采遗逸。"大历时的诗人严维(越州山阴人),就是至德二载崔涣下及第的,如《唐才子传》卷三严维小传:"至德二年,江淮选补使、侍郎崔涣下以词藻宏丽进士及第。"顾况在江东侍郎李希言下及第,当也是同样的情况①。

按,李希言,新旧《唐书》均无传。《旧唐书》卷一三七《李纾传》:"李纾字仲舒,礼部侍郎希言之子。"又《新唐书》卷七十二上《宰相世系表》二上,赵郡李氏南祖房,有"希言,礼部侍郎",子二人,一为纵,金州刺史,另一即纾,"字仲舒,吏部侍郎"。可见李希言确曾为礼部侍郎,故可典贡举。

又《会稽掇英总集》卷十八《唐太守题名记》载:

> 崔寓:至德二年自江夏郡太守授,其年六月改给事中。
> 李希言:自礼部侍郎兼苏州刺史充节度采访使,转梁州刺史。

又《嘉泰会稽志》卷二"太守题名":

> 崔寓:至德二年自江夏郡太守授,召拜给事中。
> 李希言:乾元元年初置浙江东道节度使,自礼部侍郎授,

---

① 《桂苑丛谈》谓"吴郡顾况,贞元中进士及第",当为误载,不足为据。

移梁州。

按,由上述二书,可见在至德二年间,李希言确曾为礼部侍郎,并兼苏州刺史。顾况本是苏州人,当就在此年李希言下及第。至德二载六月,原任会稽太守的崔寓入朝任给事中,李希言就于乾元元年(即至德三载,758)移任为越州刺史、浙江东道节度使。上面援引过的顾况《送宣歙李衙推八郎使东都序》中说"帝命乃祖掌乎春宫,介珪建侯……时况摇笔获登龙门",此处李八郎之祖父即指李希言,而李八郎,据《新唐书·宰相世系表》,当为李纾之子偁(岑仲勉先生《唐人行第录》因未能据顾况事迹考出李八之"乃祖"为李希言,因而也未能确定李八为何人)。

四

顾况于至德二载进士登第以后,是否任官职,任何官职,都因材料缺乏,无法考知。在这之后,可以确切系年的,是大历七年、八年(772、773),在滁州。顾况有《龙宫操》诗(《全唐诗》卷二六五),题下小注云:"顾况曰:壬子、癸丑二年大水,时在滁,遂作此操。盖大历中也。"壬子为大历七年,癸丑为大历八年。可见顾况此时在滁州,但不知因何在此,时居何职。诗曰:"龙宫月明光参差,精卫衔石东飞时,鲛人织绡采藕丝。翻江倒海倾吴蜀,汉女江妃杳相续,龙王宫中水不足。"此诗想象奇特,写得富有浪漫色彩,顾况有相当数量的诗篇表现了这方面的特点。在大历年间

的诗人中,顾况诗歌的风格是最接近李贺的了,如《公子行》(《全唐诗》卷二六五):

> 轻薄儿,面如玉,紫陌春风缠马足。双鞚悬金缕鹘飞,长衫刺雪生犀束。绿槐夹道阴初成,珊瑚几节敌流星。红肌拂拂酒光狞,当街背拉金吾行。朝游冬冬鼓声发,暮游冬冬鼓声绝。入门不肯自升堂,美人扶踏金阶月。

又如《行路难三首》(《全唐诗》卷二六五),其三:

> 君不见古人烧水银,变作北邙山上尘。藕丝挂在虚空中,欲落不落愁杀人。睢水英雄多血刃,建章宫阙成煨烬。⋯⋯秦皇汉武遭不脱,汝独何人学神仙。

这两首诗,揭露贵族子弟的豪侈生活,讽刺封建帝王追求长生不老的愚昧行为,都用浓重而富有色彩的笔调写出,无论其思想与艺术手法,我们都可在李贺的作品中看到类似的情况。

顾况另有《在滁苦雨归桃花崦伤亲友略尽》(《全唐诗》卷二六四),《苦雨》(同上,题下注:"一本题下有思归桃花崦五字"),当也为同时所作。在滁州的其他情况就不得而知。另外,顾况有《释祀篇》(《全唐文》卷五二九):"龙在甲寅,永嘉大水,损盐田。温人曰:'雨潦不止,请陈牲豆,备嘉乐,祀海龙。拣辰告庙,拜如常度。'况曰不可。⋯⋯翼日雨止,盐人复本,泉货充府。"甲寅为大历九年(774)。又顾况《祭裴尚书文》(《全唐文》卷五三〇),

云:"天祸瓯邦,尚书告薨,哀哀瓯民,罢市辍春。"则此裴尚书卒于温州刺史任上。文又云:"上官命况,粜盐蛟室。奄居黄泉,不见白日。顾惟陋贱,时承周密。感德怀仁,何时终毕。"此处叙述顾况奉上官之命,至温州粜盐。《释祀篇》也讲到"永嘉大水,损盐田",以及"盐人复本,泉货充府",可能顾况在江浙一带任职,也可能在某一度支盐铁转运使府下为属官。

《旧唐书》卷一三〇《李泌传》末云:"初,泌流放江南,与柳浑、顾况为人外之交,吟咏自适。"此处称李泌流放江南,乃指李泌为元载所忌,"因江南道观察都团练使魏少游奏求参佐,称泌有才,拜检校秘书少监,充江南西道判官,幸其出也。"(《旧唐书·李泌传》)而据《旧唐书》卷一一五《魏少游传》,魏少游乃大历二年四月为洪州刺史、充江南西道都团练观察等使。大历六年三月,魏少游卒于洪州刺史任上,继之者为路嗣恭(见《旧唐书》卷十一《代宗纪》)。李泌在江西,一直要等到元载被诛(大历十二年三月)才赴长安。另据《旧唐书》卷一二五《柳浑传》:"大历初,魏少游镇江西,奏署判官,累授检校司封郎中。……及路嗣恭领镇,复以为都团练副使。十二年,拜袁州刺史。"由此可见,李泌与柳浑在大历二年以后至大历十二年以前,曾同在江西使幕。《旧唐书·李泌传》所谓"泌流放江南,与柳浑、顾况为人外之交"者,当指这段时间而言,因为只有这段时间,李泌与柳浑才有可能同在一地。既然如此,则顾况当在此时期内,曾一度也在江西,与李、柳交游。但具体在大历的哪几年,在江西有否担任官职,就不可确知。

皇甫湜《顾况诗集序》称顾况"尝从韩晋公于江南为判官"。张彦远《历代名画记》(卷十)也载况"初为韩晋公江南判官"。此事为《旧唐书·李泌传》附《顾况传》所未载，因而一般文学史著作及唐诗选本也从未叙及的。按，韩晋公为韩滉，曾为润州刺史、镇海军节度使。据《新唐书》卷六十八《方镇表》五，建中二年（781），"合浙江东西二道观察置节度使，治润州，寻赐号镇海军节度"。《通鉴》卷二七德宗建中二年，"六月庚寅，以浙江东西观察使、苏州刺史韩滉为润州刺史、浙江东西节度使，名其军曰镇海"。当时镇海军节度管辖的地区大约相当于现在的江苏南部及浙江省，也就是传统所谓的江南，顾况为镇海军节度判官，因此也可省称江南判官。又据《旧唐书》卷一二九《韩滉传》，贞元元年（785）七月，韩滉又拜检校左仆射、同平章事，使并如故；贞元二年（786）春，封晋国公，同年十一月入朝；贞元三年（787）二月卒于长安。顾况有《奉和韩晋公晦日呈诸判官》诗（《全唐诗》卷二六七）："江南无处不闻歌，晦日中军乐更多。不是风光催柳色，却缘威令动阳和。"从韩滉的历官，可以确定此诗当作于贞元二年春，在韩滉封晋国公以后，可见贞元二年顾况已在韩滉幕中任节度判官，他任判官当在建中二年至贞元二年这六年的期间之内。

另据《历代名画记》卷十记王默事中，曾提到"顾著作知新亭监"。又《太平广记》卷二一三引《尚书故实》，也称顾况"尝求知新亭监"。新亭在昇州上元县[①]，在镇海军所管辖的范围之内。顾况知新亭监，当也在这一时期。

①《太平寰宇记》卷九十江南道昇州上元县："临沧观在劳山，山上有亭七间，名曰新亭，吴所筑，宋改为新亭，中间名临沧观。周顗与王导等当春日登之，会宴，顗曰'风景不殊、举目有江山之异'，即此也。"

皇甫湜《顾况诗集序》称："尝从韩晋公于江南为判官，骤成其磊落大绩。"看来顾况在韩滉幕中是得到信用的[①]。韩滉于贞元三年二月在长安卒后，这时顾况当也已在长安，还特地为韩滉作了行状（《全唐文》卷五三○《检校尚书左仆射同中书门下平章事上柱国晋国公赠太傅韩公行状》）。文中赞颂韩滉的功绩，并称自己为"故吏"。

按，韩滉也以画名世。《宣和画谱》卷六人物门，称："画与宗人韩幹相埒，其画人物牛马尤工。昔人以谓牛马目前近习，状最难似，滉落笔绝人。"韩幹在唐代是以画马著称的，曾得到杜甫的称赞。韩滉能与他相并比，也可见其工夫了。据《宣和画谱》所载，宋朝御府所藏韩滉的画，有三十六幅之多。《宣和画谱》卷十三畜兽门还载唐时以画牛著名的戴嵩，也与顾况同时在韩滉幕中："初，韩滉晋公镇浙右时，命嵩为巡官，师滉画皆不及，独于牛能穷尽野性，乃过滉远甚。"同卷记张符，也说："善画牛，颇工，笔法有得于韩滉，亦韩之派也。"从这些记载看来，可见韩滉不独自己善画，他的使幕中还聚集了一些有名的画师，甚至开创了画牛马的所谓韩派，这对于我们研究顾况这一时期的生活和创作，当是有所帮助的[②]。《历代名画记》卷十记王默

①晚唐人所著的《桂苑丛谈》，曾记顾况"为韩晋公浙西观察判官"。有一次，韩滉的乳母触迕韩滉，"公（指滉）持法欲杀，阖宅莫敢言，密令人言于况令救之"。后来因顾况的劝说，遂使此乳母得免除罪。从这一记载也可见顾况得到韩滉的信用。
②又可参见张彦远《历代名画记》卷十："韩滉……工隶书、章草、杂画，颇得形似，牛羊最佳。"又同卷："戴嵩，韩晋公之镇浙右，署为巡官，师晋公之画，不善他物，唯善水牛而已，田家川原，亦有意。"

事,说:

> 王默,师项容,风颠酒狂,画松石山水,虽乏高奇,流俗亦好。醉后,以头髻取墨,抵于绢画。……平生大有奇事。顾著作知新亭监时,默请为海中都巡,问其意,云要见海中山水耳。为职半年,解去,尔后落笔有奇趣,顾生乃其弟子耳。①

此处记顾况与王默的交往,并说王默作画的情况:"醉后,以头髻取墨,抵于绢画。"顾况也有类似的情形,据唐封演《封氏闻见记》卷五《图画》所载,为:

> 每画,先帖绢数十幅于地,乃研墨汁及调诸采色各贮一器,使数十人吹角击鼓,百人齐声嗷叫。顾子着锦袄锦缠头,饮酒半酣,绕绢帖走十余匝,取墨汁摊写于绢上,次写诸色,乃以长巾一,一头覆于所写之处,使人坐压,已执巾角而曳之,回环既遍,然后以笔墨随势开决为峰峦岛屿之状。

当然,顾况这种作画的样子是很怪的,恐怕也不足为法,但这些记载,对于我们了解他的思想,性格,如"不能慕顺,为众所排"(皇甫持正《顾况诗集序》),"傲毁朝列"(李肇《国史补》卷中),"虽王公

---

① 按,《太平广记》卷二一三引《尚书故实》,所载与此稍异,其中"写海中山水"句作为顾况之语,其文为:"唐顾况字逋翁,文词之暇,兼攻小笔。尝求知新亭监,人或诘之,谓曰:'余要写貌海中山耳。'仍辟画者王默为副。"似以《历代名画记》所载为顺。

之贵与之交者,必戏侮之"(《旧唐书·顾况传》),等等,当可得到一些启发,也可以帮助我们了解顾况诗歌创作的形式不受拘束,艺术风格较为奇特等这样一些特点。

五

《旧唐书·李泌传》附《顾况传》:"柳浑辅政,以校书郎征。复遇李泌继入,自谓己知秉枢要,当得达官,久之方迁著作郎。"按,《旧唐书》卷一二五《柳浑传》:"贞元二年,拜兵部侍郎,封宜城县伯。三年正月,加同平章事,仍判门下省。"《新唐书》卷六十二《宰相表》,贞元三年正月,"兵部侍郎柳浑同中书门下平章事"。"八月己丑,浑罢为散骑常侍"。则况当于贞元三年(787)正月至八月间,由江南征入为校书郎。又据《新唐书·宰相表》,贞元三年"六月丙戌,陕虢观察使李泌为中书侍郎、同中书门下平章事"。大约在此之后,又为著作郎。但著作郎与著作佐郎,记载不一。皇甫湜《顾况诗集序》称"入佐著作"。《文苑英华》卷七〇五载此文,也题作《著作佐郎顾君集序》。顾况本人有《嘉兴监记》一文(《全唐文》卷五二九),作于贞元十七年正月,是为晚年所作,文末署为"前秘书省著作佐郎顾况"。似都以著作佐郎为其最终官职。但《全唐文》同卷又载顾况《宛陵公署记》,末署为:"庚辰年正月下旬下,前秘书著作郎顾况记。"庚辰为贞元十六年,在作《嘉兴监记》的前一年,却自称为著作郎。另外,包佶也有《顾著作宅赋诗》(《全唐诗》卷二〇五),也称顾况为著作郎。据《新唐书》卷四十七

《百官志》二，著作局，"郎二人，从五品上；著作佐郎二人，从六品上。……著作郎掌撰碑志、祝文、祭文，与佐郎分判局事。"二者职务大致相同，但品阶有高下。由于史料本身有矛盾，因此顾况究竟为著作郎还是著作佐郎，一时还难于作出判断。

又上引包佶《顾著作宅赋诗》，中称："几年江海烟霞，乘醉一到京华。"是说顾况前些年在江南，而今则到京都任职。又说："各在芸台阁里，烦君日日登车。"用芸台的典故，颇可注意。顾况有《寄秘书包监》诗（《全唐诗》卷二六七），中云："一别长安路几千，遥知旧日主人怜。"此诗约为贞元八年贬饶州后所作。诗题称包佶为"秘书包监"，诗中又称其为"旧日主人"。按，据《新唐书》卷四十七《百官志》，秘书省，"监掌经籍图书之事，领著作局"，秘书省的长官为秘书监。就是说，校书郎与著作郎等都可以算是秘书监下的属官。这样看来，与包佶诗"各在芸台阁里"、顾况诗"旧日主人"相合。包佶，新旧《唐书》无专传，但我们从一些史籍中还可以勾稽得他的大致行迹。《旧唐书》卷十二《德宗纪》上，贞元二年正月丁未，"国子祭酒包佶知礼部贡举"。则贞元二年（786），包佶为国子祭酒。又《唐会要》卷二十《公卿巡陵》条有"贞元四年二月，国子祭酒包佶奏"云云，又卷二十二《社稷》条又有"贞元五年九月十二日，国子祭酒包佶奏"云云。从这几条的记载，则直至贞元五年九月，包佶仍为国子祭酒，而顾况于贞元五年夏已贬出为饶州司户参军。就是说，在顾况于贞元三年至贞元五年夏先后任校书郎、著作郎（或著作佐郎）期间，包佶始终为国子祭酒，直到贞元六年、七年才有任秘书监的记载，如《唐会要》卷三十三《太常乐章》条"祭风师，乐章四"，下注云："贞元六年秘书监包佶撰。"

又卷三十五《经籍》条:"贞元七年十二月,秘书监包佶奏……"而贞元六、七年顾况早已离开长安。国子祭酒并非校书郎、著作郎的上司,其职并无典校图书之任,与"芸台"云云也不相涉。这都与顾况、包佶本人的记述有矛盾。这一矛盾如何解决,还有待进一步查考史料。

六

顾况于贞元五年(789)被贬为饶州司户参军①。被贬的原因,据《旧唐书·李泌传》所附《顾况传》,是这样的:"复遇李泌继入,自谓己知秉枢要,当得达官,久之方迁著作郎,况心不乐,求归于吴。而班列群官,咸有侮玩之目,皆恶嫉之。及泌卒,不哭,而有调笑之言,为宪司所劾,贬饶州司户。"据此处所载,似顾况因个人未得达官,不满于李泌,及李泌卒,不但不哭,反而有调笑之言,因此受劾而被贬。《旧唐书》所载未知何所据,其言被劾的原由,颇令人怀疑。李泌于大历间在江西时,已与顾况交游(见上述)。贞元三年入居相位,据《旧唐书·李泌传》所载,又"复引顾况辈轻薄之流,动为朝士戏侮",可见顾况是得到李泌信用的,两人的性格与志趣有相合之处。"泌放旷敏辩,好大言,自出入中禁,累为权幸忌嫉"(见《旧传》)。李泌本人已为权幸所忌,顾况受到李泌的推举信用,

---

① 《历代名画记》卷十顾况条:"贞元五年贬饶州司户。"又《桂苑丛谈》云:"况后在朝为小著,谐谑轻薄,傲毁朝士,贬信州司马。"作"信州司马",误。

朝官又"皆恶嫉之",则李泌于贞元五年三月初死后,顾况失去依靠,因而贬出,自是情理中事,所谓因泌丧而不哭云云,恐为当时的诬陷不实之词,不足为信。关于这点,唐代当时人皇甫湜与李肇所记是近于事实的,皇甫湜《顾况诗集序》说:

> 入佐著作,不能慕顺,为众所排,为江南郡丞。

李肇《国史补》卷中载:

> 吴人顾况,词句清绝,杂之以诙谐,尤多轻薄。为著作郎,傲毁朝列,贬死江南。

所谓轻薄,实际上是顾况对于当时封建礼法习俗并不表示那么尊重,他对于一般权贵、朝官动辄加以嘲弄戏侮,因而得到"傲毁朝列"的罪名。这些,都可以帮助我们加深对顾况某些社会讽刺诗的理解。

《全唐文》卷五二九载顾况《宋州刺史厅壁记》,文末署为"贞元五年四月十九日记",可见贞元五年四月中已离开长安而途经宋州,并于这年夏天抵达苏州,与当时任苏州刺史的韦应物诗酒唱和,韦应物还为此写出了以"兵卫森画戟,宴寝凝清香"而著称的《郡斋雨中宴集》诗。

韦应物于贞元四年七月以后才任为苏州刺史,而不是过去一些记载以为贞元初、二年间任苏州刺史,此事详见本书《韦应物系年考证》一文,这里不再详论。

《韦江州集》卷一《郡斋雨中与诸文士宴集》：

> 兵卫森画戟，宴寝凝清香。海上风雨至，逍遥池阁凉。烦
> 疴近消散，嘉宾复满堂。自惭居处崇，未睹斯民康。理会是非
> 遣，性达形迹忘。鲜肥属时禁，蔬果幸见尝。俯饮一杯酒，仰
> 聆金玉章。神欢体自轻，意欲凌风翔。吴中盛文史，群彦今汪
> 洋。方知大藩地，岂日财赋强。

此诗之后，附顾况《奉同郎中使君郡斋雨中宴集之什》，自署为"州
民朝议郎行饶州司士参军员外置同正员顾况"，诗为：

> 好鸟依嘉树，飞雨洒高城。况与数君子，列座分两楹。文
> 雅一何丽，林堂含余清。我公未归朝，游子不待晴。白云帝乡
> 远，沧江枫叶鸣。拜手欲无言，零泪如酒倾。寸心已摧折，别
> 离方骨惊。安得凌风翰，肃肃宾天京。

此诗也载《全唐诗》卷二六四顾况名下，题作《酬本部韦左司》。
韦、顾二诗，所写皆为夏景，顾诗并云"况与数君子，列座分两楹"，
可见是同时所作。由此益可证韦应物贞元五年夏在苏州刺史任，
而非贞元元年、二年者。顾况另有《酬信州刘侍郎兄》、《奉酬刘侍
郎》（《全唐诗》卷二六四），这个刘侍郎为刘太真，也是当时的一位
诗人。《旧唐书》卷一三七《刘太真传》称："刘太真，宣州人。涉
学，善属文，少师事词人萧颖士。天宝末，举进士。……累历台阁，
自中书舍人转工部、刑部二侍郎。……转礼部侍郎。……贞元五

年,贬信州刺史。"又卷十三《德宗纪》下,贞元五年三月"丙寅,贬礼部侍郎刘太真为信州刺史"。顾况与刘太真为从表兄弟(见《全唐文》卷五二八顾况《信州刺史刘府君集序》)。按,李泌于贞元五年三月初卒,接着刘太真被贬,后顾况被贬,这其间是不无关系的。

在这里,我们应该讨论一下所谓白居易在长安谒见顾况的传说了。据现在所见到的材料,此事首先见于张固的《幽闲鼓吹》:

> 白尚书应举初至京,以诗谒顾著作。顾睹姓名,熟视白公曰:"米价方贵,居亦弗易。"乃披卷,首篇曰"咸阳原上草,一岁一枯荣,野火烧不尽,春风吹又生",即嗟赏曰:"道得个语,居即易矣。"因为之延誉,声名大振。

又见于王定保《唐摭言》卷七《知己》条:

> 白乐天初举,名未振,以歌诗谒顾况。况谑之曰:"长安百物贵,居大不易。"及读至《赋得原上草送友人》诗曰:"野火烧不尽,春风吹又生。"况叹之曰:"有句如此,居天下有甚难!老夫前言戏之耳。"

二书所记相似。张固为晚唐人,王定保为五代时人,不知他们何所本。但从此以后,这一故事就流传开来,《旧唐书》并写入《白居易传》(卷一六六),而且更具体地著明年岁:"年十五六时,袖文一编,投著作郎吴人顾况。"《新唐书》卷一一九《白居易传》也载其事,不过关于年岁的记载稍含混一些,说是"未冠,谒顾况"。直至清朝康熙年间汪立名编《白香山诗集》,在他所见到的宋人旧编《白文公年谱》以及汪立名自己所编的《白香山年谱》,也都在贞元三年下,即白居易十六岁时,系载此事,并系《赋得古原草送别》于此年。在过去的一些选本中,关于此诗的本事,也都沿袭这一传统说法。也曾有人写文章对此事表示怀疑,但其立论根据则是韦应物贞元二年至四年为苏州刺史这一错误的旧说,认为据白居易《吴郡诗石记》一文,贞元四年,白居易十七岁,还正在江南苏杭一带,因此贞元三年去长安谒见顾况实不可能。现在,应该有必要根据比较信实的原始材料,对顾、白叙见的这段"佳话"进行考核。

按,由本书《韦应物系年考证》一文,已可确定,韦应物在贞元四年七月以前不可能为苏州刺史,他任苏州刺史当在贞元四年七月以后,直到贞元五、六年间。但白居易《吴郡诗石记》(《白氏长庆集》卷六十八)中却说:"贞元初,韦应物为苏州牧,房孺复为杭州牧,皆豪人也。韦嗜诗,房嗜酒,每与宾友一醉一咏,其风流雅韵,多播于吴中,或目韦、房为诗酒仙。时予始年十四五,旅二郡,以幼贱不得与游宴,尤觉其才调高而郡守尊。"白居易生于大历七年(772),年十四五,则为贞元元年、二年,但这时韦应物还没有任杭州刺史。按,白居易此文末署为宝历元年,即公元825年,年五十四岁。文中说:"二郡之物状人情与曩时不异,前后相去三十七年,江山是而齿发非。"由825年前推三十七年,即为788或789年,也就是贞元四年或五年。由此可见白居易这篇文章记述他早年在苏州听说刺史韦应物事迹的年岁,本身就有矛盾。按照他写作此文时的年岁，往前推三十七年，说这时他旅食苏、杭二郡，正好是贞元四、五年，那时苏州刺史恰好是韦应物。《吴郡诗石记》又特别提及："韦在此州，歌诗甚多，有《郡宴》诗云'兵卫森画戟，燕寝凝清香'最为警策。今刻此篇于石，传贻将来。"这也就是上已引及过的韦应物《郡斋雨中与诸文士宴集》诗。韦应物此诗及顾况和作的写作年月已见前考，不再重述。

这里还应提出讨论的是，清汪立名《白香山年谱》于贞元五年条下云："公年十八，时在京师，见《中和节颂》。"按，《旧唐书》卷十三《德宗纪》下，贞元五年正月乙卯有诏云："自今宜以二月一日为中和节，以代正月晦日，备三令节数，内外官司休假一日。"就是说，以二月一日为中和节，是贞元五年正月制定的。如果白居易于贞元五年二月初在长安，并写了《中和节颂》，那他也是可能见到顾况的，因为顾况被贬远出是在那年四五月间。

白居易《中和节颂》自序说："神唐御宇之九叶，皇帝握符之十载，夷夏咸宁，君臣交欣，有诏始以二月上巳日为中和节。自上下下，雷解风动，翌日而颁乎四岳，浃辰而达乎八荒。"（《文苑英华》卷七七四）所谓"神唐御宇之九叶，皇帝握符之十载"，即是指德宗贞元五年，时间是相合的。问题在于，在这整篇颂中，并未说到白居易这时究在何地，就是说，不能由此得出白居易于贞元五年春在长安的结论。所谓"自上下下，雷解风动"云云，也只是描写诏书颁布后的情况，此外并不能提供更多的材料。而且文中只是说于贞元五年始以二月上巳日为中和节，并未说此文即作于该年。因此汪立名所编《白香山诗集》所附宋人旧谱《白文公年谱》对此抱审慎态度，于贞元五年下说："集有《中和节颂》，未及第时所作，而序云臣某忝就宾贡之列,则未必作于是年也。"①另外,我们还可从白居易自己的文章中得到证明,他在贞元十五年秋才为宣城所贡,他的《送侯权秀才序》(《文苑英华》卷七三三)就说:"十五年秋,予始举进士,与侯生俱为宣城守所贡。明年春,予中春官第。"可见贞元十五年秋,白居易才有可能第一次作为举子为宣城所贡,则《中和节颂》所说的忝就宾贡之列,当指贞元十五年的这一次,而不可能是在贞元五年。

由上所考,可以断定,所谓白居易到长安谒见顾况以及顾况"长安居大不易"的誉语,只不过是一种故事传说,而不能看成实有其事,不能作为依据来论述顾况和白居易的事迹,更不能据此来确定"野火烧不尽,春风吹又生"为白居易十五六岁时的作品。

七

顾况在离开苏州赴江西饶州途中,又经杭州、睦州,与当时任杭州刺史的房孺复②,与睦州刺史韦儇③,都有诗相唱和。当时刘

①《全唐文》卷六九〇符载《中和节陪何大夫会宴序》,也说贞元五年定二月朔为中和节,各地从此以后皆须庆贺,文后又云"今天子在位已二十年",是贞元十余年时所作。可见直至贞元十余年,各地亦须庆贺中和节者。
②见《旧唐书》卷一一一《房琯传》附,又参见清人劳格《读书杂识》卷七《杭州刺史考》。
③见《新唐书》卷七十四上《宰相世系表》四上,韦氏逍遥公房;又参见《严州图经》卷一唐刺史题名。

太真任信州刺史不久,顾况至信州,出示所唱和的诗作,刘太真也特地继和了一篇,题为《顾十二况左迁过韦苏州房杭州韦睦州三使君皆有郡中燕集诗辞章高丽鄙夫之所仰慕顾生既至留连笑语因亦成篇以继三君子之风焉》(《全唐诗》卷二五二)。刘太真并且还为此写了一封信给韦应物,信中说:"顾著作(况也)来,以足下《郡斋燕集》相示,是何情致畅茂遒逸如此!"(见《唐诗纪事》卷二十六韦应物条)

　　刘太真后于贞元八年去世[1],顾况应其子之请,为刘太真的文集作了一篇序,即《信州刺史刘府君集序》(《全唐文》卷五二八)。大约也在同年,顾况有寄包佶的诗,《全唐诗》卷二六七《寄秘书包监》:"一别长安路几千,遥知旧日主人怜。贾生只是三年谪,独自无才已四年。"包佶也有酬作,其《酬顾况见寄》(《全唐诗》卷二〇五)云:"于越城边枫叶高,楚人书里寄离骚。寒江鸂鶒思俦侣,岁岁临流刷羽毛。"[2] 按,顾况贬于贞元五年,此云"独自无才已四年",则应是贞元八年。又权德舆有《祭秘书包监文》(《文苑英华》卷九八三),作于贞元八年五月朔,则包佶卒于此年三、四月间。包佶诗云"寒江",因此可以断定顾、包酬唱之诗作于贞元八年春日。顾况另有《饶州刺史赵郡李府君墓志铭》(《全唐文》卷五三〇),文中云:"贞元八年秋七月,终于郡署,年六十一,明年八月庚申,

---

[1]裴度《刘府君神道碑铭并序》:"移疾去郡,以贞元八年三月八日,薨于余干县之旅馆,春秋六十八。"(《全唐文》卷五三八)
[2]此处于越应作干越。饶州有干越亭,见《太平寰宇记》卷一〇七,又可见刘长卿诗《负谪后登干越亭作》(《刘随州集》卷六,畿辅丛书本)。

窆于凤山之东原。"则直至贞元九年秋,顾况还在饶州①。

顾况何时离饶州,确切年月不易断定,但从其《从江西至彭蠡入浙西淮南界道中寄齐相公》诗(《全唐诗》卷二六四),可以大致确定在贞元九年秋后,至贞元十一年七月以前。此诗首叙齐之在江西的政绩:"大贤旧丞相,作镇江山雄。自镇江山来,何人得如公。……一身控上游,八郡趋下风。比屋除畏溺,林塘曳烟虹。生人罢虐刘,井税均且充。"按,此诗的齐相公,考之史籍,当为齐映。《旧唐书》卷一三六《齐映传》,载齐映曾于贞元二年与刘滋、崔造等同拜相(又见《新唐书》卷六十二《宰相表》)。传又云:"三年正月,贬映夔州刺史,又转衡州。七年,授御史中丞、桂管观察使,又改洪州刺史、江西观察使。……贞元十一年七月卒,时年四十八。"《旧唐书》卷十三《德宗纪》下,贞元八年七月甲寅朔,"以桂管观察使齐映为洪州刺史、江西观察使";贞元十一年七月"辛卯,江西观察使、洪州刺史齐映卒"。则齐映于贞元八年七月至十一年七月在江西观察使任。顾况此诗中又云:"数年鄱阳掾,抱责栖微躬。"鄱阳即饶州②。这两句说贬为饶州司户参军已有数年。诗接

---

① 《金华子杂编》曾载顾况在上饶时情况,可备参考,云:"顾况著作集中云,山中樵人,时见长松之上,悬挂巨钟,再寻其钟,杳无蹊径。其所在即贵溪、弋阳封疆之间。愚宰上饶日,有玉山县民秀频来说,本邑怀玉山内,樵苏人往往见之,长松森罗,泉石幽丽,前望若有宫苑,林树掩映,松门之上,有巨藤横亘,挂大钟,可长丈余,去地又若干丈。有采樵人瞩目望于上下,徘徊竟日,将去,即密记道路远近。明日,与亲识同往,则莫记所在。时樵采则忽遇之,又非向时所在,钟与松门,则无异状云。旬月前,邻舍之人见之,不诳也。由是知逋公之记不谬哉。"

② 《新唐书》卷四十一《地理志》五,江南道有饶州鄱阳郡。

着叙述离饶州,往苏州:"朝行楚水阴,夕宿吴洲东。吴洲覆白云,楚水飘丹枫。晚霞烧回潮,千里光瞳瞳。冀开海上影,桂吐淮南丛。何当翼明庭,草木生春融。"此处写的很明显,是在一个秋日,离江西境,回顾况的苏州原籍。由上所引《饶州刺史赵郡李府君墓志铭》,贞元九年八月顾况尚在饶州,而齐映又卒于十一年七月,则其离饶州当在这一期间之内。据此诗所写是在秋日("桂吐淮南丛"),则最大可能性是在贞元十年的秋天。

应当指出的是,顾况在上述诗中对于齐映是颂非其人的。据《旧唐书·齐映传》,齐映在江西,不但无甚治绩可言,还想方设法向德宗献金银玉器,希图再受重用:"映常以顷为相辅,无大过而罢,冀其复入用,乃掊敛贡奉,及大为金银器以希旨。先是,银瓶高者五尺余,李兼为江西观察使,乃进六尺者。至是,因帝诞日端午,映为瓶高八尺者以献。"就是这样的人,顾况却誉为"自镇江山来,何人得如公",又说"比屋除畏溺","井税均且充",这不啻是对齐映的讽刺,也反映了顾况思想中的庸俗一面。

在这之后,顾况的行迹就不甚可考。皇甫湜《顾君诗集序》说他"起屋于茅山"。茅山即在润州延陵县[①]。大约他定居于茅山,但

---

① 《新唐书》卷四十一《地理志》五,载润州延陵县境内"有茅山"。又韦夏卿有《送顾况归茅山》诗(《全唐诗》卷二七二):"圣代为迁客,虚皇作近臣。法尊称大洞(自注:著作已受上清毕法),学浅忝初真(自注:夏卿初受正一)。鸾凤文章丽,烟霞翰墨新。羡君寻句曲,白鹄是三神。"又同卷綦毋诚《同韦夏卿送顾况归茅山》:"谪宦闻尝赋,游仙便作诗。白银双阙恋,青竹一龙骑。先入茅君洞,旋过葛稚陂。无然列御寇,五日有还期。"据《旧唐书》卷一六五《韦夏卿传》,韦夏卿曾为常州刺史,改苏州刺史,贞元末徐州张建封卒,授为徐州行军司马。由此可见,韦夏卿此诗当作于（转下页）

也不时往来附近的一些地区。如他有《湖州刺史厅壁记》（《全唐文》卷五二九），末署"贞元十有五年十二月哉生魄，华阳山人顾况述"（又可参见宋谈钥《嘉泰吴兴志》卷十八碑碣："湖州刺史题名记：唐广德元年补阙内供奉李纾撰，后记正元十六年华阳顾况撰"）。可见贞元十五年冬他曾到过湖州。十六年正月又在宣州，作《宛陵公署记》，此文末署"庚辰年正月下旬日，前秘书著作郎顾况记"。庚辰即贞元十六年。据《新唐书》卷四十一《地理志》五，宣州宣城郡所属县有南陵，境内有"梅根、宛陵二监钱官"。也于同年，他在扬州遇见后来为韩门弟子、中晚唐时期著名古文家皇甫湜。皇甫湜记这段经历说：

> 湜以童子见君扬州孝感寺，君披黄衫白绢幍头，眸子瞭然，炯炯清立，望之真白圭振鹭也。既接欢然，以我为扬雄、孟轲。（《顾君诗集序》）

皇甫湜文中又说："顾恨不及见三十年于兹矣，知音之厚曷尝忘诸。去年从丞相凉公襄阳，有白顾非熊生者在门，讯之即君之子也，出君之诗集二十卷泣示余发之。凉公适移莅宣武军，余装归洛阳，诺而未副，念又稔矣，生来速文，乃题其集之首为序。"按，文中的丞相凉公，为李逢吉。据《旧唐书》卷一六七《李逢吉传》，李逢吉曾于宪宗元和十一年（816）四月为门下侍郎同平章

（接上页）任常州刺史时，其时乃在贞元中，确切年仍不可考知。綦毋诚，据《全唐诗》小传，云"官正字"，其他无考，此诗当与韦夏卿同时所作。

事，敬宗时又封凉国公。后又任襄州刺史、山南东道节度使，"大和二年，改汴州刺史、宣武军节度使。"《旧唐书》卷十七上《文宗纪》上也载，大和二年十月癸酉，"以逢吉为宣武军节度使，代令狐楚。"据此，则顾况之子顾非熊谒皇甫湜于襄阳，当在大和二年十月间李逢吉正要由襄阳移治汴州之时，第二年，皇甫湜在汴州，乃为顾况文集作序。大和二年为公元828年，第二年大和三年为829年。皇甫湜序中说"顾恨不及见二十年于兹矣"，由829年上推三十年，即800年，贞元十六年。当然，此所谓三十年，可能举成数而言，也就是说，皇甫湜尚在童子时，约贞元十六年前后，曾在扬州见到过顾况，顾况那种"眸子瞭然，炯炯清立"的神情给他留下深刻的印象，以致三十年后他为顾况的诗文集作序，还不能忘怀。

在这之后，顾况的事迹可考者就更少了。我们仅从其《嘉兴监记》（《全唐文》卷五二九），知其作此文时为贞元十七年正月，那时他可能又曾到过嘉兴。其诗文最晚可考者，则为《送宣歙李衙推八郎使东都序》（《全唐文》卷五二九），当为宪宗元和元年（806）前后所作，此事前第一节已有论述，此处不再重复。可见他在元和元年左右尚在人世，此后就不可考见了。据《太平广记》卷二〇二引《尚书故实》，谓："顾况志尚疏逸，近于方外，有时宰曾招致，将以好官命之，况以诗答之曰：'四海如今已太平，相公何事唤狂生。此身还似笼中鹤，东望沧溟叫数声。'后吴中皆言况得道解化去。"据此，则顾况晚年居茅山时，当时宰相曾又聘请过他，被他辞却了。至于得道解化云云，自然是传说，不足信，大约他暮年入山已久,与世隔绝,他的事迹已早被人遗忘了①。

八

宋严羽著《沧浪诗话》,曾称"顾况诗多在元、白之上,稍有盛唐风骨处"②。他的诗,唐人已有记载③。《新唐书·艺文志》集部别集类载"顾况集二十卷"。《旧唐书》本传也说"有文集二十卷"。而据皇甫湜所作序,称其子非熊见皇甫湜时,"出君之诗集二十卷"。似新旧《唐书》所载的二十卷,即皇甫湜为之作序的二十卷,则皆为诗,无文。而顾况之文,今见于《全唐文》的就有三卷(卷五二八至五三○),则应当在二十卷诗集之外,尚有辑集其文的若干卷。南宋人晁公武在《郡斋读书志》卷四二,著录《顾况集》二十卷于别集类,不言是否包括诗文,但称"集有皇甫湜序",可证皇甫湜所作者确为顾况诗集的序,即二十卷本的。同时人陈振孙《直斋书录解题》于卷十九诗集类上著录《顾况集》五卷,可见

---

① 又可参见五代时人王定保所著《唐摭言》卷八"入道"条:"顾况全家隐居茅山,竟莫知所止。其子非熊及第庆,既莫知况宁否,亦隐居旧山。或闻有所遇长生之秘术也。"

② 此见魏庆之《诗人玉屑》卷二《沧浪诗评》。

③ 见唐孟棨《本事诗》:"顾况在洛,乘间与三诗友游于苑中,坐流水上,得大梧叶题诗,上曰:'一入深宫里,年年不见春,聊题一片叶,寄与有情人。'况明日于上游亦题叶上,放于波中,诗曰:'花落深宫莺亦悲,上阳宫女断肠时。帝城不禁东流水,叶上题诗欲寄谁?'……"(《情感》第一)此又见《太平广记》卷一九八《文章》一。

陈振孙所藏有五卷本的诗集,陈氏又说:"集本十五卷,今止五卷,不全。"新旧《唐书》都作二十卷,不作十五卷,此当为陈氏误记,但他说"今止五卷,不全",则陈振孙也认为他所藏的五卷本系不全之本。现在所见《全唐诗》编录顾况之诗为四卷(卷二六四至二六七),又卷八八二补遗一,有顾况诗四首,由此可见,顾况的诗已经散失很多了。

顾况以诗著称,但他的文也颇可注意。他有《文论》(《全唐文》卷五二九),立论与中唐时期的一些古文家相似,可以见出当时文学思想的趋势。他的几篇序,如《礼部员外郎陶氏集序》、《信州刺史刘府君集序》、《右拾遗吴郡朱君集序》、《监察御史储公集序》(皆见《全唐文》卷五二八),分别记述了陶翰、刘太真、朱放、储光羲的事迹及诗文编集的情况,为我们提供了文学研究的资料。他的《戴氏广异记序》(亦见《全唐文》同卷),论述了唐人志怪传奇作品如唐临《冥报记》、王度《古镜记》等,说明他对当时传奇这一新体文学也颇为注意,可见其兴趣之广泛。

另外,据《新唐书·艺文志》子部杂艺术类,载有"顾况《画评》一卷"。张彦远《历代名画记》卷一《叙画之兴废》条,记载南朝至唐的画论,也说"著作郎顾况兼有《画评》"。顾况的《画评》今已不传。张彦远将他与同时的裴孝源、窦蒙等人的同类著作并提,说是"率皆浅薄漏略,不越数纸",可能数量既不多,议论又无新见,就随着时间的推移而被淘汰了。

最后附带谈一下关于顾况亲属的两条材料。

张继有《送顾况泗上觐叔父》诗(《全唐诗》卷二四二),云:"吴乡岁贡足嘉宾,后进之中见此人。别业更临洙泗上,拟将书卷对残春。"顾况为至德二载登进士第,此诗或当作于至德二载前后。张继是天宝十二载(753)进士及第的,因此把顾况视为后进。顾况在《虎丘西寺经藏碑》(《全唐文》卷五三○)中曾提到他有叔父名七觉:"……是名虎丘,东晋王珣、王珉舍山造寺。……山中塔庙,叔父有功。叔讳七觉,字惟旧,容相端静。神龙初,八岁剃度,万言一览,学际天人。……况受经于叔父,根钝智短,曾不得乎少分。至德三年,示终本山。"神龙为唐中宗年号,共三年,即公元705—709年,此曰神龙初,当为705年,是年其叔父八岁,则当生于697年(武后万岁通天二年),至至德三年(758),为六十二岁。据此,则张继此诗最晚不得晚于至德三年,时张继在苏州。

又,《太平广记》卷二七七《吕諲》条载:"吕諲尝昼梦地府所追,随见判官,判官云此人勋业甚高,当不为用。諲便仰白,母老子幼,家无所主,控告甚切。判官令将过王,寻闻左右白王,此人已得一替,问替为谁,云是蒯适,王曰蒯适名士,职当其任,遂放諲。諲时与妻兄顾况同宿,既觉,为况说之。后数十日,而适摄吴县丞,甚无恙,而况数玩諲,以为欢笑。……"此处所载事情本身当然是怪诞无稽,但其中说吕諲之妻兄为顾况,故事的地点在吴县,顾况又为苏州人,因此就有一个顾况是否为吕諲妻兄的问题。岑仲勉先生《元和姓纂四校记》(卷六)即据此以諲妻兄为顾况。《太平广记》此条,据其所注乃出《广异记》,顾况又曾作《戴氏广异记序》(《全唐文》卷五二八),其作者戴孚与顾况同年登第,已见上述,则所述似当可信。但据史书所载,《太平广记》所载实不足据。《旧唐书》卷一八五下《良吏传下》有《吕諲传》,谓:"吕諲,蒲州河东人。……少孤贫,不能自振,里人程楚宾家富于财,諲娶其女,楚宾及子震皆重其才,厚与资给,遂游京师。"(《新唐书》卷一四〇《吕諲传》所载略同)则吕諲之妻程姓,为程楚宾之女,且为河东人,与吴人顾况了不相涉。且吕諲入仕年岁也远较顾况为早,据本传所载,他于天宝初便进士及第,早于顾况十六七年。天宝年间曾充哥舒翰陇右河西的节度判官,乾元二年(759)拜相,而这时顾况刚登进士第不久。史又载:"諲既为相,用妻父程楚宾为卫尉少卿,子震为员外郎。"则直至顾况登第以后,吕諲之妻父仍为程楚宾,吕諲并未改娶他女。则所谓諲之妻兄顾况,纯属不根之言。顾况的情况,顾况为之作序的《广异记》的作者戴孚不可能毫无所知,其书所写虽属志怪神鬼,但牵涉到其友人的亲属关系自不会凭空捏造。因此,颇疑《太平广记》所载之《广异记》并非戴孚之《广异记》。且《太平广记》所载之《广异记》,其叙事有唐以后事者,则与戴孚所著,自为两书,这就更可证明吕諲妻兄顾况云云,乃是后世小说家之言,不足为据,岑仲勉先生据以佐证《元和姓纂》,似失于不考。

[附记]

　　关于《瘗鹤铭》,宋人记载中还有论及其事的,如蔡絛《西清诗话》:"丹阳焦山断崖有《瘗鹤铭》……或传为王逸少,自晋迄唐,论书者未尝及之,而碑言华阳真逸撰。欧公《集古跋》云顾况道号,苏子美诗云'山阴不见换鹅经,京口空传瘗鹤铭',真作右军书矣。余读《道藏·陶隐居外传》,隐号华阳真人,晚号华阳真逸。道书言华阳金坛之地,第八洞天东北门俱润州境也。丹阳与茅山地相犬牙,又三茆陶故居,则《瘗鹤铭》为隐居不疑。"(转录自《宋诗话辑佚》)录以备考。

皇甫冉皇甫曾考

　　皇甫冉、皇甫曾兄弟也是肃、代时的著名诗人。高仲武《中兴间气集》编选大历时诗人,称皇甫冉"于词场为先辈,推钱(起)、郎(士元)为伯仲"①,并认为他的诗"可以雄视潘(岳)、张(载、协兄弟),平揖沈(约)、谢(朓)"。皇甫曾,则大历时诗人如钱起、卢纶等都有诗提及(如钱起《钱考功集》卷四《岁初归旧山酬寄皇甫侍御》,《全唐诗》卷二七七卢纶《同兵部李纾侍郎刑部包佶侍郎哭皇甫侍御曾》)。因此,宋朝人江邻几曾将皇甫曾列为大历十才子之一,清人管世铭《读雪山房唐诗钞》则以皇甫冉为大历十才子诗人之一(详见本书《卢纶考》文)。冉、曾二人与当时作者如刘长卿、戴叔伦、独孤及、李嘉祐、张继以及颜真卿、皎然等都有交往。但两人的事迹不见于《旧唐书》,《新唐书》附见于卷二〇二《文艺

---

　　① 此据《唐诗纪事》卷二十七所引,单行本《中兴间气集》各种刻本都没有这两句。

中·萧颖士传》后,谓:"皇甫冉字茂政,十岁便能属文,张九龄叹异之。与弟曾皆善诗。天宝中,踵登进士,授无锡尉。王缙为河南元帅,表掌书记。迁累右补阙,卒。曾字孝常,历监察御史。其名与冉相上下,当时比张氏景阳、孟阳云。"另外,《新唐书》卷六十《艺文志》丁部集录别集类著录"皇甫冉诗集三卷",其下小注云:

> 字茂政,润州丹阳人,秘书少监、集贤院修撰彬侄也。天宝末无锡尉,避难居阳羡,后为左金吾卫兵曹参军、左补阙,与弟曾齐名。曾字孝常,历侍御史,坐事贬徙舒州司马,阳翟令。

此处所载较之《萧颖士传》稍详一些,可以互相补充。但无论《萧颖士传》或《艺文志》,所叙皇甫冉、皇甫曾事迹,都只是一个大致轮廓,而且其中还有缺略。现据有关材料,为考述其事迹于下。

一

《新唐书·艺文志》说皇甫冉为润州(今江苏镇江)丹阳人。在这之前,唐姚合《极玄集》卷下于皇甫冉名下就记载冉为"丹阳人"。但辛文房《唐才子传》卷三皇甫冉小传则谓:"冉字茂政,安定人,避地来寓丹阳。"《唐才子传》这几句甚为含混,似乎皇甫冉本为安定人,后因避安史之乱才迁徙南下,寓居丹阳。实际上却不然。

　　今按，独孤及有《唐故左补阙安定皇甫公集序》(《毗陵集》卷十三)，曾叙述皇甫冉、曾的世系，说："补阙讳冉字茂政，玄晏先生之后，银青光禄大夫、泽州刺史讳敬德之曾孙，朝散大夫、饶州乐平县令讳价之孙，中散大夫、潭州刺史讳颙之子。"独孤及的序中又称其伯父为秘书少监彬。皇甫彬又见于《元和姓纂》卷十一："户部尚书滑国公皇甫无逸之从弟彬(中间有脱字)郎中、秘书少监，安定朝那县人。"按，皇甫无逸，为隋末唐初人，有传见《旧唐书》卷六十二，《新唐书》卷九十一，而皇甫彬，新旧《唐书》虽无传，但《新唐书》卷六《肃宗纪》曾载："开元四年，为安西大都护。性仁孝，好学，玄宗尤爱之，遣贺知章、潘肃、吕向、皇甫彬、邢璹等侍读左右。"可见皇甫彬为开元时人，而且他又是皇甫冉兄弟的伯父，与皇甫无逸所处的隋末唐初相距有一百年光景。因此《元和姓纂》说皇甫彬为皇甫无逸的从弟，是不确实的，恐怕《姓纂》此处的文字有脱误。但皇甫无逸与皇甫彬为同一家族，据《姓纂》所载，则是可以肯定的。据《旧唐书·皇甫无逸传》："皇甫无逸字仁俭，安定乌氏人。父诞，隋并州总管府司马。其先安定著姓，徙居京兆万年。"《新唐书·皇甫无逸传》则径称无逸为"京兆万年人"。可见皇甫无逸一支，其先虽称为安定人，但至少在隋唐之际已定居于京兆万年县。至于皇甫冉兄弟的曾祖敬德，据《嘉定镇江志》所载，则为丹阳人，其书卷十八载：

　　　　皇甫敬德，丹阳人，官银青光禄大夫、泽州刺史。价，敬德子，官朝散大夫、饶州乐平县令。彬，价子，官秘书少监、集贤院修撰。

由此可见，皇甫无逸以后，其家族中曾有一支后来继续南下，至皇甫敬德，其籍贯已属于润州丹阳；所谓安定，只不过虚指其先世郡望而已。由此可证，《唐才子传》所谓皇甫冉本为安定人，"避地来寓丹阳，耕山钓湖，放适闲淡"，仿佛是因避安史之乱而来寓居丹阳的，实误。

二

为了叙述方便起见，拟先考皇甫曾事迹。

皇甫曾的生年未能考知。现在仅知他于天宝十二载（753）登进士第。此事最早见于《极玄集》卷下，谓："天宝十二载进士，历官监察御史。"《唐才子传》卷三皇甫曾小传也称："天宝十二年杨儇榜进士。"登第后授何官，未见记载。《极玄集》说"历官监察御史"。《新唐书·萧颖士传》同，说"历监察御史"，但同是《新唐书》，其《艺文志》则又说是"历侍御史"。《直斋书录解题》（卷十九诗集类上）、《唐才子传》也都说是侍御史。考《新唐书》卷四十八《百官志》三，御史台所属有三院："一曰台院，侍御史隶焉；二曰殿院，殿中侍御史隶焉；三曰察院，监察御史隶焉。"侍御史与监察御史的官阶与职务也有不同，侍御史是从六品下，监察御史是正八品下。据独孤及《唐故左补阙安定皇甫公集序》，称"君母弟殿中侍御史曾"，独孤及诗中又屡次称"皇甫侍御"（详见下），另据赵璘《因话录》所载①,则可考知皇甫曾在贬舒州司马以前所任官职,当为殿中侍御史或监察御史,而非侍御史,《新唐书·艺文志》、《书录解题》及《唐才子传》等误。但皇甫曾何时始任此职,则不可考。

　　根据现有材料,皇甫曾于永泰二年、即大历元年(766)已在长安。《全唐诗》卷二一〇载皇甫曾《送汤中丞和蕃》诗,其中说:"春草乡愁起,边城旅梦移。莫嗟行远地,此去答恩私。"写的是春日。按,《旧唐书》卷一九六下《吐蕃传》下:"永泰二年二月,命大理少卿兼御史中丞杨济修好于吐蕃。四月,吐蕃遣首领论位藏等百余人随济来朝,且谢申好。"《通鉴》卷二二四大历元年(永泰二年十一月改元为大历元年)二月"己亥,命大理少卿杨济修好于吐蕃"。《旧唐书》卷十一《代宗纪》大历元年虽未载命使事,但同年十月载:"和蕃使杨济与蕃使论位藏等来朝。丙申,命宰臣宴论位藏于中书省。"此外,郎士元也有《送杨中丞和蕃》诗(《全唐诗》卷二四八)。由此可见,《全唐诗》卷二一〇所载皇甫曾的诗,诗题"汤中丞"的汤字是错的,应为杨。杨济于二月出使,因此皇甫曾诗中说"春草乡愁起",时节正合。

　　另外,皇甫曾又有《送徐大夫赴南海》诗(《全唐诗》卷同上。按,皇甫曾诗编于《全唐诗》者为一卷,即卷二一〇,以下录皇甫曾诗,即不注《全唐诗》卷数)。《旧唐书·代宗纪》,大历元年四月

---

①《因话录》卷五征部:"御史台三院:一曰台院,其僚曰侍御史,众呼为端公。……二曰殿院,其僚曰殿中侍御史,众呼为侍御。……三曰察院,其僚曰监察御史,众呼亦曰侍御。"可见殿中侍御史或监察御史,都可称呼为侍御,而独侍御史则称呼为端公。侍御史的官阶也比其他二者要高。

"癸酉,以工部侍郎徐浩为广州刺史、岭南节度观察使"。又《旧唐书》卷一三七《徐浩传》:"寻迁工部侍郎,岭南节度观察使兼御史大夫。"皇甫曾诗所称之徐大夫,盖即徐浩。

由以上二诗,可见大历元年皇甫曾已在长安。至于他从进士登第年(天宝十二载,753),至大历元年(766)这十余年内的事迹,则不可考。

大历三年(768)闰六月,王缙以河南副元帅兼幽州节度使,七月赴幽州。当时诗人如钱起、韩翃等都有诗送行[1]。李肇《国史补》卷上曾说:"送王相公之镇幽朔也,韩翃擅场。"当时,皇甫曾也有《送王相公赴幽州》诗,其中写道:"暮日平沙迥,秋风大旆翻。渔阳在天末,恋别信陵门。"所写时地与史籍所载均合。由此可知,皇甫曾大历三年在河南。

《新唐书·艺文志》载皇甫曾"历侍御史,坐事贬徙舒州司马"。《唐才子传》同,但都未载为舒州司马的时间。要确定皇甫曾为舒州司马的时间,得先考查独孤及任舒州刺史的年月。

按,《新唐书》卷一六二《独孤及传》:"迁礼部员外郎,历濠、舒二州刺史,……徙常州……"[2]又崔祐甫《故常州刺史独孤公神道碑铭》(《全唐文》卷四〇九):"以公为濠州刺史。……课绩闻上,加朝散大夫,迁舒州刺史。……擢拜常州刺史。"都未载刺舒州的时间。考梁肃《独孤公行状》(《全唐文》卷五二二)云:"除濠州刺史。……三年而阖境大穰,优诏褒美,移拜舒州刺史。……

---

①关于王缙赴幽州的政治背景及具体情况,以及当时诗人的送行之作,详参本书《钱起考》及关于韩翃事迹考等文。
②按,独孤及,《旧唐书》无传,仅见于《新唐书》。

擢拜常州刺史、本州都团练使。……为郡之四载,大历十二年四月壬寅晦暴疾,薨于位。"由此,知独孤及于大历九年至十二年为常州刺史。又《旧唐书》卷一二五《张镒传》:"大历五年,除濠州刺史。"而《毗陵集》卷五《谢濠州刺史表》中云:"伏奉今年五月一日敕授臣使持节濠州诸军事、濠州刺史。……以闰六月十二日到所部。"大历三年有闰六月。由此可以推断,独孤及于大历三年闰六月为濠州刺史,大历五年为张镒所代,在濠州三年,与梁肃所作行状"三年而阖境大穰"合。由此并可知,独孤及任舒州刺史的时间是在大历五年至九年之间(770—774)。

再进而言之,《毗陵集》卷五有《谢舒州刺史兼加朝散大夫表》,中云:"臣奉七月十八日敕,加臣朝散大夫、使持节舒州诸军事、舒州刺史。……今以九月二十七日到州上讫。"也就是说,独孤及于大历五年七月受命为舒州刺史,九月到任,所署官衔为朝散大夫、使持节舒州诸军事、舒州刺史。而大历七年四月所作的《祭贾尚书》文(《毗陵集》卷二十),所署官衔已为朝散大夫、检校尚书司封郎中、兼舒州刺史、赐紫金鱼袋。《毗陵集》卷五《谢加司封郎中赐紫金鱼袋表》云"臣到官始半岁,职事未有所补",又云"伏奉三月一日敕,加臣检校司封郎中、使持节舒州诸军事、兼舒州刺史……赐紫金鱼袋"。由此可知,加司封郎中,赐紫金鱼袋,是在他到任将近半年时的事。据前所考,独孤及于大历五年九月抵舒州任,而此处"奉三月一日敕"云云,则正好将近半年,由此可知,《谢加司封郎中赐紫金鱼袋表》为大历六年(771)三月所作。

这样,我们就可以考定皇甫曾在舒州司马的时间。独孤及有

《暮春于山谷寺上方遇恩命加官赐服酬皇甫侍御见贺之作》（《毗陵集》卷三），所谓加官，即加检校司封郎中，所谓赐服，即赐紫金鱼袋。诗题云"暮春"，与前面所引谢表"伏奉三月一日敕"云云也相合。诗题称皇甫侍御，即是皇甫曾。由此可见，大历六年春皇甫曾已为舒州司马。我们在前面曾引述过皇甫曾送王缙赴幽州诗，时间是在大历三年秋，那时他还在河南。则他贬为舒州司马的时间，当在大历三年秋之后，大历六年春之前；至于因何事而贬，则因史料阙乏，不可考知。

独孤及在上述诗题中，称为"酬皇甫侍御见贺之作"，诗中又说"佳句惭相及，称仁岂易当"。可知皇甫曾先曾有贺作。独孤及在舒州期间所作诗，有好几首诗是与皇甫曾唱和的，如《登山谷寺上方答皇甫侍御卧疾阙陪车骑之赠》（《毗陵集》卷三），说："不见戴逵心莫展，赖将新赠比琅玕。"以皇甫曾比晋朝高士戴逵。又有《酬皇甫侍御望天灊山见示之作》（同上），说"永日诵佳句，持比秋兰佩"。独孤及是中唐时期所谓古文运动的先驱，他用散文写作，也提倡文以明道，但他不像一般古文家那样狭隘，他较为关心现实，集中有好几篇反映了当时人民生活贫困、政治腐败的文章。同时，他与当时诗文作家也有较广泛的交游，如与高适、贾至、皇甫曾等不同风格的作家，都有文字来往。但现存皇甫曾的诗作，却一篇也没有述及舒州的，独孤及诗题中提到的皇甫侍御见贺见赠之作，都已不存，可见皇甫曾诗篇散失的情况是相当严重的。

可以注意的是，《毗陵集》卷三另有题为《答皇甫十六侍御北归留别作》一诗：

正当楚客伤春地,岂是骚人道别时。俱徇空名嗟欲老,况
将行役料前期。劳生多故应同病,羸马单车莫自悲。明日相
望隔云水,解颜唯有袖中诗。

诗的感情是写得很诚挚的。这里是说皇甫曾要离开舒州北归,时
节是在春日。按,《毗陵集》卷二十有《祭韦端公炎文》,称:"维年
月日,司封郎中兼舒州刺史独孤及、前舒州司马皇甫曾等,谨以清
酌庶羞之奠,敬祭于故侍御史、舒州桐城县丞韦公之灵。"此处称
皇甫曾已为"前舒州司马",可见已卸舒州司马之任。但未能考定
这篇祭文作于何时,因此未能确切考定皇甫曾离舒州的年岁。但
此篇祭文独孤及自称为"司封郎中兼舒州刺史",则当在大历六年
暮春以后,而前面引述过的独孤及加官赐服时皇甫曾有贺作,则大
历六年春当不可能,可能在大历七年或八年春。

考定皇甫曾在舒州的时间,不仅对皇甫曾本人的事迹,而且对
考证皇甫冉的生卒年、考证李嘉祐为袁州刺史的时间,都提供了很
重要的线索[①]。

上引独孤及的诗,诗题称皇甫曾为"北归"。另外,戴叔伦有
《京口送(一作逢)皇甫司马副端曾舒州辞满归去(一本无去字)东
都》诗(《全唐诗》卷二七三):"潮水忽复过,云帆俨欲飞。故园双
阙下,左宦十年归。晚景照华发,凉风吹绣衣。淹留更一醉,老去
莫相违。"从此诗,知皇甫曾辞舒州司马任后,经长江水路东下,在

---

①李嘉祐在任袁州刺史时曾有《酬皇甫十六侍御曾见寄》(《全唐诗》卷二〇
七),题下自注:"此公时贬舒州司马。"详见本书《李嘉祐考》。

京口遇见戴叔伦,然后大约即沿漕河北上赴洛阳。戴诗云"故园双阙下",似乎皇甫曾的家此时安顿在洛阳,此次北上乃是归家。但这点仍可怀疑。

按,释皎然有《春日陪颜使君真卿皇甫曾西亭重会海韵诸生》诗(四部丛刊本《皎然集》卷三),又有《喜皇甫侍御见过南楼玩月联句》(同上卷上),作者有颜真卿、陆羽、皇甫曾、李萼、皎然等,此诗也见于四部丛刊本《颜鲁公文集》卷十五。颜集同卷在此诗之后还有《七言重联句》,则只是颜真卿与皇甫曾二人,诗为:"顷持宪简推高步,独占诗流横素波。不是中情深惠好,岂能千里远经过(真卿)。诗书宛是陪康乐,少长还同宴永和。夜酌此时香碾玉,晨趋几日重鸣珂(皇甫曾)。"

《皎然集》中有几首是与皇甫曾交往的,如《建元寺集皇甫侍御书阁》(卷三),《建元寺皇甫侍御院寄李员外纵联句》(卷十),《建安寺夜会对雨怀皇甫侍御曾联句》(卷十),当为同时所作。此时皎然居湖州,颜真卿为湖州刺史。据宋留元刚《颜鲁公年谱》(《颜鲁公文集》附录),颜真卿于大历八年(773)正月为湖州刺史任,至大历十二年(777)四月又应召入京。则皇甫曾在此时期内曾在湖州。皎然有《送皇甫侍御曾还丹阳别业》(《皎然集》卷四):"云阳别夜忆春耕,花发菱湖问去程。积水悠扬何处梦,乱山稠叠此时情。将离有月教弦断,赠远无兰觉意轻。朝右要君持汉典,明年北墅可须营?"又有《同颜鲁□泛舟送皇甫侍御曾》(同上卷五)。由此可见大历八年至十二年间,皇甫曾不仅在湖州与皎然、颜真卿等游,而且此时还在丹阳营有别业。可能他在离舒州司马赴洛阳后不久即又回到家乡丹阳。皇甫曾在湖州时所作的《乌

程水楼留别》①,是可以代表他诗风的一首佳作:

> 悠悠千里去,惜此一尊同。客散高楼上,帆飞细雨中。山程随远水,楚思在青枫。共说前期易,沧波处处同。

三

皇甫曾晚年的事迹不易考知。他有《寄刘员外长卿》诗,说是"南忆新安郡,千山带夕阳"。新安郡即睦州。刘长卿约于大历八年以后至大历末为睦州司马。刘长卿则有《酬皇甫侍御见寄时前相国姑臧公初临郡》(《刘随州集》卷一):"离别江南北,汀洲叶再黄。路遥云共水,砧迥月如霜。岁俭依仁政,年衰忆故乡。仁看宣室召,汉法倚张纲。"此诗为大历十二年所作(详见本书《刘长卿事迹考辨》一文)。皇甫曾诗说是"南忆新安郡",刘长卿诗说是"离别江南北",则应当说皇甫曾于大历末年确是居住于长江沿边的丹阳。

这里牵涉到皇甫曾何时任阳翟令的问题。《新唐书·艺文志》说是"坐事贬徙舒州司马,阳翟令",把阳翟令放在舒州司马之后。《唐才子传》则更进一步说成为"贬舒州司马,量移阳翟令"。唐时阳翟属许州。可是戴叔伦诗明明说皇甫曾于舒州司马辞满后归洛阳,并没有说是赴阳翟。据李肇《国史补》卷上:"李翰文虽宏畅,而思甚苦涩。晚居阳翟,常从邑令皇甫曾求音乐,思涸则奏乐,神

---

① 据《新唐书》卷四十一《地理志》五,乌程为湖州所属县。

全则缀文。"此事又见《新唐书》卷二〇三《文艺下·李华传》附载李翰事，云："翰擢进士第，调卫尉。……翰累迁左补阙，翰林学士。大历中，病免，客阳翟，卒。翰为文精密而思迟，常从令皇甫曾求音乐，思涸则奏之，神逸乃属文。"《国史补》与《新唐书》都说是大历中李翰居阳翟，而此时阳翟令为皇甫曾。但《旧唐书》卷一九〇下《文苑下·李华传》附载李翰事则云："天宝中，寓居阳翟。为文精密，用思苦涩，常从阳翟令皇甫曾求音乐，每思涸则奉乐，神逸则著文。禄山之乱，从友人张巡客宋州。"则以李翰于天宝中居阳翟。今按，梁肃有《补阙李君前集序》(《全唐文》卷五一八)，其中叙述李翰的仕履为：

> 弱冠进士登科，解褐卫县尉，其后以书记再参淮南节度军谋，累迁大理司直。天子闻其才，召拜左补阙，俄加翰林学士。夫士之处世，用舍系乎才，进退牵乎时。始君筮仕，值蔽善者当路，故屈于下位，中岁多难，时方用武，故委于外藩。及夫入宣室而挥宸翰也，方用人文以饰王度，则因疾罢免。……君既退，归居于河南之阳翟，家愈贫而禄不及，志愈迈而文益壮。

按，梁肃文中称翰"以书记再参淮南节度军谋，累迁大理司直。天子闻其才，召拜左补阙，俄加翰林学士"。而李翰《淮南节度行军司马厅壁记》(《全唐文》卷四三〇)称"翰获庇于有礼之俗，遂安于无虞之境"，文末又署为"大历五祀夏五月丁丑记"。则大历五年(770)李翰尚在淮南军幕。又据岑仲勉《翰林学士壁记注补》(前《历史语言研究所集刊》第十五本)引《册府元龟》卷六三五,谓大历八年十月敕左补阙李翰等考吏却选人判,则是大历八年(773)李翰任左补阙。其免官居阳翟,当在大历八年以后,即在大历后期。由此也可知,皇甫曾之为阳翟令,也当在大历八年之后。由此,可证《旧唐书》说李翰天宝中寓居阳翟是不确的。可能皇甫曾于辞满舒州司马任后,于大历末曾有一段时期任阳翟令,至于究竟在哪几年,则已不可确知。

皇甫曾的卒年,向无记载。今按,卢纶有《同兵部李纾侍郎刑部包佶侍郎哭皇甫侍御曾》诗(《全唐诗》卷二七七):"攀龙与泣麟,哀乐不同尘。九陌霄汉侣,一灯冥漠人。舟沉惊海阔,兰折怨霜频。已矣复何见,故山应更春。"从诗题中,可见此时李纾为兵部侍郎,包佶为刑部侍郎。据《旧唐书》卷十二《德宗纪》上,贞元元年三月丙申朔,"以汴东水陆运等使、左庶子包佶为刑部侍郎";二年正月,包佶则又以国子祭酒知礼部贡举。可见包佶最迟于贞元二年正月前,也即贞元元年冬已由刑部侍郎转国子祭酒。包佶有《酬兵部李侍郎晚过东厅之作》(《全唐诗》卷二〇五),其中说:"酒礼惭先祭,刑书已旷官","庭槐暂摇落,幸为入春看。"此诗题下自注:"时自刑部侍郎拜祭酒。"由此,可见包佶由刑部侍郎转国子祭酒确在贞元元年冬,而此诗所谓之兵部李侍郎,也就是卢纶诗题中所称的"兵部李纾侍郎"。据《旧唐书》卷一三七《李纾传》:"德宗居奉天,择为同州刺史,寻弃州诣梁州行在,拜兵部侍郎。反正,兼知选事。李怀光诛,河东节度及诸军会河中,诏往宣劳节度,使还,敷奏会旨,拜礼部侍郎。"按,德宗居奉天及往梁州,在兴元元年,诛李怀光在贞元元年八月。李纾当于贞元元年八月李怀光平后往河中等地宣劳。再参以上述包佶诗,可见贞元元年包佶为刑部侍郎,李纾为兵部侍郎,卢纶之诗既称包佶为刑侍,李纾为兵侍,可见是贞元元年之作。由此可以推断,皇甫曾之卒年即在贞元元年(785)。至于他的年岁,则不得而知。

四

闻一多先生《唐诗大系》定皇甫冉的生卒年为723—767年。723年为开元十一年,767年为大历二年。就是说,皇甫冉活了四十五岁。闻一多先生没有注明其根据。现经考查,《唐诗大系》所定的皇甫冉生年和卒年都有问题。譬如,皇甫冉有《送王相公之幽州》诗(《全唐诗》卷二五〇),即是送王缙赴幽州的[①]。据前关于皇甫曾事迹所考,及本书关于钱起、韩翃等人事迹考所载,王缙赴幽州乃在大历三年(768)七月,这已经是闻一多先生所定卒年767年的后一年了。

现存有关皇甫冉事迹的材料,最早要算是独孤及所作的《唐故左补阙安定皇甫公集序》(《毗陵集》卷十三)。序中说:"大历二年,迁左拾遗,转右补阙。奉使江表,因省家至丹阳,朝廷虚三署郎位以待君之复,不幸短命,年方五十四而没。"这里的"大历二年",系指迁左拾遗而说的,与后面奉使江表,省家丹阳而死是两件事。闻一多先生当是看到过独孤及的这篇序,但他误以大历二年连下至"不幸短命"为一个意思,就以为是大历二年卒,并又将"年五十四"

---

①诗中"遮虏关山静,防秋鼓角雄"二句,曾为皎然《诗式》所引。

误倒为四十五,因此就得出了 723—767 年的错误结论。

独孤及的序中又说:"君母弟殿中侍御史曾字孝常,与君同禀学诗之训,君有诲诱之助焉。既而丽藻竞爽,盛名相亚,同乎声者,方之景阳、孟阳。孝常既除丧,惧遗制之坠于地也,以及与茂政前后为谏官,故衔痛编次,以论撰见托,遂著其始终以冠于篇。"据前面所考,独孤及于大历五年至九年(770—774)为舒州刺史,在大历六年(771)春所作诗中已提及皇甫曾,皇甫曾此时正因事贬为舒州司马。而大历七或八年(772—773),皇甫曾已辞舒州司马任。独孤及与皇甫曾的交游往还,只有这段时间内最为密切,他的这篇序,当是作于舒州刺史任内。云"孝常既除丧",则此时皇甫冉已死,且据此数句文意看来,当是冉死未久之时。

皇甫冉既然于大历三年秋作诗送王缙赴幽州,且此时尚在河南,还没有"奉使江表"。至于他究在何年"省家至丹阳",则限于史料,难于确考。皇甫冉有《和樊润州秋日登城楼》(《全唐诗》卷二四九)、《同樊润州游郡东山》(同上卷二五〇)等诗。这所谓樊润州,即是樊晃。《元和姓纂》卷四载:"文孙晃,兵部员外、润州刺史。"《新唐书·艺文志》丁部集录别集类著录"杜甫小集六卷",下注云:"润州刺史樊晃集。"可见樊晃曾任润州刺史。又据《宋高僧传》卷十七《唐金陵钟山元崇传》,有"大历五年刺史南阳樊公"之语。《嘉定镇江志》卷十四"唐润州刺史"条,载大历六年正月,樊晃也在润州刺史任上。樊晃,新旧《唐书》无传,史籍中也未明载其刺润州的起讫年月。但据此处所引史料,至少大历五、六年间在润州,当然也可能在此前后还仍在润州。由此,则皇甫冉秋日与樊晃同游润州城楼及东山等地,当大致不出大历四、五年之间,也就是皇甫冉奉使江表、回家省家及不幸而死的年岁。大历四、五年为公元 769、770 年，其享年五十四岁，则其生年当为 716、717 年，即开元四年或五年。由此可见，皇甫冉的生卒年只不过比杜甫晚几年，他是不应列入大历时期的诗人的。

五

独孤及《唐故左补阙安定皇甫公集序》中说皇甫冉"十岁能属文，十五岁而老成，右丞相曲江张公深所叹异，谓清颖秀拔，有江、徐之风"。"右丞相曲江张公"即张九龄，是开元时的名相，也是在当时文坛上有影响的诗人。张九龄称许少年时皇甫冉的诗作有江淹、徐陵的风格，可见皇甫冉年轻时学诗还是走南朝人讲求词藻声律的路子，这也影响了他以后的诗歌创作道路。

独孤及序中说："举进士第一，历无锡县尉。"未言登第年。姚合《极玄集》卷下皇甫冉名下则云"天宝十五载进士"。又《唐才子传》卷三小传："天宝十五年卢庚榜进士。"徐松《登科记考》卷九即据此系皇甫冉于天宝十五载进士登第名下[1]。按，《唐摭言》

---

[1] 徐松于皇甫冉名下并引有高适《皇甫冉集序》。今查其文，乃见于《唐诗纪事》卷二十七皇甫冉条，但明明言"高仲武云"，高仲武即编《中兴间气集》者。《唐诗纪事》所引与单刻本《中兴间气集》关于皇甫冉的评语文字虽颇有出入，但决非高适所作。按，徐松所引题为高适所作的《皇甫冉集序》者，又见于《全唐文》卷三五七高适名下，其中有"恨长辔未骋，而芳兰早凋"之语，是说皇甫冉已死，而高适则卒于永泰元年（765），早于皇甫冉之卒好几年，可见《全唐文》馆臣疏漏之甚。

卷十四《主司称意》条云："天宝十二载，礼部侍郎阳浚四榜，共放一百五十人。后除左丞。"此处所谓四榜，当即为连续典主天宝十二载至十五载贡举。《唐诗纪事》卷二十七刘舟与长孙铸条，都说他们系天宝十二载阳浚舍人下登第[①]。又同卷房由条又说是"天宝十三载阳浚舍人下登第"。《册府元龟》卷一六二帝王部"命使"，有云："（天宝）十四年三月，给事中裴士淹、礼部侍郎杨浚、太常少卿姚子彦往河南、河北、江淮宣慰。"而《唐语林》卷八"累为主司"条则谓："阳涣再：天宝十二载、十五载。"据此处所引材料，则涣应作浚，因形近而讹，而其文则应作天宝十二载至天宝十五载。皇甫冉有《上礼部杨侍郎》诗（《全唐诗》卷二四九），诗中说："末学惭邹鲁，深仁录弟兄。"皇甫冉之弟皇甫曾先于天宝十二载登第，是年知贡举者亦为阳浚，至天宝十五载皇甫冉又于阳浚下登第，故云"深仁录弟兄"。由此也可证明阳浚连主天宝十二载至十五载的贡举。

天宝十五载（756），皇甫冉为四十或四十一岁，也就是说，至天宝末年，皇甫冉已进入中年。

据独孤及所作序及《唐才子传》等书，皇甫冉于进士登第后，大约已调为无锡尉。也就是肃宗至德年间。这时安禄山军队正攻占东西二都，盘据中原，唐朝军队则在长安西北集结，与安史之军

---

① 四部丛刊本《颜鲁公文集》卷五《元次山表墓碑铭》中也说："天宝十二载举进士，作《文编》，礼部侍郎阳浚曰：'一第污元子耳。'"此篇又见《金石萃编》卷九十八、《全唐文》卷三四四，及《新唐书》卷一四二《元结传》，文字均同。由此可见作阳浚为是。

交战。皇甫冉有《太常魏博士远出贼庭江外相逢因叙其事》(《全唐诗》卷二四九),说:"烽火惊戎塞,豺狼犯帝畿。川原无稼穑,日月翳光辉。里社枌榆毁,宫城骑吏非。群生被惨毒,杂虏耀轻肥。"反映安史之乱带给中原地区的极大破坏。诗中又说"京华长路绝,江海故人稀",当是长安尚未收复之时(长安于至德二载〔757〕十月收复),诗作于至德元载、二载间,说"江外相逢",大约即在无锡尉任上。皇甫冉又有《同温丹徒登万岁楼》诗(同上卷二五〇):"高楼独立思依依,极浦遥山含翠微。江客不堪频北顾,塞鸿何事复南飞。丹阳古渡寒烟积,瓜步空洲远树稀。闻道王师犹转战,谁能谈笑解重围?"万岁楼即在润州。从这首诗的末二句,看来也作于至德年间。安史之乱带来的大动荡,使得有些诗人不得不正视现实,写出一些反映时事的诗篇。比起皇甫曾来,皇甫冉的诗歌较有社会内容,如他还有《雨雪》诗(同上):

> 风沙悲久戍,雨雪更劳师。绝漠无人境,将军苦战时。山川迷向背,氛雾失旌旗。徒念天涯隔,年年芳草期。

这首诗不知其写作年月,诗中写边塞从军的劳苦,与盛唐时期一些边塞诗有相通之处。又譬如宝应、广德间(762—763)浙东袁晁农民起义,起义军最终为唐统治者所镇压。皇甫冉作为地主阶级文人,当然与其他一些诗人一样歌颂镇压起义的唐朝将领的武功[①],如《和袁郎中破贼后经剡中山水》(《全唐诗》卷二五〇)、《送袁郎

---

①关于袁晁起义及当时反映此次起义者,可参看本书有关刘长卿、李嘉祐诸考。

中破贼北归》(同上),但其中写道:"万里长闻随战角,十年不得掩郊扉。"还是多少反映了这个动乱的时代和残破的社会①。

大约肃宗时,皇甫冉曾往游越中,他有《奉和独孤中丞游云门寺》诗,说:"苍翠新秋色,莓苔积雨痕。"按,独孤及《唐故浙江东道节度掌书记越州剡县主簿独孤丕墓志》(《毗陵集》卷十)中说:"乾元二年,从季父峻为御史中丞、都督江东军事。"又据《嘉泰会稽志》卷二,李希言于乾元元年初置浙江东道节度使时自礼部侍郎授,后即云:"独孤峻,自陈州刺史授,加御史中丞,召拜金吾卫大将军。"独孤峻之后为吕延之,而吕延之为浙江东道节度使在乾元二年六月(据《旧唐书·肃宗纪》)。由此可知,独孤峻为浙江东道节度使在乾元元年、二年间,乾元二年六月即由吕延之继任。皇甫冉奉和独孤峻的诗写于秋日,可知是在乾元元年(758)。

独孤及所作序中说:"历无锡县尉、左金吾兵曹。今相国太原公之推毂河南也,辟为书记。"②《新唐书》卷二〇二《文艺中·萧颖士传》附皇甫冉事,也说:"王缙为河南元帅,表掌书记。"按,据《旧唐书》卷十一《代宗纪》,广德二年(764)七月己酉,李光颜卒,"八月丁卯,宰臣王缙为侍中,持节都统河南、淮西、淮南、山南东道节度行营事……癸巳,王缙兼领东京留守。"(又可参见《旧唐书》卷一一八《王缙传》)皇甫冉入王缙幕,为掌书记,在洛阳,当在广

---

① 又如《全唐诗》卷八八二补遗一,载皇甫冉《田家作》诗,中云:"卧见高原烧,闲寻空谷泉。……荒村三数处,衰柳百余年。"乃写北方农村凋敝之状。
② 据独孤及此处所途,皇甫冉为左金吾兵曹系在入王缙幕之前,而《唐才子传》则谓:"大历初,王缙为河南节度,辟掌书记,后入为左金吾兵曹参军。"殆误。

德二年以及大历初。他有《河南郑少尹城南亭送郑判官还河东》诗(《全唐诗》卷二四九),其中有"泉声喧暗竹,草色引长堤;故绛青山在,新田绿树齐"之句。又有《归渡洛水》(同上卷二五〇):

> 暝色赴春愁,归人南渡头。渚烟空翠合,滩月碎光流。澧浦饶芳草,沧浪有钓舟。谁知放歌客,此意正悠悠。

这些当都是在洛中所作。高仲武《中兴间气集》(卷上)评皇甫冉诗为"巧于文字,发调新奇,远出情外",这些诗句是表现了这种特色的。他还有《巫山峡》诗(《全唐诗》卷二四九):

> 巫峡见巴东,迢迢出半空。云藏神女馆,雨到楚王宫。朝暮泉声落,寒暄树色同。清猿不可听,偏在九秋中。

这是他的传诵之作,据说刘禹锡认为是唐人咏巫峡最好的四篇诗之一,其他同题之作的三诗,其作者为王无竞,沈佺期,李端(见晚唐人范摅著《云溪友议》卷上《巫咏难》条)。而明朝人胡应麟则认为皇甫冉的一篇是其中最佳者,《诗薮》外编卷四云:"《巫山高》,唐人旧选四篇,当以皇甫冉为最。"又说:"唐人每同赋一题,必推擅场,……若……沈佺期、皇甫冉、李端、王无竞题《巫山高》四五言律,皆才格相当,足可凌跨百代,就中更杰出者,……《巫山》,皇甫尤工。"

皇甫冉在王缙幕不久,即入朝任拾遗、补阙之职,后又奉使江南,至丹阳省亲而卒,考已见前。同时与交游者,钱起有《苦雨忆皇甫冉》(《钱考功集》卷一),崔峒有《送皇甫冉往白田》(《全唐诗》卷二九四),张南史有《江北春望赠皇甫补阙》(《全唐诗》卷二九六)。皇甫冉又有《归阳羡兼送刘八长卿》(《全唐诗》卷二五〇),说:"湖上孤帆别,江南谪宦归。前程愁更远,临水泪沾衣。云梦春山遍,潇湘过客稀。武陵招我隐,岁晚闭柴扉。"诗中说刘长卿为"谪宦",又用"潇湘"、"云梦"字,当是刘长卿至德二载贬南巴尉时所作(详见本书《刘长卿事迹考辨》)。诗题说"归阳羡",诗中说"武陵招我隐,岁晚闭柴扉",这当为《唐才子传》所谓"营别墅阳羡山中"所本。

钱起考

一

钱起的生年，闻一多先生的《唐诗大系》定于公元 722 年，也就是唐玄宗开元十年。"文化大革命"前，游国恩先生等为高等学校文科教材编写的《中国文学史》，即本闻说[1]，但他们都没有注明材料根据。有些文学史著作和唐诗选本没有记载钱起的生卒年。

722 年之说颇值得怀疑。

今按，钱起有《奉和张荆州巡农晚望》一诗（四部丛刊本《钱考功集》卷二）："太清霁云雷，阳春陶物象。明牧行春令，仁风助昇长。时和俗勤业，播殖农厥壤。阴阴桑陌连，漠漠水田广。郡中忽无事，方外还独往。日暮驻归轩，湖山有佳赏。宣城传逸韵，

---

[1]文学研究所编注的《唐诗选》也同样将钱起的生年定于 722 年，当是沿袭闻说。

千载谁此响。"这首诗中的张荆州,即是张九龄。张九龄于开元二十五年(737)四月被贬为荆州长史(见《旧唐书》卷九《玄宗纪》下)。开元二十八年(740)春省亲南归,同年五月,卒于曲江[①]。钱起此诗写于春日,当作于开元二十六、二十七年(738—739)之间。如果钱起生于722年,则这时只有十七八岁。以十七八岁的青年,又长途跋涉,由家乡吴兴来到湖北江陵一带,与曾任宰相、现为荆州地方长官,年逾六十的张九龄作诗唱和,是不可能的。此诗又见于《全唐诗》卷二三六,并未注明又见于他人所作。应当说,钱起作此诗时,起码是二十多岁了。这时孟浩然也一度曾在张九龄的荆州幕府,有好几首诗与张九龄相唱和[②]。但我们还没有发现孟浩然与钱起有酬答之作。钱起的这首诗并没有什么特色,而孟浩然这时已是享盛名的诗人,恐怕不会把钱起放在眼里。

　　《新唐书》卷二〇三《文艺下·卢纶传》把卢纶与吉中孚、韩翃、钱起、司空曙、苗发、崔峒、耿纬、夏侯审、李端列在一起,称为"大历十才子"。实际上,钱起生活的时代要比其他九人早得多。如果他在荆州作此诗时是二十几岁的话,那末他的生年比起杜甫(712年生)来,晚不了几年。只不过从现存他的诗作看来,可以确

①《通鉴》卷二一四唐玄宗开元二十八年载张九龄卒于是年二月。徐浩《唐尚书右丞相中书令张公神道碑》(《全唐文》卷四四〇)谓:"开元二十八年春,请拜扫南归。五月七日,遘疾薨于韶州曲江之私第,享年六十五。"当以徐碑为是。

②《新唐书》卷二〇三《文艺下·孟浩然传》:"张九龄为荆州,辟置于府。"孟浩然有《荆门上张丞相》、《从张丞相游纪南城猎戏赠裴迪张参军》(《孟浩然集》卷一)、《陪张丞相自松滋江东泊渚宫》(同上卷二)、《和张丞相春朝对雪》(同上卷三)。

定写于开元、天宝年间的只寥寥几篇，而他的大部分作品还是写作于肃宗、代宗时期，因此说他是中唐前期的诗人，是可以的。

钱起字仲文，籍贯为吴兴，见于姚合《极玄集》卷上："字仲文，吴兴人。"关于他的籍贯是吴兴人的记载，又见于《新唐书》卷二〇三《文艺下·卢纶传》，陈振孙《直斋书录解题》卷十九诗集类上，宋谈钥《嘉泰吴兴志》（吴兴丛书本）卷十六《著姓·贤贵事实》。又《太平寰宇记》卷九十四江南东道六，湖州人物门，载钱起为长兴人；长兴即属于吴兴，因此并不矛盾。只是《旧唐书》卷一六八《钱徽传》说是吴郡人（钱徽为钱起之子)，后来宋代的晁公武《郡斋读书志》卷四上别集类上也说是吴郡人。根据以上的材料，钱起为吴兴人的说法是正确的。清人钱大昕《廿二史考异》卷六十也说"当作吴兴人"。

二

钱起自开元二十六、七年荆州之游以后，大约有十余年的时间，他的行迹不可考见。天宝年间，关于他的事迹的记载，就是那以"曲终人不见，江上数峰青"著名的《湘灵鼓瑟》诗的故事。据《旧唐书》卷一六八《钱徽传》载：

> 父起，天宝十年登进士第。起能五言诗。初从乡荐，寄家江湖，尝于客舍月夜独吟，遽闻人吟于庭曰："曲终人不见，江上数峰青。"起愕然，摄衣视之，无所见矣，以为鬼怪，而志其

一十字。起就试之年,李暐所试《湘灵鼓瑟》诗题中有青字,起即以鬼谣十字为落句,暐深嘉之,称为绝唱。是岁登第,释褐秘书省校书郎。

　　"曲终人不见"二句,全诗见《钱考功集》卷六,题为《省试湘灵鼓瑟》,全诗为:"善鼓云和瑟,常闻帝子灵。冯夷空自舞,楚客不堪听。苦调凄金石,清音入杳冥。苍梧来怨慕,白芷动芳馨。流水传潇浦,悲风过洞庭。曲终人不见,江上数峰青。"《诗话总龟》后集卷三十一曾引《丹阳集》云:"省题诗自成一家,非他诗之比也。首韵拘于见题,则易于牵合;中联缚于法律,则易于骈对;非若游戏于烟云月露之形,可以纵横在我者也。王昌龄、钱起、孟浩然、李商隐辈,皆有诗名,至于作省题诗,则疏矣。"《丹阳集》指的是钱起的另一省题诗《巨鱼纵大壑》(也见《钱考功集》卷六)。至于《湘灵鼓瑟》一诗,虽然一向以末二句著称,但以省题诗来说,它的格调却是与众不同的,它显然受到《楚辞·九歌》的影响,极力渲染在神话色彩十分浓厚的特殊环境中的音乐之美,整篇诗的艺术风格是和谐的,表现了钱起的诗才[①]。

　　《旧唐书》所载钱起月夜闻鬼谣的事,当然是后人的附会,人们认为"曲终人不见,江上数峰青"的艺术意境之美,是非人工所能及的,因此虚构出这一情节。此事后又见于《诗话总龟》(卷四十八鬼神门)、《唐诗纪事》(卷三十)、《郡斋读书志》(卷四上别

---

①关于唐代人对此诗的评论,可参见《云溪友议》卷中《贤君鉴》条,又见《太平广记》卷一九九《唐宣宗》条。

集类上）等书。不过《诗话总龟》载主考官为李时，《唐诗纪事》所载为崔暟，《郡斋读书志》与《新唐书》同，作李暐。《诗话总龟》与《唐诗纪事》所载李时与崔暟，一个名字错，一个姓氏错，当应以李暐为正。

《旧唐书》说钱起是天宝十载登进士第的，姚合《极玄集》（卷上）也说钱起"天宝十载进士"。《唐诗纪事》、《直斋书录解题》（卷十九诗集类上），以及徐松《登科记考》，都系于天宝十载。但此事尚有问题。按《唐语林》卷八累为主司条中载："李岩三：天宝六年、七载、八载。李麟再：天宝十载、十一载。"其中缺九年的主考官。据《唐诗纪事》卷二十七贾邕条："邕，天宝九年李暐侍郎下登第。"可见天宝九载主文者为李暐。李暐，新旧《唐书》无传，其事又见《通鉴》卷二一六，天宝十载正月，"丁酉，命李林甫遥领朔方节度使，以户部侍郎李暐知留后事"①。李暐于天宝九载四月，尚在中书舍人、权知礼部侍郎任②。大约他在天宝九载下半年改户部侍郎，十载正月又为朔方节度留后，礼部侍郎一任则由李麟继任，并典天宝十载、十一载贡举。李麟有传见《旧唐书》卷一一二、《新唐书》卷一四二，都曾叙及为礼部侍郎，并权主礼部贡举，但未载何年。

从以上材料看来，凡述及钱起登进士第的，都说是主文者为李暐，不是李麟。看来李暐为钱起的座主是不会错的，则钱起登进士第的时间，应当改正旧说，为天宝九载（750），而不是十载。

---

① 《旧唐书》卷九《玄宗纪》下，天宝九载正月亦记此事，但仅叙李林甫名，未提及李暐。
② 参见《全唐文》卷三十八玄宗册凉王张妃文。

钱起有《夜雨寄寇校书》诗(《钱考功集》卷五),云:"秋馆烟雨合,重城钟漏深。……此时蓬阁友,应念昔同衾。"蓬阁即喻秘书省(详见本书《王昌龄事迹考略》)。《新唐书·钱徽传》说钱起登进士第后"释褐秘书省校书郎",从他本人的诗中可以得到证明。大约进士登第后至天宝末,钱起即任秘书省校书郎之职。天宝九载登第以前,他也曾数次来过长安应试,不曾中第,如《长安落第作》(《钱考功集》卷六)有云:"故山归梦远,新岁客愁多。"但总的说来,安史之乱以前,钱起的事迹可考者甚少,这时期的诗作,虽然也已经表现了他的艺术才能,但今天留存的、可以确考其为这一时期所作的,则确实不多。

三

安禄山、史思明的军队攻占长安时,钱起不知在何地。现在可以考见的是,当至德二载(757)十月,唐朝的军队收复长安,肃宗自凤翔还京时 ①,钱起在新收复的长安城。他有《观法驾自凤翔回》诗(《钱考功集》卷六),其中说:"搀抢一扫灭,闾阖九重开。海晏鲸鲵尽,天旋日月来。"表现出他对唐王朝重又振兴的喜悦。但安史之乱带来的社会大动乱,以及在这一大动乱中的现实矛盾和人民的苦难生活,在钱起的诗中却很少能得到反映。这是他的根本弱点。

---

① 《旧唐书》卷十《肃宗纪》,至德二载十月,"癸亥,上自凤翔还京"。

过了两年，即肃宗乾元二年（759），这年的春天，钱起已为京都畿县的蓝田县县尉，并且与著名诗人王维有诗篇酬答。所有过去关于钱起的传记资料，都没有记载他为蓝田尉事，其实钱起在任蓝田尉这几年的生活，是颇有可记的。

王维有《春夜竹亭赠钱少府归蓝田》诗（赵殿成《王右丞集笺注》卷二）："夜静群动息，时闻隔林犬。却忆山中时，人家涧西远。羡君明发去，采蕨轻轩冕。"钱起则有《酬王维春夜竹亭赠别》（《钱考功集》卷一）："山月随客来，主人兴不浅。今宵竹林下，谁觉花源远。惆怅曙莺啼，孤云还绝巘。"从这两首诗，可考知钱起曾为蓝田尉，至于在何时任蓝田尉，还不能确知。钱起另有《初黄绶赴蓝田县作》（《钱考功集》卷二），说："蟠木无匠伯，终年弃山樊。苦心非良知，安得入君门。忽忝英达顾，宁窥造化恩。"又说："一叨尉京甸，三省惭黎元。贤尹止趋府，仆夫俨归轩。眼中县胥色，耳里苍生言。"对于这个职务似乎并不太满意的。但这首诗本身也未提供作蓝田尉的时间。

王维另有《送钱少府还蓝田》（《王右丞集笺注》卷八）："草色日向好，桃源人去稀，手持平子赋，目送老莱衣。每候山樱发，时同海燕归。今年寒食酒，应得返柴扉。"钱起和作则有《晚归蓝田酬王维给事赠别》（《钱考功集》卷四）："卑栖却得性，每与白云归。徇禄仍怀橘，看山免采薇。暮禽先去马，新月待开扉。霄汉时回首，知音青琐闱。"据赵殿成《右丞年谱》（《王右丞集笺注》附录），乾元元年，王维因授安禄山伪官事，责授太子中允，后迁太子中庶子，中书舍人，复拜给事中。乾元二年秋后转尚书右丞。上面所引的王维、钱起赠答诗写于春日，则当作于乾元二年。就是说，肃宗乾元二年春,钱起在蓝田尉任上。至于他何时始授此职,又于何时罢职,则均不可考。当然,我们知道,至德二载(757)十月肃宗返京时钱起已在长安,则他受命为蓝田尉,很可能是乾元元年(758)的事。

高仲武《中兴间气集》卷二载钱起诗,并有评云:"员外诗体格新奇,理致清赡。越从登第,挺冠词林。文宗右丞,许以高格;右丞没后,员外为雄。"这几句评论后来为《唐才子传》所本,说"王右丞许以高格"(卷四钱起小传)。但我们今天从上面引述过的王、钱二人赠答之作以外,从王维的其他诗文中并没有见到王维有称许钱起诗作"高格"的话。钱起对于这位前辈诗人倒是很怀念的,王维死后,他有《故王维右丞堂前芍药花开凄然感怀》诗(《钱考功集》卷十):"芍药花开出旧栏,春衫掩泪再来看。主人不在花长在,更胜青松守岁寒。"王维晚年某些山水田园诗的风格对钱起是可能有影响的,《中兴间气集》的这几句评语触及了他们二人诗歌创作上的某种继承关系,不完全确切,但仍有一定见地。

钱起在蓝田尉时,尚有《蓝溪休沐寄赵八给事》、《县内水亭晨兴听讼》(以上《钱考功集》卷一)、《赠邻东郜少府》(同上卷二)、《县城秋夕》(同上卷四)等作①。

---

①钱起另有《蓝上茅茨期王维补阙》(《钱考功集》卷四):"山中人不见,云去夕阳过。浅濑寒鱼少,丛兰秋蝶多。老年疏世事,幽性乐天和。酒熟思才子,溪头望玉珂。"据《旧唐书》卷一九○下《文艺下·王维传》,云:"历右拾遗、监察御史、左补阙、库部郎中。居母丧,柴毁骨立,殆不胜丧。服阕,拜吏部郎中。天宝末,为给事中。"王维母卒在天宝前期。钱起诗题称王维为补阙,则诗当作于天宝时。但诗中又云"老年疏世事",天宝中期,无论王维与钱起,都不能算是老年。钱起此诗的系年不易确定,或者诗题中的"补阙"二字可能有误。

钱起在乾元年间及后数年间的交游,可记者还有毕曜与苏端。

　　《钱考功集》卷一《白石枕》诗,钱起自序云:"起与监察御史毕公耀交之厚矣①。顷于蓝水得片石,皎然霜明,如其德也,许为枕赠之。及琢磨成,炎暑已谢,俗曰此犹班女之扇,可退也,君子曰不然,此真毕公之佳赏也,故珍而赋之。"卷六并有《宿毕侍御宅》,中云:"交情频更好,子有古人风。晤语清霜里,平生苦节同。"这里都说毕曜此时任监察御史之职。按,杜甫有《秦州见敕目薛二璩授司议郎毕四曜除监察与二子有故远喜迁官兼述索居凡三十韵》(《钱注杜诗》卷十),杜甫在秦州,正是乾元二年秋,这年冬他又由秦州赴成都。由此可知毕曜除监察御史当在乾元二年夏秋间。杜甫对薛、毕的除官是很欣喜的,诗的一开头就说:"大雅何寥阔,斯人尚典刑。交期余潦倒,材力尔精灵。二子声同日,诸生困一经。文章开突奥,迁擢润朝廷。旧好何由展,新诗更忆听。"远在西僻秦州的杜甫,希望能听到他们有新诗传来。在这之前,在唐军刚刚收复长安时,杜甫就有诗赠毕曜,如《逼仄行赠毕曜》(《钱注杜诗》卷二),说:"逼仄何逼仄,我居巷南子巷北,可恨邻里间,十日不一见颜色。……焉能终日心拳拳,忆君诵诗神凛然。辛夷始花亦已落,况我与子非壮年。"又《赠毕四曜》(同上卷十):"才大今诗伯,家贫苦宦卑。饥寒奴仆贱,颜状老翁为。同调嗟谁惜,论文笑自知。流传江鲍体,相顾免无儿。"从杜甫的这些诗看来,毕曜在乾元二年除监察御史以前,在长安与杜甫时相过从,经济大约也不富

----

①毕曜之曜,又写作耀,此处作耀,皆为一人,详见岑仲勉《元和姓纂四校记》卷十所考。

裕,但其诗才却受到杜甫的称道。另外,孟浩然有《家园卧疾毕太祝曜见寻》(《全唐诗》卷一五九)。孟浩然卒于开元二十八年,则毕曜在开元二十八年以前就曾任太祝。古文家独孤及也有诗酬及毕曜,如《夏中酬于逖毕燿问病见赠》、《客舍月下对酒醉后别毕四燿》(皆见《毗陵集》卷一)。可见毕曜与当时的一些著名文人是有广泛交游的,而以与钱起的情谊为最深。

钱起有《送毕侍御谪居》诗(《钱考功集》卷三),其中说:"崇兰香死玉簪折,志士吞声甘徇节。忠荩不为明主知,悲来莫向时人说。"卷四又有《再得毕侍御书闻巴中卧疾》。据《旧唐书》卷一八六下《酷吏传》下,当时人称毛若虚、敬羽、裴升、毕曜四人为酷吏,《酷吏传》中的《敬羽传》说:"羽与毛若虚在台五六年间,台中囚系不绝。又有裴升、毕曜同为御史,皆酷毒,人之陷刑,当时有毛、敬、裴、毕之称。"据传中称,毛若虚是上元元年(760)贬宾化死,"裴、毕寻又流黔中。羽,宝应元年贬为道州刺史。"宝应元年为762年。由此看来,则毕之贬谪当在760—762年之间。钱起《送毕侍御谪居》诗认为毕曜是冤枉的,在这首诗中又说:"自怜黄绶老婴身,妻子朝来劝隐沦。桃花洞里举家去,此别相思复几春。"则760—762年之间,即上元、宝应年间,钱起仍在蓝田县尉任上。

《钱考功集》卷五有《苏端林亭对酒喜雨》诗:"小雨飞林顶,浮凉入晚多。能知留客处,偏与好风过。濯锦翻红蕊,跳珠乱碧荷。芳樽深几许,此兴可酣歌。"苏端也是杜甫所称道的人。至德二载(757)春,杜甫困居于安史军队盘据的长安,日常的生活也发生困难,有时就得到苏端的资助。他的《雨过苏端》(《钱注杜诗》卷二)中说："鸡鸣风雨交,久旱云亦好。杖藜入春泥,无食起我早。诸家忆所历,一饭迹便扫。苏侯得数过,欢喜每倾倒。也复可怜人,呼儿具梨枣,浊醪必在眼,尽醉摅怀抱。……"而在《苏端薛复筵简薛华醉歌》(同上卷)中又说:"文章有神交有道,端复得之名誉早。"对苏端的道义与文章都作了肯定。据钱谦益注引卞圜唐科名记,苏端当于乾元元年登进士第(参徐松《登科记考》卷十)。又据《旧唐书》卷一一九《杨绾传》,苏端官至比部郎中[1],代宗大历时,杨绾卒后,因议谥不合,被贬为广州员外司马(《新唐书》卷一四二《杨绾传》载苏端贬为巴州员外司马)。

钱起何时罢蓝田尉之职,现有的材料并未有明确的记载,但大致在代宗宝应二年春,尚任这一职务。当时与钱起并称的诗人郎士元,于宝应元年(762)为渭南尉。《新唐书·艺文志》丁部集录别集类"郎士元诗一卷"下有云:"字君胄,中山人。宝应元年选畿县官,诏试中书,补渭南尉。"郎士元有《酬王季友题半日村别业兼呈李明府》诗(《全唐诗》卷二四八):"村映寒原日已斜,烟生密竹早归鸦。长溪南路当群岫,半景东邻照数家。门通小径连芳草,马饮春泉踏浅沙。欲待主人林上月,还思潘岳县中花。"此时王季友任华阴尉[2]。据《太平寰宇记》卷二十九华州渭南县:"半日村:此

<hr />

[1] 《元和姓纂》卷四也载:"(苏)端,比部郎中。"
[2] 岑参有《送王录事却归华阴》诗(《岑嘉州诗》卷三)又见《全唐诗》卷二○○,《全唐诗》于题下载岑参自注云:"王录事自华阴尉授虢州录事参军,旬日却复旧官。"同卷又有《送王七录事赴虢州》。《岑嘉州诗》卷一并有《潼关使院怀王七季友》。此王七录事即王七季友。岑参于代宗宝应元年(762)由虢州长史改太子中允,兼殿中侍御史,充关西节度判官,在华州。十月,雍王李适为天下兵马元帅会师陕州,岑参为掌书记(参闻一多(转下页)

村山高亏蔽,阳影常照其一半。"半日村当以此命名,其地则在渭南。另外,钱起也有《题郎士元半日吴村别业兼呈李长官》诗(《钱考功集》卷八):"半日吴村带晚霞,闲门高柳乱飞鸦。横云岭外千重树,流水声中一两家。愁人昨夜相思苦,闰月今年春意赊。自叹梅生头似雪,却怜潘令县如花。"钱起这首诗中"闰月今年春意赊"句颇可注意。查《旧唐书》卷十一《代宗纪》,宝应二年有闰正月。于此可证郎士元、钱起的诗都写于宝应二年的闰正月(王季友的同题之作今已不传),郎士元于宝应元年为渭南尉,则宝应二年闰正月郎士元仍在渭南尉任上,半日村即是他所构的别业之一。钱起诗中还有"自叹梅生头似雪"之句,用《汉书》卷六十七《梅福传》事,梅福曾做过南昌尉。由此可知,宝应二年闰正月,钱起当仍任蓝田尉。蓝田与渭南相接,不妨时相过从。诗句说"头似雪",则已入老境,至少也当在五十岁以上。从这里,也可证明本文第一节关于钱起生年的推测是正确的,即当生于 710 年左右。如依《唐诗大系》所说生于 722 年,则此时钱起只是四十二、三岁,无论如何是不能说"头似雪"的。

(接上页)《岑嘉州系年考证》)。由此可知,王季友任华阴尉(一度任虢州录事参军),在宝应元年、二年间。岑参又有《喜华阴王少府使到南池宴集》(《岑嘉州诗》卷三)、《六月十三日水亭送华阴王少府还县》(同上卷四)、《五月四日送王少府归华阴》(同上卷七),王少府也均指王季友。唐人例以少府称县尉。戎昱《苦哉行五首》(《全唐诗》卷二七〇),题下自注:"宝应中过滑州、洛阳后同王季友作。"亦可备参。

四

从上一节的叙述中,可以考知,钱起在任蓝田县尉的几年中,与其交游者,大多是一些官职不高或并无官职的文士。他这时候的一部分诗作,表现了对一些地主阶级较低阶层文人仕途失意的同情,此外,还有少数作品正面触及当时的社会矛盾,如《观村人牧山田》(《钱考功集》卷二):

> 六府且未盈,三农争务作。贫民乏井税,瘠土皆垦凿。禾黍入寒云,茫茫半山郭。秋来积霖雨,霜降方铚获。中田聚黎甿,反景空村落。顾惭不耕者,微禄同卫鹤。遮追周任言,敢负谢生诺。

这首诗是写山田耕作的情况,当是蓝田尉时所作。从整篇诗来说,并不能代表钱起的艺术风格,但是它写了当时贫苦农民因为要缴纳租税,就不辞辛劳,开垦山上的瘠土,到秋来却并未能得温饱。诗中对劳动者表示了同情,"顾惭不耕者"二句,感情也是真实的。另外,又如《秋霖曲》(《钱考功集》卷三),写秋天霖雨成灾,"愁阴惨淡时殷雷,生灵垫溺若寒灰"。接下去的两句是:"公卿红粒爨丹桂,黔首白骨封青苔。"这两句采用强烈对比的艺术手法,写出社会上富人和穷人截然不同的处境,使我们想起杜甫"朱门酒肉臭,路有冻死骨"的有名的诗句。应当说,钱起在这里是继承了杜甫的这一现实主义传统的。

可惜的是,这些诗在钱起的整个诗作中毕竟是极少数,钱起并没有由这样的创作道路走下去。随着他官位的升迁，他的作品的社会内容越来越单薄了。

上面一节曾说及宝应二年，也就是广德元年（763），那年的春日，钱起当还在蓝田尉任上。就在那年十月，发生了吐蕃军队进攻关中，并攻占了长安的事件，代宗匆忙出奔至陕州，后来由郭子仪率领唐朝的一部分军队收复长安，十二月，代宗才从陕州回到京都。长安失陷的时间虽然并不长，但这一事件充分反映了唐朝廷国力的虚弱，说明了由于当时封建统治者的昏庸和腐朽，社会矛盾不但并没有因安史之乱的平定而解决，而且实际上仍在向前发展，随时可以爆发。

据《旧唐书》卷十一《代宗纪》，广德元年十月长安失陷、代宗出奔陕州后，"从官多由南山诸谷赴行在"。钱起当时也与一些官员逃奔至终南山一带，他有《东城初陷与薛员外王补阙暝投南山佛寺》（《钱考功集》卷二）一诗记其事。他有好几首诗记述此事，如《广德初銮驾出关后登高愁望二首》（同上卷一）、《銮贺避狄岁别韩云卿》（卷四）、《寇中送张司马归洛》（卷六）等。但这些诗除了表现封建臣子对皇帝的忠心外，似乎再也没有什么思想深度。

《极玄集》（卷上）载钱起历官，说："终尚书郎、太清宫使。"《新唐书·卢纶传》说他"终考功郎中"。《郡斋读书志》（卷四上别集类上）与《新唐书》同。清人所编《全唐文》（卷三一九）钱起小传则所载较详，说："大历中官司勋员外郎、司封郎中，终考功郎中。"总之，钱起自蓝田尉以后，就逐步在朝中任郎官之职了①。

①钱起有《赴章陵酬李卿赠别》（《钱考功集》卷十）、《罢章陵令山居过中峰道者二首》（同上卷二），则又曾为章陵令。据岑仲勉《读全唐诗札记》，谓："此非文宗之章陵，殆指章怀太子陵。"但任职的具体年月仍不详。

高仲武《中兴间气集》卷下评郎士元诗，其中说："右丞以往，与钱更长。自丞相以下，更出作牧，二公无诗祖钱，时论鄙之。"高仲武为大历、贞元间人，时代与钱、郎接近，其言当有所据。宋晁公武《郡斋读书志》说得更明白："时朝廷公卿出牧奉使，若两人无诗祖行，人以为愧。"这一记载说明了钱起与郎士元在代宗广德至大历年间诗歌的内容，从现存两人的诗集看来，他们呈献或赠送给达官贵人之作确实不少，也在一定程度上代表了所谓的"大历诗风"。我们不妨举几个例子。

一、据《旧唐书·代宗纪》，李勉于广德二年（764）九月以后为洪州刺史，王季友则以监察御史为李勉的副使，于邵有《送王司议季友赴洪州序》以记其事（于邵文见《全唐文》卷四二七）。此时钱起也有《送王季友赴洪州幕下作》（《钱考功集》卷一），其中说："问我何功德，负恩留玉墀。"可见广德二年钱起已由蓝田尉入朝任职。就在那一年，钱起有《咏门上画松上元王杜三相公》诗（同上卷五）。据《新唐书》卷六十二《宰相表》，宝应元年（762）元载同中书门下平章事，五月丙寅，行中书侍郎。广德二年正月癸亥，"右散骑常侍王缙为黄门侍郎，太常卿杜鸿渐为兵部侍郎，并同中书门下平章事"。至该年八月，王缙为侍中，出为持节河南、淮南、淮西、山南东道行营节度使。就是说，广德二年正月至八月，元载、王缙、杜鸿渐同在长安为相，钱起的诗当作于这一时期之中，是在一首诗中同时献给这三个宰相的。他又有《题樊川杜相公别业》（《钱考功集》卷五），称杜鸿渐为"贤相"（"数亩园林好，人知贤相家"）。又有《奉和杜相公移长兴宅奉呈元相公》（同上卷七），说："道高仍济代，恩重岂投簪。报国谁知己，推贤共作霖。兴来文雅振,清韵掷双金。"其实我们只要翻检一下唐代的有关史籍,就可知道,这三人并非是什么"贤相",元载贪赃擅权,后来被杀,王缙和杜鸿渐都是庸俗圆滑的大官僚。钱起却将此三人推崇备至。早在乾元二年(759),钱起就在《送元中丞江淮转运》诗(《钱考功集》卷五)中称颂元载:"薄税归天府,轻徭赖使臣。"[①]而据《通鉴》卷二二二宝应元年所载:"租庸使元载以江淮虽经兵荒,其民比诸道犹有赀产,乃按籍举八年租调之违负及逋逃者,计其大数而征之;择豪吏为县令而督之,不问负之有无,赀之高下,察民有粟帛者发徒围之,籍其所有而中分之,甚者什取八九,谓之白著。有不服者,严刑以威之。民有蓄谷十斛者,则重足以待命,或相聚山泽为群盗,州县不能制。"《通鉴》的这条材料足以说明钱起诗中称颂元载的功绩,所谓"薄税"、"轻徭"云云,与现实的真实相去有多么远。

二、郎士元有《奉和杜相公益昌路作》(《全唐诗》卷二四八):"春半梁山正落花,台衡受律向天涯。南去猿声傍双节,西来江色绕千家。风吹画角孤城晓,林映蛾眉片月斜。已见庙谟能喻蜀,新文更喜报京华。"钱起也有《赋得青城山歌送杨杜二郎中赴蜀军》诗(《钱考功集》卷三):"……星台二妙逐王师,阮瑀军书王粲诗。日落猿声连玉笛,晴来山翠傍旌旗。绿萝春月营门近,知君对酒遥相思。"郎、钱二诗写的都是同一件事,这就是大历元年(766)杜鸿渐为山南西道、剑南西川节度使,赴成都平定蜀中战乱事,郎诗

①元载为江淮载运使,《旧唐书》卷一一八《元载传》等皆未明载年月,只说是肃宗时。独晚唐时人所著的《大唐传载》记:"乾元二年,御史中丞元载为江淮五道租庸使,高户定数征钱,谓之白著榷酤。"

是送杜鸿渐,钱诗是送杜幕府中的杨、杜二郎中。两首诗都是写得颇有风韵的,而事件的实际情况则是:

> 崔旰杀郭英乂据成都,邛州牙将柏贞节、泸州牙将杨子琳、剑州牙将李昌夔以兵讨旰,蜀、剑大乱。命鸿渐以宰相兼成都尹、山南西道剑南东川副元帅、剑南西川节度副大使往镇抚之。鸿渐性畏怯,无它远略,而晚节溺浮图道,畏杀戮。及逾剑门,惩艾张献诚败,且惮旰雄武,先许以不死。既见,礼遇之,不敢加谯责,反委以政,日与从事杜亚、杨炎纵酒高会,因荐旰为成都尹,而授贞节邛州刺史,子琳泸州刺史,各罢兵。
> (《新唐书》卷一二六《杜鸿渐传》)

郎、钱二诗所写,与杜鸿渐的实际所为,又相去多远。

这里可以附带考一下钱起诗题中"送杨杜二郎中赴蜀军"的杨、杜为谁的问题。因为岑参诗中也提到他们二人,他有《入剑门作寄杜杨二郎中时二公并为杜元帅判官》诗(四部丛刊本《岑嘉州诗》卷三),闻一多先生的《岑嘉州系年考证》没有考出杜、杨二人。现据《新唐书·杜鸿渐传》,可知为杨炎和杜亚。杨炎后为宰相,创立两税法,但《旧唐书》卷一一八、《新唐书》卷一四五的《杨炎传》都未载为杜鸿渐判官随从入蜀事,以前出版的有关研究刘晏、杨炎的著作及年谱,也从未提及。《旧唐书》卷一四六《杜亚传》载:"永泰末,剑南叛乱,鸿渐以宰相出领山、剑副元帅,以亚及杨炎并为判官。使还,授吏部郎中、谏议大夫;炎为礼部郎中、知制诰、中书舍人。"(《新唐书》卷一七二《杜亚传》也载:"鸿渐为山南、剑南副元帅,亚与杨炎并为判官。"但不及《旧唐书》详细。)此外,独孤及也有《送吏部杜郎中兵部杨郎中入蜀序》(《毗陵集》卷十五)。可见这时杨炎任兵部郎中之职。以上这些材料,可以补正过去有关杨炎传记及年谱的缺失,有助于对杨炎事迹的研究。本文因系考钱起事迹,因此对杨炎本年前后的官职迁转,只能顺便带及,不作深考。

此外,钱起于大历元年(766)有送刘晏赴江淮转运诗:《奉送刘相公江淮催转运》(《钱考功集》卷六)[①]。大历三年(768)有送王缙赴幽州诗:《送王相公赴范阳》(《钱考功集》卷七)。李肇《国史补》(卷上)曾载当时文士在钱送一些达官贵人的宴集上赋诗取胜的情况,说:"送王相公之镇幽朔,韩翃擅场。送刘相公之巡江淮,钱起擅场。"钱起在送刘晏的诗中称"国用资戎事,臣劳为主忧。"对于著名理财家刘晏说来,还算是恰当的。而在送王缙诗中称王缙"安危皆报国,文武不缘名。……料敌知无战,安边自有征",则是近于谀词了。当时的情况是,大历三年六月,幽州节度使李怀仙为其部将朱希彩所杀,朱希彩自称留后,这是安史之乱以后藩镇擅权常有的情况,节镇拥兵自立,迫使朝廷加以承认。当时唐朝廷就任命王缙以宰臣充河南副元帅兼幽州节度使,想以此来显示中央

①《新唐书》卷六十二《宰相表》,广德元年(763),"正月癸未,京兆尹刘晏为吏部尚书、同中书门下平章事"。因此钱起诗题中称"刘相公"。又《旧唐书》卷十一《代宗纪》,大历元年正月"丙戌,以户部尚书刘晏充东都京畿、河南、淮南、江南东西道、湖南、荆南、山南东道转运、常平、铸钱、盐铁等使,以户部侍郎第五琦充京畿、关内、河东、剑南西道转运、常平、铸钱、盐铁等使。至是天下财赋,始分理焉。"钱起诗中有"落叶淮边雨,孤山海上秋。"可能刘晏授命为大历元年正月,而成行则在秋日。

的权力。但王缙本来就是一无作为的圆滑官僚,他到达幽州,朱希彩以盛兵严备接待他,表面上很恭顺,实际上以兵力相威胁,"缙度终不可制,劳军,旬余日而还。"(见《通鉴》卷二二四大历三年,又参见《旧唐书》卷十一《代宗纪》,卷一一八《王缙传》)当时送王缙的,还有皇甫冉(《送王相公之幽州》,《全唐诗》卷二五〇),皇甫曾(《送王相公赴幽州》,《全唐诗》卷二一〇),韩翃(《奉送王相公缙赴幽州巡边》,《全唐诗》卷二四五)等。诸人的诗都是称颂之词,以擅场之作韩翃的诗来说,虽然其中有可以吟诵的句子,如"双旌过易水,千骑入幽州;塞草连天暮,边风动地秋",但以此来赞颂王缙的幽州之行,是与当时的实际情形不符的。这是大历十才子诗人一个带根本性的普遍弱点。

五

闻一多先生《唐诗大系》系钱起的卒年为780(?)。780年即德宗建中元年,代宗于前一年即大历十四年死去。《唐诗大系》于780年后打一问号,盖表示其卒年无法确定,当大致在这年前后。从现有的材料看来,《唐诗大系》关于钱起卒年的这一记载还是较为审慎的。

根据钱起本人的诗作,可以考知其时间的,如《送陆贽擢第还苏州》诗(《钱考功集》卷五),作于大历八年(773),见《唐诗纪事》卷三十二陆贽条:"大历八年试《禁中春松》云……"又据《郡斋读书志》卷四上别集类"陆贽奏议十二卷":"贽,嘉兴人,大历八年进士。"《钱考功集》卷四有《贞懿皇后挽词》,据《旧唐书》卷五十二《代宗贞懿皇后传》,贞懿皇后卒于大历十年五月。钱起诗中有"晓月孤秋殿,寒山出ább台",则当作于大历十年秋。《钱考功集》卷六有《送鲍中丞赴太原军营》,乃送鲍防者。《旧唐书》卷十一《代宗纪》,大历十一年十二月,鲍防为河东节度留后[①];《代宗纪》于大历十二年三月癸亥,又称鲍防为太原尹、御史大夫,充北都留守,河东节度使。钱起诗称中丞,则当在此之前,可能即作于大历十一年(776)。《钱考功集》卷八又有《送严维尉河南》。严维为河南尉大约在大历十二、三年间(详见本书《刘长卿事迹考辨》文)。在此之后,就未见有记载他行迹的诗篇了。因此,他有可能即卒于大历末或建中初,公元780年前后,大致近是。

钱起与当时诗人多有交往。其交游可考者,除前面提到过的,还有:

戴叔伦有《送别钱起》(《全唐诗》卷二七三):"阳关多古调,无奈醉中闻。归梦吴山远,离情楚水分。孤舟经暮雨,征路入秋云。后夜同明月,山窗定忆君。"戴叔伦大历四年(769)在荆南转运,此诗云"离情楚水分",不知是否为这一时期所作。

韩翃有《褚主簿宅会毕庶子钱员外郎使君》诗(《全唐诗》卷二四三):"开瓮腊酒熟,主人心赏同。斜阳疏竹上,残雪乱天中。更喜宣城印,朝廷与谢公。"郎使君即郎士元,郎士元于大历中为郑州刺史。钱起与韩翃都有寄赠之作,钱起之作为《寄郢州郎士

---

① 《旧唐书》此处原文有脱误,钱大昕《廿二史考异》卷五十七对此有订正,中华书局校点本《旧唐书》曾引及。

元使君》(《钱考功集》卷四),韩翃有《送郓州郎使君》(《全唐诗》卷二四四)。

卢纶有《将赴阌乡灞上留别钱起员外》(《全唐诗》卷二七六),为卢纶任阌乡尉时所作,时间较早。又有《客舍苦雨即事寄钱起郎士元二员外》(《全唐诗》卷二七八),此时郎士元尚未出为郓州刺史。卢纶又有《同钱郎中晚春过慈恩寺》(《全唐诗》卷二七九),诗中说"惜花将爱寺,俱是白头人",当是钱起年老时为考功郎中,卢纶与他同游长安慈恩寺所作。

长期居住于会稽的隐逸诗人秦系①,也有诗寄赠钱起:《山中奉寄钱起员外兼简苗发员外》(《全唐诗》卷二六○),赞颂钱起的诗说:"高吟丽句惊巢鹤,闲闭春风看落花。"

刘湾有《对雨愁闷寄钱大郎中》(《全唐诗》卷一九六):"积雨细纷纷,饥寒命不分。揽衣愁见肘,窥镜觅从文。九陌成泥海,千山尽湿云。龙钟驱款段,到处倍思君。"刘湾的诗今存者不多,编于《全唐诗》者仅六首,但他的诗在当时颇可注意。他的《云南曲》诗抨击唐玄宗用兵云南,同情人民的痛苦,说:"妻行求死夫,父行求死子,苍天满愁云,白骨积空垒。"可与杜甫的《兵车行》相参看。他的《出塞曲》写当时军队中的阶级差别:"一朝随召募,百战争王公。去年桑干北,今年桑干东。死是征人死,功是将军功。"这样的诗在天宝年间是富有现实性的。他与元结是故交。代宗永泰元年乙巳(765),元结在湖南遇见他,特地写了《刘侍御月夜宴会》诗(《元次山集》卷三),他在诗前自序中说:"文章道丧盖久矣,

①秦系事迹可参见本书《刘长卿事迹考辨》一文。

时之作者,烦杂过多,歌儿舞女,且相喜爱,系之风雅,谁道是耶? 诸公尝欲变时俗之淫靡,为后生之规范……" 刘湾字灵源,彭城人,此时以侍御史居衡阳,因而与元结相游处(参见《唐诗纪事》卷二十五刘湾条)。元结在诗前自序中所发的这通议论,显然认为刘湾与他是同道,有相同的文学主张。这样的诗人,在寄与钱起的诗中说"到处倍思君",是有助于我们对钱起的研究的。

　　另外,钱起有《寄袁州李嘉祐员外》诗(《钱考功集》卷六),李嘉祐大历年间为袁州刺史。但现存李嘉祐诗无言及钱起者。

六

　　《新唐书·艺文志》著录"钱起诗一卷"。《郡斋读书志》卷四上别集类上著录其诗为二卷。《直斋书录解题》卷十九诗集类上著录则为《钱考功集》十卷,并说"蜀本作前后集十三卷"。这个十卷本即为元明以后留传的本子。清朝编《四库全书》时,即以内府所藏本编入,为《钱考功集》十卷。四部丛刊影印明活字本《钱考功集》十卷,当就是这个本子①。但其中有他人所作而误编入钱起

①余嘉锡《四库提要辨证》卷二十叙及钱起集的版本流传,可供参考,其文云:"案起集除《唐志》、《读书志》著录外,《崇文总目》(卷六十一)、《通志·艺文略》均作一卷,《宋史·艺文志》作十二卷,惟《直斋书录解题》(卷十九)作十卷,且云'蜀本作前后集十三卷'。《苕溪渔隐丛话》后集卷十七引《夷白堂小集》(宋鲍慎由撰,慎由元祐六年进士,见《书录解题》卷十七)云:'钱起考功诗,世所藏本皆不同,宋次道旧有五卷,王仲至续为八卷,号为最完,然如牛羊上山小,烟火隔云深,鸟道隔疏雨,人家恋夕阳,(转下页)

诗的,关于此点,宋人葛立方在《韵语阳秋》(卷二)中就曾指出:

> 钱起集,前八卷,后五卷。鲍钦止谓昭宗时有中书舍人钱珝,亦起之诸孙,今起集中恐亦有珝所作者。余初未知其所据也,比见前集中有《同程七早入中书》一篇云:"不意云霄能自致,空惊鹓鹭忽相随。腊雪新晴柏子殿,春风欲上万年枝。"《和王员外晴雪早朝》云:"紫微晴雪带恩光,绕仗偏随鹓鹭行。长信月留宁避晓,宜春花满不飞香。"二诗皆珝所作无疑,盖起未尝入中书也。集中又有《登彭祖楼》一诗,而薛能集亦载,则知所编甚驳也。

按,葛立方所指出的二诗即见于四部丛刊本的《钱考功集》卷八,一题为《同程九早入中书》,字句稍有不同,一题为《和晴雪早朝》,而无"和王员外"四字,诗句文字相同。

此外,《钱考功集》卷九尚有整整一卷的《江行无题一百首》,这一百首的五言绝句,前人曾指出也为钱起后人钱珝所作(见《全唐诗》卷七一二引《唐音统签》),但是仍有些研究者把它们作为钱起的作品。如马茂元先生《唐诗选》,未收钱起的其他诗作,仅选

(接上页)穷通恋明主,耕桑亦近郊,长乐钟声花外尽,龙池柳色雨中深,此等句皆当时相传为警绝,而八卷无之,知其所遗多矣。'鲍慎由所举诸联,乃《中兴间气集》所盛称者,今十卷中皆有之,当为最完之本。尝试论之,钱起诗集在两宋时当有四本,二卷者盖即一卷本所分,五卷、八卷者各为一本,此三本皆不传,十卷之本既为慎由所未见,盖其出最后,当为南宋人所重编,陈振孙蜀本作十三卷,而不言文字有异,当即一本,编次不同耳。《宋志》作十二卷,显系传写之误,《提要》谓后人分二卷为十卷,未必然也。"

《江行无题》中的两首。因此这个问题还有重提的必要。

从《江行无题》诗的本身来看，这一组诗是写作者因贬谪，由中朝官而为地方郡守，如说："自念平生意，曾期一郡符。可知因谪宦，斑鬓入江湖。""憔悴异灵均，非谗作逐臣。如逢渔父问，未是独醒人。"但考查钱起一生的事迹，却从未受到过贬谪，更没有做过地方长官。据《新唐书》卷一七七《钱徽传》："子可复、方义。可复死郑注时。方义终太子宾客，子珝，字瑞文，善文辞，宰相王抟荐知制诰，进中书舍人。抟得罪，珝贬抚州司马。"又据《旧唐书》卷二十上《昭宗纪》，光化三年（900）六月，"戊辰，特进、司空、门下侍郎、平章事、监修国史王抟贬崖州司户，寻赐死于蓝田驿，枢密使宋道弼、景务修并赐死。为崔胤所诬，言三人中外相结也。"这是当时的一个大狱，其事可详参《新唐书》卷一一六《王缜传》。唐王朝到这时已极端腐朽，朝臣相互倾轧，又互相勾结握有兵权的方镇，王抟就是当时封建统治集团内部斗争的一个牺牲者。钱珝既然曾为王抟所荐，当然也受累贬官。他有《舟中录序》（《文苑英华》卷七〇七），其中说：

> 乙卯岁冬十一月，余以尚书郎得掌诰命。庚申岁夏六月以舍人获谴，佐抚州，驰暑道病。秋八月，自襄阳浮而下，舟行无役，因解束书，视所为辞薹，剪剪冗碎，可存者得五百四十篇，丞相表奏百篇，区别编联为二十卷。

《新唐书·艺文志》丁部集录别集类著录"钱珝《舟中录》二十卷"。今其书已佚，但其《江行无题一百首》却传存下来。从

诗中所描写的路线与时节来看,完全与钱珝被贬的事迹及《舟中录序》所说的吻合,如:

> 今日秋风至,萧疏过沔南。
>
> 叶舟维夏口。
>
> 晚泊武昌岸。
>
> 咫尺愁风雨,匡庐不可登。
>
> 浔阳江畔菊,应似古来秋。
>
> 湖口分江水,东流独有情。

　　叙述长江的水程,只到九江为止,这与钱珝为抚州司马的路线正合。因此,完全可以断定这《江行无题一百首》乃是钱珝所作,而不是钱起所作。钱徽为钱起之子,珝则为起之曾孙(《全唐诗》钱珝小传说珝为徽之子,误,珝应系方义之子,方义又为徽的次子)[①]。

　　当然,从诗的本身来看,应当说,这一组诗是写得有特色的,用五言绝句这一短小的形式,联结起来,反映长江中下游两岸的景色,以及唐末经过长期战乱以后农村的萧条和破败,都写得相当逼真,如:

> 兵火有余烬,贫村才数家。无人争晓渡,残月下寒沙。

[①] 文学研究所编注的《唐诗选》,也说钱珝为钱起的孙子,当是未经检核有关史料(其实《新唐书·钱徽传》所载甚明),而沿袭《全唐诗》小传之误。

> 翳日多乔木，维舟取束薪。静听江叟语，俱是厌兵人。
> 月下江流静，村荒人语稀。鹭鸳虽有伴，仍共影双飞。

诗中有时也写出农民收获的喜悦，劳动者对远客殷勤招待的纯朴感情，如：

> 万木已清霜，江边村事忙。故溪黄稻熟，一夜瓮中香。
> 细竹渔家路，晴阳看结罾。喜来邀客坐，分与折腰菱。

这些描写虽然仍带有封建地主文人的感情色彩，但还是可以使人看到当时长江两岸的一些生活情景，有一定的时代气息，是唐末时期应当肯定的较好的诗篇。

［附记］

姚合《极玄集》卷上载钱起仕履，说是"终尚书郎、太清宫使"。后人因此也以太清宫使称他的，如宋人诗话《诗史》谓"唐太清宫使、翰林学士钱起多作佳篇"云云。而按之于唐代官制，钱起是否曾为太清宫使，是颇可疑的。唐代太清宫使之称一般是宰相兼的，如《新唐书》卷四十六《百官志》一，谓："宰相事无不统，故不以一职名官，自开元以后，常以领他职：实欲重其事，而反轻宰相之体。故时方用兵，则为节度使；时崇儒学，则为大学士；时急财用，则为盐铁转运使，又其甚则为延资库使。至于国史、太清宫之类，其名颇多，皆不足取法，故不著其详。"这里说得很清楚，宰相时有兼职，如节度使、大学士、盐铁转运使等，而修国史及大清宫使也是宰相所带的名号。北宋时宋敏求的《春明退朝录》曾说："唐制，宰相四人，首相为太清宫使，次三相皆带馆职：弘文馆大学士、监修国史、集贤殿大学士，以此为次序。"（卷上）《春明退朝录》这里更明确地说，只有首相才能带太清宫使。宋敏求藏书甚富，于唐史号称精熟，他的这段话可以和《新唐书·百官志》相印证。而我们知道，钱起的官位最高不过是考功郎中，就是说，只是尚书省的一个郎官，是不可能为太清宫使的。《极玄集》所载当误。

关于《柳氏传》与《本事诗》所载韩翃事迹考实

一

韩翃,《旧唐书》无传,《新唐书》见卷二〇三《文艺传下·卢纶传》附,云:

> 翃字君平,南阳人。侯希逸表佐淄青幕府,府罢,十年不出。李勉在宣武,复辟之。俄以驾部郎中知制诰。时有两韩翃,其一为刺史,宰相请孰与,德宗曰:"与诗人韩翃。"终中书舍人。

《新唐书》以后,如《唐诗纪事》(卷三十),《郡斋读书志》(卷八上别集类)、《直斋书录解题》(卷十九诗集类上)等,所载都与此相同。再以后,就是元辛文房的《唐才子传》(卷四),较《新唐书》稍详一些,今录于下:

翃字君平，南阳人。天宝十三载杨纮榜进士。侯希逸素
　　重其才，至是表佐淄青幕府。罢，闲居十年。及李勉在宣武，
　　复辟之。德宗时，制诰阙人，中书两进除目，御笔不点，再请
　　之，批曰："与韩翃。"时有同姓名者为江淮刺史，宰相请孰与，
　　上复批曰："春城无处不飞花韩翃也。"俄以驾部郎中知制诰。
　　终中书舍人。翃工诗，兴致繁富，如芙蓉出水，一篇一咏，朝士
　　珍之。比讽深于文房，筋节成于茂政，当时盛称焉。有诗集五
　　卷，行于世。

此处"翃工诗"以下评诗部分取材于唐高仲武《中兴间气集》（卷
上），事迹部分较《新唐书》为详，但却有不确切之处，如在天宝
十三载进士登第后，就说"侯希逸素重其才，至是表佐淄青幕府"，
似乎韩翃于登第后即被侯希逸辟佐淄青幕府，而实际上侯希逸于
肃宗宝应元年（公元762）五月始为淄青节度使（说详下），这时距
天宝十三载（公元754），尚有八、九年的时间，怎么能说"至是表佐
淄青幕府"呢？

　　无论《新唐书》与《唐才子传》，它们所记韩翃的事，都有所
本，这就是唐许尧佐的《柳氏传》和孟棨的《本事诗》，也可以说，后
世所有有关韩翃事迹的记述，包括现在的一些文学史著作与唐诗
选本，都莫不出此二书。但《柳氏传》向来属传奇小说；《本事诗》，
如《四库全书总目》（卷一九五集部诗文评类）所说，也有传写脱
误及失实之处，只不过因为记载一些唐代诗人的轶事，而为"谈艺
者所不废"。就是说，《柳氏传》既为传奇，《本事诗》也多得之传
闻，那么，它们所载韩翃的事迹是否可靠，是否可以作为今天研究

韩翃及其诗作的依据？本文即拟根据有关的历史记载以及韩翃本人的诗文，就《柳氏传》与《本事诗》所载，加以考核，其间并对韩翃的事迹作若干补充，又连带评论他的一些作品。

<h1 style="text-align:center">二</h1>

为便于进行比较研究，拟大致钞录《柳氏传》与《本事诗》的原文如下。

《柳氏传》先说"天宝中，昌黎韩翃有诗名，性颇落托，羁滞贫甚"。这里作韩翊，实际即是指韩翃；昌黎，也是唐人好称郡望的习俗，如称韩愈为昌黎韩愈一样，是不可靠的，与韩翃为南阳人并不矛盾。《柳氏传》于这之后，即写韩翃与一李生友善，此李生者乃富家子，"负气爱才"，因看重韩翃，就将家中的歌姬柳氏送与韩翃。以下即展开故事情节：

> 天宝末，盗覆二京，士女奔骇。柳氏以艳独异，且惧不免，乃剪发毁形，寄迹法灵寺。是时侯希逸自平卢节度淄青，因借翊名，请为书记。洎宣皇帝以神武返正，翊乃遣使间行求柳氏，以练囊盛麸金，题之曰："章台柳，章台柳，昔日青青今在否？纵使长条似旧垂，亦应攀折他人手。"柳氏捧金呜咽，左右悽悯，答之曰："杨柳枝，芳菲节，所恨年年赠离别。一叶随风忽报秋，纵使君来岂堪折！"
>
> 无何，有蕃将沙吒利者，初立功，窃知柳氏之色，劫以归

第,宠之专房。及希逸除左仆射,入觐,翊得从行。至京师,已失柳氏所止,叹想不已。偶于龙首冈见苍头以駮牛驾辎軿,从两女奴。翊偶随之。自车中问曰:"得非韩员外乎?某乃柳氏也。"使女奴窃言失身沙吒利,阻同车者,请诘旦幸相待于道政里门。及期而往,以轻素结玉合,实以香膏,自车中授之,曰:"当遂永诀,愿置诚念。"乃回车,以手挥之,轻袖摇摇,香车辚辚,目断意迷,失于惊尘。翊大不胜情。

会淄青诸将合乐酒楼,使人请翊。翊强应之,然意色皆丧,音韵悽咽。有虞侯许俊者,以材力自负,抚剑言曰:"必有故。愿一效用。"翊不得已,具以告之。俊曰:"请足下数字,当立致之。"乃衣缦胡,佩双鞬,从一骑,径造沙吒利之第。候其出行里余,乃被衽执辔,犯关排闼,急趋而呼曰:"将军中恶,使召夫人!"仆侍辟易,无敢仰视。遂升堂,出翊札示柳氏,挟之跨鞍马,逸尘断鞅,倏忽乃至,引裾而前曰:"幸不辱命。"四座惊叹。柳氏与翊执手涕泣,相与罢酒。是时沙吒利恩宠殊等,翊、俊惧祸,乃诣希逸。希逸大惊曰:"吾平生所为事,俊乃能尔乎?"遂献状曰:"检校尚书金部员外郎兼御史韩翊,久列参佐,累彰勋效。顷从乡赋,有妾柳氏,阻绝凶寇,依止名尼。今文明抚运,退迹率化。将军沙吒利凶恣挠法,凭恃微功,驱有志之妾,干无为之政。臣部将兼御史中丞许俊,族本幽蓟,雄心勇决,却夺柳氏,归于韩翊。义切中抱,虽昭感激之诚;事不先闻,固乏训齐之令。"寻有诏,柳氏宜还韩翊,沙吒利赐钱二百万。柳氏归翊。翊后累迁至中书舍人。(据《太平广记》卷四八五杂传记类)

文末还有作者的一些评论,比起前面叙事的色泽绚丽、兴会淋漓来,逊色多了,此处就省略不录。

另外,《本事诗》情感第一有云:

韩翃少负才名,天宝末举进士,孤贞静默,所与游皆当时名士,然而荜门圭窦,室唯四壁。(以下叙李将者赠柳氏事,略)……后数年,淄青节度侯希逸奏为从事。以世方扰,不敢以柳自随,置之都下,期至而迓之。连三岁不果迓,因以良金置练囊中寄之,题诗曰:"章台柳,章台柳,往日依依今在否?纵使长条似旧垂,亦应攀折他人手。"柳复书答诗曰:"杨柳枝,芳菲节,可恨年年赠离别。一叶随风忽报秋,纵使君来岂堪折。"

柳以色显独居,恐不自免,乃欲落发为尼,居佛寺。后翃随侯希逸入朝,寻访不得,已为立功蕃将沙吒利所劫,宠之专房。翃怅然不能割,会入中书,至子城东南角,逢犊车,缓随之。车中问曰:"得非青州韩员外耶?"曰:"是。"遂披帘曰:"某柳氏也。失身沙吒利,无从自脱。明日尚此路还,愿更一来取别。"韩深感之,明日如期而往。犊车寻至,车中投一红巾包小合子,实以香膏,呜咽言曰:"终身永诀。"车如电逝。韩不胜情,为之雪涕。

是日,临淄大校置酒于都市酒楼邀韩,韩赴之,怅然不乐。座人曰:"韩员外风流谈笑,未尝不适,今日何惨然耶?"韩具话之。有虞候将许俊,年少被酒,起曰:"寮尝以义烈自许,愿得员外手笔数字,当立置之。"座人皆激赞,韩不得已与之。俊乃急装,乘一马、牵一马而驰,径趋沙吒利之第。会吒利已出,即以入曰:"将军坠马且不救,遣取柳夫人。"柳惊出,即以韩札示之,挟上马,绝驰而去。座未罢,即以柳氏授韩曰:"幸不辱命。"一座惊叹。时吒利初立功,代宗方优藉,大惧祸作,阖座同见希逸,白其故。希逸扼腕奋髯曰:"此我往日所为也,而俊复能之。"立修表上闻,深罪沙吒利。代宗称叹良久,御批曰:"沙吒利宜赐绢二千匹,柳氏却归韩翃。"

后事罢,闲居将十年。李相勉镇夷门,又署为幕史。时韩已迟暮,同职皆新进后生,不能知韩,举目为恶诗,韩邑邑殊不得意,多辞疾在家。唯末职韦巡官者,亦知名士,与韩独善。一日,夜将半,韦扣门急,韩出见之,贺曰:"员外除驾部郎中、知制诰。"韩大愕然曰:"必无此事,定误矣。"韦就座曰:"留邸状报制诰阙人,中书两进名,御笔不点出,又请之,且求圣旨所与,德宗批曰:'与韩翃。'时有与翃同姓名者,为江淮刺史。又具二人同进。御笔复批曰:'春城无处不飞花,寒食东风御柳斜。日暮汉宫传蜡烛,轻烟散入五侯家。'又批曰:'与此韩翃。'"韦又贺曰:"此非员外诗也?"韩曰:"是也,是知不误矣。"质明,而李与僚属皆至。时建中初也。

自韩复为汴职以下,开成中,余罢梧州,有大梁凤将赵唯为岭外刺史,年将九十矣,耳目不衰,过梧州,言大梁往事,述之可听,云此皆目击之,故因录于此也。(据汲古阁津逮秘书本)

今按,许尧佐为许康佐之弟,康佐有传,见《旧唐书》卷一八九《儒学传》下,《新唐书》卷二○○《儒学传》下。《新唐书》本传说许康佐于德宗贞元中(公元785—805)举进士、宏辞,文宗时(公元 827—840）曾为兵部侍郎、礼部尚书。许尧佐则附见于许康佐传后，《新唐书》说："诸弟皆擢进士第，而尧佐最先进，又举宏辞，为太子校书郎。八年，康佐继之。尧佐位谏议大夫。"① 而《本事诗》的作者孟棨，自称于开成中罢梧州守时听到大梁夙将赵唯讲述韩翊的事，开成即为文宗的年号，公元 836—840 年。这就是说，许尧佐与孟棨当是同时的人，可能许尧佐稍在前，他于德宗贞元中即已入仕，而孟棨之写成《本事诗》则要在僖宗光启二年，即公元 886 年，见《本事诗》自序。

《柳氏传》与《本事诗》所载韩翊事，各有所侧重。《柳氏传》主要描写韩翊与柳氏的悲欢离合，情节曲折，文词华丽，生活气息浓厚，为唐人传奇的代表作之一。《本事诗》则较写实，尤其是任李勉汴州幕以后，是记载韩翊后期生活的第一手材料。这两篇文章可以互相补充。至于两文中所写的蕃将沙吒利，则不见于史传。这个蕃将也不知是哪一个少数民族的。但从当时的情况看来，很可能是回纥。唐朝廷之平定安史之乱，其军事上很大一部分是借助于回纥的军队，而回纥的军队自进入中原一带以后，烧杀抢劫，加深了人民的痛苦。这在历史上不乏记载。《通鉴》于代宗广德元年（公元 763）闰正月，即刚刚平定了安史之乱以后，就载：

---

① 又许尧佐有文六篇，见《全唐文》卷六三三，为：《五经阁赋》《清济贯浊河赋》《堙箎相须赋》《日载中赋》《庐山东林寺律大德熙怡大师碑铭》《粲律师碑铭》，无《柳氏传》。另外，宋陈思《宝刻丛编》卷十五江州有《唐东林寺律大德粲公碑》，引《复斋碑录》云："唐吉州司户许尧佐撰，吴郡陆蔚之书并篆额，元和八年端午建，武宗时废，大中八年七月再立。"许尧佐任吉州司户为新旧《唐书》所未载，或即在元和八年，《新唐书》所说的谏议大夫当在此以后。

闰月己酉夜,有回纥十五人犯含光门,突入鸿胪寺,门司不敢遏。……

回纥登里可汗归国,其部众所过抄掠,廪给小不如意,辄杀人,无所忌惮。陈郑、泽潞节度使李抱玉欲遣官属置顿,人人辞惮。

这种情况正发生于韩翃在侯希逸淄青节度使幕府任职之时。韩翃与柳氏的离合遭遇,不一定实有其事,但回纥上层将领的专横跋扈,以及唐朝统治者的懦弱与对他们的放纵,不仅给人民带来灾难,即使对统治阶层的某些人也会带来不幸,这种情况在当时一定是不少见的。这也就是韩、柳的遭遇在中唐以后之所以受到注意,以致许尧佐、孟棨等不约而同地加以描写的社会原因,因为他们的作品从一个侧面反映了这个社会的动乱与不安,以及因此而造成的人们的不幸,这种不幸甚至在统治阶级的中下层,在社会的大动乱中,也往往是难以避免的。这就使得《柳氏传》虽以团圆结局,却仍带有浓厚的悲剧气氛与色彩,联系中唐以后接连不断的战乱来看,也就自然可以理解的了。

三

以下拟就《柳氏传》与《本事诗》的记载,分几个问题加以论述。第一,韩翃是否曾在侯希逸的淄青节度使幕中任过职?第二,所谓"事罢,闲居将十年"的情况如何?第三,所谓"李相勉镇夷门，又署为幕吏"的前后经过。

由于史料缺乏，我们还未能考知韩翃生于何年，他的早期生活情况，也所知甚少。姚合《极玄集》卷下于韩翃名下注云："韩翃，字君平，南阳人，天宝十三载进士。"这是最早的有关韩翃事迹的概括记述，与《本事诗》所说的"天宝末，举进士"相合。《柳氏传》先说韩翃于天宝中如何如何，后又说："明年，礼部侍郎杨度擢翃上第。"《柳氏传》关于天宝时的记载并未注明具体年月，因此所谓"明年"，也不知其究在何年。查天宝时典知贡举的，并无杨度其人。又据《唐语林》卷八"累为主司"条，典天宝十二、十三载贡举的为杨浚[①]。《柳氏传》此处所述与事实稍有出入，当然，作为传奇小说，在具体的细节方面原是可以不必太讲究的。

韩翃有《寄哥舒仆射》一诗（《全唐诗》卷二四三），其中说："万里长城家，一生唯报国。腰垂紫文绶，手控黄金勒。……先麾牙门将，转斗黄河北。帐下亲兵皆少年，锦衣承日绣行缠。……左盘右射红尘中，鹘入鸦群有谁敌。杀将破军白日余，回旆舞旆北风初。群公楷鼻好磨墨，走马为君飞羽书。"这个哥舒仆射，就是天宝时期的名将哥舒翰。据《旧唐书》卷九《玄宗纪》下，天宝十五载正月，"甲子，哥舒翰进位尚书左仆射，同中书门下平章事"。韩翃诗题称哥舒仆射，则此诗当是天宝十五载（公元 756）正月以后所作。安禄山于上年冬发动叛乱，向南进兵，并且很快占领了东都洛阳。哥舒翰这时正奉命在潼关防守。从韩翃的诗题所称，是哥

---

① 又见李华《三贤论》（《文苑英华》卷七四四）。《唐才子传》卷四韩翃小传谓："天宝十三载杨纮榜进士。"

舒翰于天宝十五载进位左仆射后，韩翃曾寄呈此诗，诗中盛称哥舒翰的武功与军容之盛。从诗的末二句，似乎韩翃此时曾在哥舒翰幕中，担任书记一类的职务；但没有旁证，韩翃的诗中也未明写，因此只能猜测而已。当然，由于唐朝统治集团如李隆基（唐玄宗）、杨国忠等人的昏庸和猜忌，使得潼关防守战役完全失败，哥舒翰本人也为安史叛军所俘。总之，从韩翃的诗及有关记载看来，天宝末年，韩翃居住在长安是无可疑的。

韩翃在天宝末年以前，即安史叛军攻占长安以前的情况，据现有材料，所知道的大致就只有这一些。

《旧唐书》卷一二四《侯希逸传》说："侯希逸，平卢人也。……乾元元年冬，（王）玄志病卒，军人共推立希逸为平卢军使，朝廷因授节度使。……会田神功、能元皓于兖州，青州遂陷于希逸，诏就加希逸为平卢、淄青节度使。自是迄今，淄青节度使皆带平卢之名也。"新旧《唐书》都没有记侯希逸为淄青节度使的时间。只有《通鉴》卷二二二肃宗宝应元年（公元762）五月载，"甲申，以平卢节度使侯希逸为平卢、青淄等六州节度使，由是青州节度有平卢之号"。由此可以确知，侯希逸是在宝应元年五月为淄青节度使的。他是当时与安史叛军作战的一个藩镇，长期驻扎在青州一带。据说早期的政绩尚可，但"后渐纵恣，政事怠惰，尤崇奉释教，且好畋游，兴功创寺宇，军州苦之"（《旧唐书·侯希逸传》）。终于为其部将所逐，奔还长安。关于此事，《通鉴》有较详的叙述：

> 平卢节度使侯希逸镇淄青，好游畋，营塔寺，军州苦之。兵马使李怀玉得众心，希逸忌之，因事解其军职。希逸与巫宿

于城外,军士闭门不纳,奉怀玉为帅。希逸奔滑州,上表待罪。诏赦之,召还京师。秋七月壬辰,以郑王邈为平卢、淄青节度大使,以怀玉知留后,赐名正己。(《通鉴》卷二二三,代宗永泰元年)

侯希逸的情况大致如此。今考韩翃文有《代人至渭南县降服请罪表》(《全唐文》卷四四四)。表中先说:"臣出自边鄙,素无才术。顷因寇难,累效驱驰,遂荷殊私,谬膺重寄,介于偏僻,密迩寇仇。……辽阳移拔,赵北扫除,皆仗威灵,非臣力致。"按,《通鉴》卷二二二肃宗上元二年十二月载:"平卢节度使侯希逸与范阳相攻连年,救援既绝,又为奚所侵,乃悉举其军二万余人袭李怀仙,破之,因引兵而南。"韩翃表中所说的"辽阳移拔,赵北扫除",与《通鉴》此处所记相合。又表中所说的"出自边鄙",以及"介于偏僻,密迩寇仇",也与侯希逸为平卢人,以及他镇守淄青,与安史叛军控制的地区紧相连接等等,都相一致。

韩翃的表中又说:

> 幸逢青廓,辄自宽闲。麾下不虞,舟中生变。坐贻颠沛,实愧无谋。纵欲粉身,于何塞责。陛下念臣微效,未即书刑,许归朝廷,俾露诚恳。王畿日近,圣问荐临。

在此篇之后,韩翃又有《代人奉御批不许请罪谢恩表》,其中说:

> 奏事官苏翼迴,伏奉圣造答表,勒臣即复章绶,速赴阙

庭,捧读震惊,心魂爽越。臣某中谢。臣智谢统戎,罪深负国,本期死所,翻荷生成。

代宗时,地方节镇为其部下所逐,奔还长安的,除侯希逸以外,还有发生于大历十年的薛嵩和常休明①,以及大历十四年的李忠臣(详见后)。薛嵩和常休明的事迹都与韩翃表中所写的不合。至于李忠臣,他是为其部将李希烈所逐的,事后唐朝廷只好承认既成事实,授李希烈为淮西留后,而韩翃恰恰有《为李希烈谢留后表》(此事后面还要详论),可见上面的两个表绝不会代李忠臣草拟的。这样看来,韩翃的《代人至渭南县降服请罪表》及《代人奉御批不许请罪谢恩表》,所代的"人",即是侯希逸。而韩翃之所以为侯希逸草拟表奏,逻辑的推论,当然是因为他在侯希逸的淄青节度使幕中为从事。当是韩翃随侯希逸在淄青节度使幕,侯希逸既为部将李怀玉所逐,奔还长安,韩翃也随侯希逸离开淄青,到达长安的近郊渭南县时,又为侯希逸草拟这两个谢恩表。

又,《柳氏传》叙述韩翃随侯希逸入朝后,在一个偶然的机会于路上遇见柳氏的车子,柳氏在车中问:"得非韩员外乎?"《本事诗》于此则作:"得非青州韩员外耶?"都称韩翃为员外。《柳氏传》后又载侯希逸上表,称"检校尚书金部员外郎兼御史韩翃"。这是否是小说家随意捏造的呢?今按,高仲武《中兴间气集》卷上评韩翃诗,说"韩员外诗,匠意近于史"云云。高仲武为大历、贞

① 《旧唐书》卷十一《代宗纪》,大历十年正月,"昭义牙将裴志清逐其帅薛嵩。薛嵩奔洺州,上章待罪"。二月乙丑,"是日河阳军乱,逐城使常休明。……休明奔东都"。三月"乙巳,薛嵩、常休明至阙下,素服待罪"。

元时人，差不多与韩翃同时，其说当可信。他既称韩翃为员外，与《柳氏传》《本事诗》皆合，可见韩翃在侯希逸幕中，所带的中朝官官衔为检校金部员外郎。《本事诗》又说韩受侯希逸之辟赴青州，而将柳氏留在长安，"连三岁不果迓"。按，侯希逸于肃宗宝应元年（公元762）五月为淄青节度使，代宗永泰元年（公元765）七月被逐。所谓"连三岁不果迓"，则韩翃至少有三年在淄青节度使幕，从永泰元年七月上推三年，则很可能侯希逸在被任命为淄青节度使不久，就辟请韩翃为其从事了。

据《旧唐书·侯希逸传》，侯希逸被逐入朝后，拜检校右仆射。这是有空名而无实职的位置，只是对侯希逸这个已失去节镇实权的人的一个安抚而已。《旧唐书》本传后又说，"以私艰去职，大历十一年九月，起复检校尚书右仆射，上柱国，封淮阳郡王"；"久之，加知省事，迁司空"。《新唐书》卷一四四《侯希逸传》记："建中二年（公元781），迁司空，未及拜，卒，年六十二。"可见侯希逸自永泰元年（765）被逐入朝一直到死的十六、七年里，官位虽高，但无实权，已成为长安城中无足轻重的一名寓公。但《柳氏传》与《本事诗》却有声有色地叙述侯希逸到长安后的排场和气势，《柳氏传》说"及希逸除左仆射，入觐"，而且还有"淄青诸将合乐酒楼"，侯希逸还有"虞侯许俊"，在许俊把柳氏夺还给韩翃后，侯希逸还为之上表求情，等等，似乎侯希逸并无狼狈被逐出淄青事，似乎他这时仍为淄青节度使，只是暂时入朝觐见皇帝，因而尚握有地方实权，还有手下的文武部员，——当然，这都是传奇作者的虚构之辞，为的使韩、柳的不幸遭遇有一个团圆的结局，但却是不符合历史事实的。

由以上所考，我们可以得出这样的结论，韩翃于唐玄宗天宝十三载登进士第，登第后是否授予官职，不详，但自此至天宝末则居住于长安。肃宗宝应元年五月侯希逸为淄青节度使，大约在此后不久，韩翃即应侯希逸之辟，在其淄青节度使幕中为从事，而其官衔则为检校员外郎（是否是金部，因只有《柳氏传》所载，仅作参考）。代宗永泰元年七月，侯希逸为其部将所逐，韩翃也就随侯希逸还长安。至于他与柳氏的离合悲欢的情节，因为出于后人所作的传奇或得之于传闻，是否确有其事，还未能考定。

四

本节拟进而讨论《本事诗》所谓"后事罢，闲居将十年。李相勉镇夷门，又署为幕吏"的问题。

据上所述，韩翃是在代宗永泰元年七月随侯希逸入朝的。侯希逸既失淄青节度使之职，韩翃当然也因而罢使幕之职；是否改任他官，史无明文，《本事诗》说是"闲居"，当可信。

韩翃有《奉送王相公缙赴幽州巡边》诗（《全唐诗》卷二四五）。据《旧唐书》卷十一《代宗纪》，大历三年六月，"壬辰，幽州节度使、检校侍中、幽州大都督府长史李怀仙为麾下兵马使朱希彩所杀"。又"（闰月）庚申，宰臣充河南副元帅王缙兼幽州节度使"。七月"乙亥，王缙赴镇州"。韩翃的这首诗即是大历三年（公元768）七月送王缙赴幽州巡边而作。同时诗人如皇甫曾、皇甫冉兄弟也有同题之作，皇甫曾《送王相公赴幽州》（《全唐诗》卷二一

○）中说：“暮日平沙迥，秋风大旆翻。”皇甫冉《送王相公赴幽州》（《全唐诗》卷二五〇）中说：“遮虏关山静，防秋鼓角雄。”写的都是秋景，与历史记载相合。韩翃的诗也是如此，先是赞颂王缙的功德，所谓“黄阁开帷幄，丹墀侍冕旒。……不改周南化，仍分赵北忧。双旌过易水，千骑入幽州。”[1]又说：“塞草连天暮，边风动地秋。”以这二句而论，是写得颇有气势的，怪不得李肇《国史补》（卷上）说：“送王相公之镇幽朔也，韩翃擅场。”但实际上王缙的所作所为不足以当诗人的这些赞誉之词。《旧唐书》卷一一八《王缙传》说：“大历三年，幽州节度使李怀仙死，以缙领幽州、卢龙节度。缙赴镇而还，委政于燕将朱希彩。”《通鉴》卷二二四，代宗大历三年更有具体的记载：七月“乙亥，王缙如幽州，朱希彩盛兵严备以逆之。缙晏然而行，希彩迎谒甚恭。缙度终不可制，劳军，旬余日而还”。王缙作为一个圆滑的老官僚，对边将的骄横跋扈，采取敷衍苟安的应付态度。韩翃在大历期间所作的这类诗作，只不过是粉饰现实、掩盖矛盾，虽有名句，但经不起事实的检核。

冷朝阳于大历四年（公元769）登进士第，不待授官，归金陵省亲（据《唐才子传》卷四小传）。临行时，当时在长安的，有钱起、李嘉祐、李端等送行之作，韩翃也有《送冷朝阳还上元》诗（《全唐诗》卷二四五），中间两联为：“落日澄江乌榜外，秋风疏柳白门前。桥通小市家林近，山带平湖野寺连。”写得工整而清丽。由此可知大历四年，韩翃也在长安。此后，及至大历九年以前，还未能从他的

---

[1]这四句曾被采入皎然《诗式》卷三，作为“直用事”的诗例（据十万卷楼丛书本《诗式》）。

诗文中考知他的行迹。

韩翃有《为田神玉谢诏葬兄神功毕表》(《全唐文》卷四四四),其中说:"臣亡兄某以今月二十日诏葬永毕,感恩追恸,肝心如裂。臣某中谢。臣亡兄俯归幽歼,更轸皇慈,易以大名,赐夫秘器,王人加赠,京兆护丧……"《全唐文》同卷所载韩翃文,又有《为田神玉谢不许赴上都获丧表》(其中说"伏奉批表,以军府政殷,藉卿镇辑,不赴上都也")、《为田神玉谢兄神功于京兆府界择葬地表》、《为田神玉母太夫人谢男神功葬赐钱及神玉领节度表》、《为田神玉谢赐钱供兄葬事表》等。由此我们可以考知韩翃的事迹,而为过去的有关记载所未及的。

田神功也是安史之乱时起来的地方藩镇,肃宗上元二年(公元761)在平定刘展时,曾在江淮一带大肆掳掠(可参考《通鉴》等书的记载)。后来官做到汴宋节度使。据《旧唐书》卷十一《代宗纪》,大历八年十一月,"庚戌,汴宋节度使田神功来朝"。大历九年正月,"壬寅,汴宋节度使、太子少师、检校尚书右仆射、兼御史大夫、汴州刺史田神功卒"。"二月己丑,以田神功弟神玉权知汴宋留后"。由此可知,田神功是在大历八年(公元773)十一月入朝,时仍任汴宋节度使,不料在长安得病,而于第二年正月死于长安。这年二月,唐朝廷照旧对藩镇采取姑息态度,以其弟神玉权知汴宋留后。又据《旧唐书》卷一二四《田神功传》,大历十年正月,即以田神玉为汴州刺史。

根据这些历史记载,可以考知韩翃上述的这些表,当作于大历九年正月田神功卒、二月田神玉为汴宋留后期间,代田神玉所作。这时,韩翃当已在田神玉幕中。韩翃另有《寄上田仆射》诗

（《全唐诗》卷二四五），其中说："仆射临戎谢安石，大夫持宪杜延年。"据《旧唐书》田神功本传，田神功于上元二年平刘展后，即授御史大夫、汴宋等八州节度使；大历三年三月朝京师，又加检校右仆射。由此，应当说，在田神功于大历九年正月卒前，韩翃就已在田神功的汴宋节度使幕了，其时当在大历八年或八年以前，总之是在大历四年至八年之间。大历八年是公元773年，那末自永泰元年（765）至大历八年，也确实将近十年，《本事诗》所谓"闲居将十年"，是很正确的（比较起来，《唐才子传》韩翃小传只说"罢，闲居十年"，省略将字，就不如其所本《本事诗》准确）。但《本事诗》于闲居之后接着就说"李相勉镇夷门，又署为幕吏"，则不确，因在李勉之前，韩翃已在田神功、田神玉的汴宋节度使幕。又据其《为田神玉谢茶表》、《谢敕书赐腊日口脂表》（皆为《全唐文》卷四四四），大约他在田神玉幕一直到田神玉于大历十一年死去为止[①]。

《旧唐书》卷一二四《田神功传》说"（大历）十一年（田神玉）卒，诏滑州李勉代之"。那么是不是韩翃就在此时即转入李勉幕中呢？从有关的历史记载看来，还有问题。因为汴州在田神玉死后，发生了复杂的情况。

————————

[①] 关于韩翃曾在田神功、田神玉幕中任职一事，自《本事诗》后，所有的有关记载都未说及，有些选本，如马茂元《唐诗选》小诗说："安史乱后，流浪江湖，曾参淄青及宣武节度使幕。"按，在田神功、田神玉时，汴宋节度使还尚未称宣武军，此处所述似乎未考唐时宣武军建置的时间。又所谓"安史乱后，流浪江湖"，也不知何所据，从韩翃的诗篇中，以及据上所考，安史乱后不久，韩翃即应淄青节度使侯希逸所辟，以后又居住于长安。

大历十一年以前，李勉本为滑亳永平军节度使，治滑州。据《旧唐书》卷一三一《李勉传》："十一年，汴宋留后田神玉卒，诏加勉汴州刺史、汴宋节度使。"这所谓加李勉为汴州刺史、汴宋节度使，乃是兼领的意思，李勉的实际治所仍在滑州。而且正在这个时候，又发生了汴州将领李灵曜据州作乱的事件。这件事的经过，据《旧唐书·代宗纪》与《李勉传》所载，是这样的：

> （大历十一年）五月癸巳，以永平军节度使李勉为汴州刺史，充汴宋等八州节度观察留后。时汴将李灵曜专杀濮州刺史孟鉴，北连田承嗣，故命勉兼领汴州。授灵曜濮州刺史，灵曜不受诏。……（八月丙寅）李灵曜据汴州叛。甲申，命淮西李忠臣、滑州李勉、河阳马燧三镇兵讨之。……（十月）汴州平。丁未，滑将杜如江生擒灵曜而献。（《旧唐书·代宗纪》）
>
> （大历）十一年，汴宋留后田神玉卒，诏加勉汴州刺史、汴宋节度使。未行，汴州将李灵曜阻兵，北结田承嗣，承嗣使侄悦将锐兵戍之。诏勉与李忠臣、马燧等攻讨，大破之，悦仅以身免。灵曜北走，勉骑将杜如江擒之以献。……既而李忠臣代镇汴州，而勉仍旧镇。忠臣遇下贪虐，明年为麾下所逐，诏复加勉汴宋节度使，移理汴州，余并如故。（《旧唐书·李勉传》）

原来事情是这样的：田神玉死后，唐朝廷于大历十一年五月命滑州刺史李勉兼领汴州刺史，但原汴州部将李灵曜不受代，于这年八月据汴州作乱，李勉实际未到汴州。唐朝廷命令李勉及淮西节度使李忠臣、河阳节度使马燧统兵征伐李灵曜,李灵曜则连结北面的魏博节度使田承嗣,对抗唐军。同年十月,李灵曜兵败被擒,汴州平。十二月,即以李忠臣兼汴州刺史。李忠臣在汴州数年,于大历十四年三月,又为其部将李希烈所逐,奔还长安①。于是唐朝廷又以李希烈为蔡州刺史、淮西留后,而复命李勉以永平节度使兼汴州刺史,并将治所徙于汴州②。由此可见,在田神玉于大历十一年五月前死后,李勉实际上并没有真正治汴州,中间还经过李灵曜的叛乱,李忠臣的汴州刺史,以及李希烈之逐李忠臣,直到大历十四年三月,即过了整整三年以后,李勉才正式为汴州刺史、汴宋节度史。

在这几年中,韩翃的情况怎样呢?《全唐文》卷四四四载有韩翃的《为李希烈谢留后表》,提供了重要的线索。表中先说:"中使梁某至,伏奉今月日制书,授臣使持节、蔡州刺史、兼御史中丞、充淮西节度观察度支营田等使留后。"这就是说,此表是在大历十四年三月,李希烈驱逐了李忠臣以后,唐朝廷任命他为蔡州刺史、淮西节度留后时作的。由此可见,韩翃这时竟又在李希烈的幕中。《旧唐书》卷一四五《李忠臣传》载李忠臣被逐事为:

> 忠臣性贪残好色,将吏妻女多被诱胁以通之。又军无纪纲,所至纵暴,人不堪命。而以妹婿张惠光为衙将,恃势凶虐,军中苦之。……忠臣所信任大将李希烈,素善骑射,群情所伏,因众心之怒,以十四年三月,与少将丁暠、贾子华、监军判

①以上据《旧唐书·代宗纪》。
②此据《通鉴》卷二二五。

官蒋知璋等举兵斩惠光父子，以胁逐忠臣。

李忠臣之被逐，咎由自取，而李希烈的驱逐李忠臣，则是当时地方武将篡夺军权、扩张实力这一趋势的继续。后来的事实更进一步证明，李希烈在逐走李忠臣以后，又在淮西一带形成独立王国，与唐朝政权对抗，终于酿成了德宗初年的淮西之乱。

值得研究的是韩翃在为李希烈草拟的奏表中，对于驱逐李忠臣一事，是这样说的：

> 臣少小孤遗，又无艺术，叔父忠臣，励以成人。自属艰难，亲承任使，备牙门之将，总帐下之兵。耳目腹心，臣当职分；毫厘丝发，臣合知委。而依阿从事，暧昧居心。群小用权，臣不能规谏；三军潜怨，臣不能警觉。苍黄之际，遂成祸阶。十起之恩，低回未报，一朝之难，逼迫见留。白刃交前，脱身无路。……在臣情地，何以自容。虽早殄仇雠，才雪家怨，而自惭面目，有负国恩，岂谓降以殊私，副兹重镇。

这一段文字，把李希烈的逐走李忠臣，写得完全是出于不得已，这里既掩盖了李希烈的篡夺野心，也粉饰了李忠臣的虐政。韩翃作这样的文字，是毫无政治原则可言的。事情是这样的凑巧，十四、五年前，韩翃在侯希逸淄青节度使幕，为其被部将所逐的主帅草奏表，而这时，又为逐主帅的部将草奏表，这可以见出当时在地方节镇任职的文士的政治生涯。

通过以上的考察，关于韩翃的事迹，可以大致推知是这样的：韩翃于大历九年至十一年间在汴宋节度留后田神玉幕中任职。田神玉死后，汴州发生战乱，战乱平定后，李忠臣为汴州刺史，韩翃当继续留在汴州，又在李忠臣幕中。正因为如此，所以当李忠臣被逐出汴州后，李希烈才有可能命在幕中任职的韩翃为他草拟奏表。不久，李希烈被任命为蔡州刺史，李勉移治汴州，即《本事诗》所谓"李相勉镇夷门"，韩翃则继续留在汴州，而为李勉的幕吏。不过《本事诗》以及其后的有关各书，都是说韩翃于大历头十年闲居之后始为李勉幕吏的，而忽略了韩翃所经历的这些年的频繁战乱和复杂情况，把韩翃的经略简单化了，现在据有关的记载，补充了韩翃在大历后期动乱年代中的事迹，对于研究韩翃的作品当有所帮助。

五

关于韩翃的后期生活，唯一的史料记载，即是孟棨的《本事诗》。据《本事诗》所载，韩翃在汴州李勉幕时，已是老年（所谓"韩已迟暮"），一些新进后生称他的作品为"恶诗"。"韩邑邑殊不得意，多辞疾在家"。后来由德宗亲自点名，除驾部郎中、知制诰，产生了两个韩翃的戏剧性情节。《本事诗》记载说，韩翃这时由汴州得以内迁，受到李勉及其僚属的祝贺，"时建中初也"。现在需要考证的，这个时间是否符合李逸在汴州任职的情况。

据《旧唐书》卷十二《德宗纪》，建中二年正月，"丙子，以汴宋滑亳陈颍泗节度观察使、检校吏部尚书、同平章事李勉为永平军节度、汴滑陈等州观察等使";同时,"以宋州刺史刘洽为宋亳颍节度使"。又据吴廷燮《唐方镇年表》二宣武军,建中二年正月以后,乃由刘洽代李勉。建中共四年(公元780—783),《本事诗》所说的建中初,也就是建中元年,这时李勉尚在汴州。孟棨说,关于韩翃在李勉幕中任职的情况,是他在开成中罢梧州守时听大梁夙将赵唯说的。开成为文宗年号,共五年,公元836—840年,距建中初将近六十年,赵唯开成时年近九十,"耳目不衰,过梧州,言大梁往事,述之可听,云此皆目击之"。则建中初赵唯年近三十岁,关于韩翃的事迹,他是在汴州从军而得以闻见的。参以史实的记载,可以证明,赵唯所说建中初韩翃内迁为驾部郎中、知制诰,是准确的,因此,《本事诗》所载的这一情节可以信从。

《本事诗》载:"制诰阙人,中书两进名,御笔不点出,又请之,且求圣旨所与,德宗批曰'与韩翃'。时有与翃同姓名者为江淮刺史,又具二人同进,御笔复批曰:'春城无处不飞花,寒食东风御柳斜。日暮汉宫传蜡烛,轻烟散入五侯家。'又批曰:'与此韩翃。'"按,与韩翃同姓名为江淮刺史的韩翃,不知何许人,待考。唐林宝《元和姓纂》卷四,二十五寒,有韩朝宗,"生贲、赏、质",质"生翃,拾遗"。王维有《大唐吴兴郡别驾前荆州大都督府长史山南东道采访使京兆尹韩公墓志铭》(《全唐文》卷三二七)[1],提及长子某、次子某、次子某,未言贲、赏、质三人。韩朝宗比王维年齿较大,他的孙子韩翃当也是代宗、德宗时候的人。这个韩翃肯定不是大历

----

①按,此文,清赵殿成《王右丞集笺注》未载。

十才子的诗人韩翃,但是否即为江淮刺史的韩翃,由于史料缺乏,就难于考知了 ①。

姚合《极玄集》(卷下)载韩翃"以寒食诗受知德宗,官至中书舍人"。中书舍人的官阶要比驾部郎中高 ②,大约韩翃后来又升至中书舍人。钱起有《同王錥起居程浩郎中韩翃舍人题安国寺用上人院》诗(《钱考功集》卷八),称韩翃为舍人,与《极玄集》合。这大约是建中、贞元之际的事。至于韩翃的卒年,就现有史料来说,已无法考知,很可能是在贞元初期,因为现存韩翃的诗文,以及当时候的其他诗人,在建中以后,就再也不见有关他的记载了。

韩翃的诗,编于《全唐诗》的为三卷,即卷二四三至卷二四五。在大历十才子中,他与钱起、卢纶三人,是存诗较多的。对于他的诗,中唐时的高仲武评价很高,其《中兴间气集》卷上评曰:

> 韩员外诗,匠意近于史,兴致繁富,一篇一咏,朝士珍之,多士之选也。如"星河秋一雁,砧杵夜千家",又"客衣筒布润,山舍荔支繁",又"疏帘看雪卷,深户映花关",方之前载,芙蓉出水,未足多也。其比兴深于刘员外,筋节成于皇甫冉也。

此处所举的例句,都可以算得上佳句,其他如"雨余衫袖冷,风急马蹄轻"(《送故人归鲁》),"鸣磬夕阳尽,卷帘秋色来"(《题僧房》),"山色遥连秦树晚,砧声近报汉宫秋"(《同题仙游观》),都是

①这个曾任拾遗的韩翃,其父韩质,韦应物与卢纶都有诗赠之,可参考岑仲勉先生《元和姓纂四校记》。
②中书舍人为正五品上,尚书左右司郎中是从五品上。

传诵人口的①。他另有《送孙泼赴云中》,七古,是十才子中难得见的从军边塞诗,其中说:"寒风动地气苍茫,横吹先悲出塞长。敲石军中传夜火,斧冰河畔汲朝浆。前锋直指阴山外,虏骑纷纷胆应碎。"是写得比较真切而有气势的。

但总的说来,韩翃的诗反映社会现实是很不够的。根据前面所考,在大历十才子中,他的个人经历,可以说较其他人为复杂,所经历的变乱较多,当时的社会矛盾,如安史之乱,藩镇割据,武将跋扈,等等,韩翃都有亲身接触,但都没有正面的反映。在这点上,他是比不上刘长卿、皇甫冉的,即使钱起、李嘉祐也有反映社会现实的诗篇,而韩翃,在这方面的弱点就较为明显,这恐怕是由于他有较长时期任地方节镇的幕吏,在某种程度上把自己的命运与他们联系在一起的缘故。

韩翃较传诵的一首七绝,即是《寒食》,有些评论者认为这首诗意含讽刺。按,据《唐会要》卷二十九"节日"条:"天宝十载三月敕:礼标纳火之禁,语有钻燧之文,所以燮理寒燠,节宣气候。自今以后,寒食并禁火三日。"可见唐朝是有这种习俗,而且是有明文规定的。《全唐诗》卷二八一,史延、韩濬、郑辕、王濯都有《清明日赐百僚新火》诗,这四人都是大历九年进士及第,这个诗题大约即是该年的进士试题。从这些情况看来,韩翃的《寒食》诗,即使含有讽刺之意,也只不过讽一而劝百罢了,正因为如此,才博得德宗的赞赏,特地提拔他担任知制诰的职务。

①韩翃的诗,也为清人王士禛所赞赏,其所著《池北偶谈》卷十一曾考释他的"春衣晚入青杨巷"的诗;又《分甘余话》卷一也论及韩翃"春城无处不飞花"、"鸳鸯赭白齿新齐"等诗句。

卢纶考（附吉中孚、苗发、崔峒、夏侯审）

　　根据现有的材料，大历十才子的称号及具体人名，最早见于姚合的《极玄集》，其卷上李端名下注云："与卢纶、吉中孚、韩翃、钱起、司空曙、苗发、崔洞（峒）、耿湋、夏侯审唱和，号十才子。"姚合是中晚唐之际的人，与大历时期相距不远。其后，五代时编纂的《旧唐书》，在卷一六三《李虞仲传》中也提到大历十才子的名称，但并未列举十子的名字，只说："父端，……大历中，与韩翃、钱起、卢纶等文咏唱和，驰名都下，号大历十才子。"北宋时修的《新唐书》，在卷二〇三《文艺下·卢纶传》所载，与《极玄集》同，说："纶与吉中孚、韩翃、钱起、司空曙、苗发、崔峒、耿湋、夏侯审、李端皆能诗齐名，号大历十才子。"可见从中晚唐之际到北宋中期，关于大历十才子的人名，记载是一致的，没有什么出入。但在这之后，却有不同。严羽《沧浪诗话》中《诗评》一节说："冷朝阳在大历才子中为最下。"把冷朝阳列入十才子之一。又清王士禛《分甘余话》卷三："唐大历十才子传闻不一，江邻几所志乃卢纶、钱起、郎士元、司空曙、李益、李端、李嘉祐、皇甫曾、耿湋、苗发、吉中孚共十一人，或又云有夏侯审。按，发、审诗名不甚著，未可与诸子颉颃，且皇甫兄弟齐名，不应有曾而无冉，又韩翃同时盛名，而亦不之及，皆不可解。"江休复字邻几，所著有《嘉祐杂志》，他与欧阳修是同时人。王士禛已不同意江休复的说法，江休复之说确也有矛盾之处。另外，清人管世铭《读雪山房唐诗钞》（卷十八）则以卢纶、韩翃、刘长卿、钱起、郎士元、皇甫冉、李嘉祐、李益、李端、司空曙为人历十才子，他当是以这些人所留存的作品作根据的，而把存诗极少的夏侯审、吉中孚等略去。这一分法看似有理，其实并不符合唐代当时号为大历十才子的原意，像被管世铭删去的崔峒，《中兴间气集》就选了他的诗九首，并给了较高的评价。夏侯审的诗，现仅存一首，但李嘉祐在当时就曾说他"袖中多丽句"（《送夏侯审参军游江东》，《全唐诗》卷二〇六）。可见不能以现存诗的数量来定十才子的去留。我们对他们的评价是一回事，文学史上的记载又是一回事。我们可以对这些记载加以分析，但并无必要去更改这些记载。因此，从史料探源的角度说，大历十才子的具体名数，还是应以《极玄集》和《新唐书·卢纶传》所载为准。

这十人中，钱起、卢纶、司空曙、李端、耿湋、韩翃六人存诗较多，对他们的事迹已有专文考述。《新唐书·卢纶传》是把其他几人附载于传后的。王士禛也曾说"卢纶大历十才子之冠冕"（《分甘余话》卷四），这个评价不尽确当，但卢纶诗中确实较多地保存了考证其他几个诗人的事迹材料。因此，本文除了主要考述卢纶的事迹外，也将吉中孚、苗发、崔峒、夏侯审的事迹，穿插在有关部分中叙述，以便为今天研究大历十才子或大历时期的诗风，提供有关的材料。

一

　　卢纶的生年，据闻一多先生的《唐诗大系》，定于公元 748 年，也就是唐玄宗天宝七载。闻一多先生的《少陵先生年谱会笺》于天宝七载下也说是年卢纶生。此后，游国恩先生等主编的《中国文学史》及文学研究所编注的《唐诗选》，即本闻说，定其生年为 748 年，似乎已成定论。但经考察，所谓 748 年之说是不能成立的。

　　闻、游等先生并未注明他们所定生年的依据，但从现有材料加以判断，他们所能依据的唯一的材料，是卢纶本人的一首诗，此诗诗题颇长，今加以点读并抄录于下：《纶与吉侍郎中孚、司空郎中曙、苗员外发、崔补阙峒、耿拾遗湋、李校书端风尘追游向三十载，数公皆负当时盛称，荣耀未几，俱沈下泉，畅博士当感怀前踪，有五十韵见寄，辄有所酬，以申旧悲，兼寄夏侯侍御审、侯仓曹钊》（《全唐诗》卷二七七）。这首诗感怀其同辈诗友的遭遇，追叙作者自己的身世，带有自传的性质，诗中说："八岁始读书，四方遂有兵。童心幸不羁，此去负平生。是月胡入洛，明年天陨星。夜行登灞陵，惝怳靡所征。"闻一多先生大约是根据此处所述卢纶八岁读书时，四方兵起，安史胡军攻入洛阳这一情节。按，安禄山的军队攻陷洛阳是在天宝十四载（755），以此年为八岁推算，则卢纶当生于 748 年，也就是天宝七载。此说看来似言之有据，但却与其他有关材料直接相抵触。

第一　《极玄集》卷下选载卢纶诗,于其名下注云:"天宝末举进士,不第。"《极玄集》编者姚合为中晚唐之际的人,与卢纶的时代相距不远,这一记载应当考虑。此后,《旧唐书》卷一六三《卢简辞传》载:"父纶,天宝末举进士,遇乱不第,奉亲避地于鄱阳。"另外,《新唐书》卷二〇三《文艺下·卢纶传》虽没有说天宝末举进士的话,但也同样说"避天宝乱,客鄱阳"。《极玄集》与《旧唐书》都明确记载卢纶于天宝末年曾应举进士,遇乱不第。天宝共十五年(742—756),如卢纶生于天宝七载,则天宝末只是一个八九岁的孩童,绝不可能有举进士之事。因此就有两种可能,一是748年之说不确,一是《极玄集》与《旧唐书》关于天宝末举进士的记载不可靠。

第二　卢纶有一首为后世各种选本都选的诗,即《晚次鄂州》(《全唐诗》卷二七九),是一首有名的七律:"云开远见汉阳城,犹是孤帆一日程。估客昼眠知浪静,舟人夜语觉潮生。三湘衰鬓逢秋色,万里归心对月明。旧业已随征战尽,更堪江上鼓鼙声。"《全唐诗》于题下注:"至德中作。"至德为肃宗年号(756—758)。按,安禄山军队于天宝十四载十二月陷洛阳,十五载六月攻破潼关,唐玄宗出奔四川,安史叛军即占据长安。这年七月,肃宗在灵武即位,改元为至德。至德共三年。如依748年之说,则卢纶此时也不过十岁左右,当然不可能作此诗。此诗题下注"至德中作"四字,一向是以为卢纶原注的,高步瀛《唐宋诗举要》更以为后二句"疑指永王璘事"。卢纶此处是否实有所指,当然还有待于研究,但写安史之乱发生以后的情事则是完全可以肯定的。此外,卢纶另有

《至德中途中书事郤寄李僴》(《全唐诗》卷二八〇),其中说:"乱离无处不伤情,况复看碑对古城。路绕寒山人独去,月临秋水雁空惊。"《至德中赠内兄刘赞》(同上卷),中云:"时难访亲戚,相见喜还悲。好学年空在,从戎事已迟。"这两首诗也都是写战乱,前一首诗与《晚次鄂州》诗都写的是秋景,而且似乎也是写于长江水程。既然在诗题中明确标有"至德中"的字样,也就可以证明《晚次鄂州》题下"至德中作"四字当是卢纶自注。这就可以证明《极玄集》与《旧唐书》所载是属实的,即天宝末卢纶当已成人,虽然所谓"衰鬓逢秋色"云云,不免有所夸张,但此时他决非是十岁左右的孩童①。

第三 卢纶与司空曙、耿湋等号称大历十才子,卢纶在大历初期即已与诸人相唱和,在诗坛上已相当活跃,决非年轻新手。而大历则是公元 766—779 年,如依 748 年之说,则大历初年,卢纶还不到二十岁,即使大历中期,也只不过二十余岁,这与当时诗坛的实际情况不相符合。

根据以上三点,应当说,《极玄集》与《旧唐书》的有关记载比较可靠,天宝末卢纶曾举进士当是事实,即是说,他那时即已成年,至少已是二十岁或二十岁以上,他的生年决不可能是 748 年(天宝七载),而应当大大提前,如以天宝末为二十岁计算,则其生年也应为 737 年(开元二十五年),或在此以前。

但前面所引卢纶诗中"八岁始读书,四方遂有兵"六句确实费

---

① 文学研究所编注的《唐诗选》选了《晚次鄂州》诗,并注云:"卢纶避安史之乱在南行途中写了这首诗。"但该书于作者介绍中又将卢纶的生年定为 748 年,不免自相矛盾。

解，如果不考虑到其他因素，闻一多先生据此定其生年为 748 年，似也不为无据。现在综合各种情况，应作全面理解，那就是，这里所谓的"四方遂有兵"，并非专指安史之乱，而是指玄宗于天宝前期所发动的数次开边战争，这种情况，在杜甫、李白、高适、岑参等诗中都有所反映。就是说，此句是泛指。至于"是月胡入洛，明年天陨星"，则是专指安史之乱而言，但这并非与"八岁始读书"直接相联。闻一多先生由于没有考虑到卢纶其他诗篇的系年，又把此数句连读，因此错误地得出生于 748 年的结论，后来的一些文学史著作以及唐诗选本，也未考虑原始材料，直接沿袭闻说，现在则应当加以改正^①。

二

《新唐书·卢纶传》说："卢纶字允言，河中蒲人。"未载其先世。《旧唐书·卢简辞传》则说："卢简辞字子策，范阳人，后徙家于蒲。祖翰。父纶。"说是本为范阳人，后来才徙居于蒲州的（据《新唐书》卷三十九《地理志》三，河东道有河中府河东郡，本为蒲州）。但《新唐书》也只提及卢纶之父卢翰，未及其他。赵璘《因话录》卷三商部下有一段记载说：

---

① 四川省文史馆于"文化大革命"前所编的《杜甫年谱》（四川人民出版社出版），谓卢纶与李益等皆于天宝七载登进士第，则更不知何据，显系谬误。

余宗侄櫓，应进士时，著《乡籍》一篇，大夸河东人物之盛，皆实录也。同乡中，赵氏轩冕文儒最著，曾祖父、祖父世掌纶诰，櫓昆弟五人进士及第，皆历台省。卢少傅弘宣、卢尚书简辞、弘正、简求，皆其姑子也。时称赵家出。外家敬氏先世亦出自河中，人物名望，皆谓至盛，櫓著《乡籍》载之。

从这段记载中，可见卢简辞之母为赵櫓之姑母，也即卢纶之妻为赵櫓父亲的姊妹。赵櫓本人未见两《唐书》的传及表，他自称先世的门第显赫。但我们从《新唐书》卷七十三上《宰相世系表》三上所载卢纶的上几代，官职却并不高。据《新表》所载，卢纶的远祖为后魏青州刺史度世之第四子尚之，号卢氏第四房，尚之本人曾任后魏济州刺史。在这之后，世系不详。见于表者，卢纶的曾祖钊，为永宁令；祖祥玉，济州司马；父之翰①，临黄尉。由此可见，卢纶自曾祖以下，都只是地方县以下的低级官吏。卢纶在《纶与吉侍郎中孚……兼寄夏侯侍御审侯仓曹钊》诗中也自称"禀命孤且贱，少为病所婴"。他在诗中所提到的亲属中，也大多是地方县丞、县尉等官，或在一些州刺史幕中任职，如《送姨弟裴均尉诸暨》（《全唐诗》卷二七六），《送从舅成都县丞广归蜀》（同上），《送从叔程归西川幕》（同上），《送从叔准赴任润州司士》（同上），《送钱从叔辞丰州幕归嵩阳旧居》（同上），等等，似乎只有一个从叔做到永州刺史（《送从叔牧永州》，《全唐诗》卷同上）。卢纶的这种社会地位使他有依附达官贵人、以诗干进的一面，也有使他能接触较广的社会

①《旧唐书·卢简辞传》仅作"翰"，似当以《新表》为正。

现实的一面,这些都在他的诗中有所反映。这一点,在大历十才子以及同时期的其他一些诗人中,有一定的普遍性。

三

前面引用过的《纶与吉侍郎中孚……》诗说:"是月胡入洛,明年天陨星。夜行登灞陵,惝恍靡所征。云海一翻荡,鱼龙俱不宁。因浮襄江流,远寄鄱阳城。"《晚次鄂州》诗所写也是由长安东南行,由汉水东下入长江的路程,诗中说"旧业已随征战尽",大约他的一家在长安还置有一些产业,安史军队攻入关中,当然也就荡然无存。他另有《赴池州拜覲舅氏留上考功郎中舅》诗(《全唐诗》卷二七六),说:"孤贱易蹉跎,其如酷似何。衰荣同族少,生长外家多。别国桑榆在,沾衣血泪和。应怜失行雁,霜霰寄烟波。"又一次提到自己是"孤贱",又说"衰荣同族少,生长外家多",由此推测,他之所以由长安远赴鄱阳,可能其外家,即其舅氏家此时在鄱阳一带居住,因此"奉亲避地于鄱阳"(《旧唐书·卢简辞传》)。他在鄱阳住了不少年,大约在永泰及大历初(765—766)又曾往长安应举。

《旧唐书·卢简辞传》说他在鄱阳时"与郡人吉中孚为林泉之友。"卢纶在《纶与吉侍郎中孚……》的长诗中也说:"因浮襄江流,远寄鄱阳城。鄱阳富学徒,诮我戆无营。谕以诗礼义,勖随宾荐名。"可见他与吉中孚早年就有交往。

吉中孚的事迹不甚可考。《旧唐书》这里说是"郡人吉中孚",

似当为鄱阳人。《新唐书》卷二〇三《文艺下·卢纶传》附吉中孚事，更明载："中孚，鄱阳人。"实则新旧《唐书》所载吉中孚的籍贯是不确实的，而且《新唐书》本身的记载自相矛盾，其卷六〇《艺文志》丁部集录别集类著录吉中孚诗，下注云"楚州人"。此点宋人吴缜《新唐书纠谬》就已经指出（见其书卷十二）。

　　按，《元和姓纂》卷十载有："淮阴：贞元户部侍郎吉中孚。"据《新唐书》卷四十一《地理志》五，淮南东道有楚州淮阴郡。可见中唐时的林宝是以吉中孚为楚州人的。这一点我们还可以在有关的一些诗作中得到证明。李嘉祐有《晚春送吉校书归楚州》诗（《全唐诗》卷二〇六），说"诗人饶楚思，淮上及春归"，又说"高名乡曲重"。李端《送吉中孚拜官归楚州》（《全唐诗》卷二八四）中说："孤帆淮上归，商估夜相依。……乡树尚和云，邻船犹带月。"卢纶《送吉中孚校书归楚州旧山》（《全唐诗》卷二七六）也说："年来倦萧索，但说淮南乐"，"喜逢邻舍伴，遥语问乡园。"这都是后来（约大历时）吉中孚为校书郎期间诸人所作的诗，他们都把吉中孚赴楚州说成归，又都称楚州为其乡园。卢纶在《纶与吉侍郎中孚……》的长诗中，提及吉中孚时，更明确地说："侍郎文章宗，杰出淮楚灵。"由以上材料，可以确知，吉中孚原是楚州淮阴人，但后来移居于江西鄱阳。至于他的生年及早期生活，则均无考。

四

　　据新旧《唐书》所载，卢纶于大历初由鄱阳赴长安应举，但几次都未登第。如《旧唐书·卢简辞传》说卢纶"大历初，还京师"。《新唐书·卢纶传》："大历初，数举进士不入第。"这在卢纶的诗作中也可以得到印证，如《与从弟瑾同下第后出关言别》四首（《全唐诗》卷二七六），其中两首说：

> 同作金门献赋人，二年悲见故园春。到阙不沾新雨露，还家空带旧风尘。
>
> 出关愁暮一沾裳，满野蓬生古战场。孤村树色昏残雨，远寺钟声带夕阳。

诗题说"出关"，诗中说"还家"，不知是回鄱阳还是回河中。但从其他几首诗看来，似乎他在未中举时曾就近在长安南面的终南山居住。如《落第后归终南别业》（同上卷二八〇），说："久为名所误，春尽始归山。落羽羞言命，逢人强破颜。交疏贫病里，身老是非间。不及东溪月，渔翁夜往还。"又如《落第后归山下旧居留别刘起居昆季》（同上卷二七六），其中说："风尘知世路，衰贱到君门。醉里因多感，愁中欲强言。花林逢废井，战地识荒园。怅别临晴野，悲春上古原。"可见他在终南山寓居，准备应试。他另有《郊居对雨寄赵涓给事包佶郎中》诗（同上卷二七八），说是"应怜在泥滓，无路托高车"。显系指尚未登第入仕之事。按，《旧唐书》卷一三七《赵涓传》："河南副元帅王缙奏充判官，授检校兵部郎中、兼侍御史，迁给事中、太常少卿，出为衢州刺史。"王缙为河南副元帅在永泰元年（765）八月，则赵涓为给事中当为大历初几年的事。由此可知，大约永泰年间及大历初几年，卢纶曾在长安郊区终南山居住，并几次应举，他的诗中所说"方逢粟比金，未识公与卿。十上不可待，三年竟无成"（《纶与吉侍郎中孚……兼寄夏侯侍御审侯仓曹钊》，同上卷二七七），就是写的这一情况。

卢纶在上述《落第后归山下旧居》诗中说"花林逢废井，战地识荒园"，又屡次称自己为"衰贱"，"在泥滓"，"未识公与卿"，较低的社会地位，自身的不遇，使他有机会、有可能写出当时屡经战乱的社会破败的情景。他的一些较有现实性的诗篇，从他的一生遭际来看，当作于早年未入仕或入仕不久为低级官吏之时。如《逢病军人》（《全唐诗》卷二七七）：

> 行多有病住无粮，万里还乡未到乡。蓬鬓哀吟古城下，不堪秋气入金疮。

又《村南逢病叟》（同上）：

> 双膝过颐顶在肩，四邻知姓不知年。卧驱鸟雀惜禾黍，犹恐诸孙无社钱。

这些诗都反映了安史之乱及藩镇混战以后人民生活的贫困不安及社会经济的萧条。与此相对照的，是写长安富贵人家的豪华奢侈，如："万条银烛引天人，十月长安半夜春。步障三千隘将断，几多珠翠落香尘。""人主人臣是亲家，千秋万岁保荣华。几时曾向高天上，得见今宵月里花"（《王评事驸马花烛诗》四首，《全唐诗》卷二七七）。封建统治阶级上层的挥霍浪费与广大农村的凋敝荒凉，形成鲜明的对照，这对于我们研究大历时期的唐代社会，是有认识意义的。这是卢纶诗歌中积极的一方面。

大约不久，卢纶就受到当时宰相元载、王缙等人的推荐，步入仕途。《旧唐书·卢简辞传》载："宰相王缙奏为集贤学士、秘书省校书郎。王缙兄弟有诗名于世，缙既官重，凡所延辟，皆辞人名士，以纶能诗，礼待逾厚。会缙得罪，坐累。久之，调陕府户曹、河南密县令。建中初，为昭应令。"《新唐书·卢纶传》则谓："元载取纶文以进，补阌乡尉。累迁监察御史，辄称疾去。坐与王缙善，久不调。"新旧《唐书》所载详略不同，叙述的事迹也有稍异，但从卢纶本人的诗篇与他人的寄赠之作考之，两者却可以互相补充。如卢纶《纶与吉侍郎中孚……兼寄夏侯侍御审侯仓曹钊》诗中说：

> 偶为达者知，扬我于王廷。素志且不立，青袍徒见萦。昏屏夙自保，静躁本殊形。始趋甘棠阴，旋遇密人迎。考实绩无取，责能才固轻。新丰古离宫，宫树锁云扃。中复莅兹邑，往惟曾所经。缭垣何逶迤，水殿亦峥嵘。夜雨滴金砌，阴风吹玉楹。官曹虽检率，国步日夷平。命蹇固安分，祸来非有萌。因逢骇浪飘，几落无辜刑。

这段诗大致叙述了作者在大历至建中初期十余年的经历，与新旧《唐书》所载可以互参。卢纶另有《将赴阌乡灞上留别钱起员外》（《全唐诗》卷二七六），而耿湋则有《秋晚卧疾寄司空拾遗曙卢少府纶》诗（同上卷二六八），少府即县尉之别称，可见卢纶为阌乡尉是确实的，而其为阌乡尉曾因元载的奏荐，也就是卢纶诗中所说的"偶为达者知,扬我于王廷。素志且不立,青袍徒见萦"。当时元载任宰相(据《新唐书》卷六十二《宰相表》,元载于宝应元年即762年五月起即入相)。阌乡尉当是卢纶初次入仕所任的官职,以后又因王缙的礼聘,为集贤学士等职,其间又曾任河南密县令,但都无确切年代可考。大历十一年(776)三月元载因得罪代宗而死,王缙贬括州刺史(皆据《旧唐书》卷十一《代宗纪》),卢纶因曾为元、王所推荐,大约也因而坐累,可能因此而曾经被拘系,他有《雪谤后书事上皇甫大夫》(《全唐诗》卷二七八),《雪谤后逢李叔度》(同上卷二七九)、《罪所送苗员外上都》(同上卷二八○)等诗,当是记此事的。过了几年,德宗即位,于建中元年(780)才又被任为昭应令。据《太平寰宇记》卷二十七雍州昭应县条:"天宝初,玄宗每岁十月幸温汤,岁尽而归。"又谓:"温泉在骊山之西北,……开元十一年置温泉宫于骊山,至天宝六年改为华清宫,始移于岳南。"《新唐书》卷三十七《地理志》一,京兆府京兆郡所属有昭应县:"本新丰。……有宫在骊山下,贞观十八年置,咸亨二年始名温泉宫。……(天宝)六载,更温泉曰华清宫,宫治汤井为池,环山列宫室,又筑罗城,置百司及十宅。"这些,在上面引述的卢纶诗中都可得到印证,所谓"新丰古离宫,宫树锁云扃"。不过卢纶在具体描写中,说"夜雨滴金砌,阴风吹玉楹",这种凄凉的情景已非天宝盛时的峥嵘气象,我们只要读一读李白天宝初期所作的《驾去温泉宫后赠杨山人》诗中所写的:"幸陪銮辇出鸿都,身骑飞龙天马驹。王公大人借颜色,金章紫绶来相趋"(见王琦注《李太白全集》卷九),前后有多大的不同,唐朝政治、经济的衰落,终究在文学艺术的情调气氛中表现出来。

这一时期，卢纶与大历十才子的其他一些诗人唱酬颇多，如《客舍喜崔补阙司空拾遗访宿》(《全唐诗》卷二七八)，《同耿湋司空曙二拾遗题韦员外东斋花树》(同上卷二七九)，《洛阳早春忆吉中孚校书司空曙主簿因寄清江上人》(同上卷二七八)，等等，所谓大历诗风，在很大程度上，就是卢纶诸人在大历时期及其前后，在长安的互相酬唱以及呈赠一些达官贵人的诗篇中所表现出来的某种风格而言。与卢纶交游的，如钱起、司空曙、李端、耿湋等已另有考，此处拟考索苗发、崔峒、吉中孚等人的事迹。

五

卢纶早年避乱寓居于鄱阳时，曾与吉中孚为友。但据《新唐书》卷六十《艺文志》丁部集录别集类，说他"始为道士，后官校书郎，登宏辞"。李端有《闻吉道士还俗因而有赠》(《全唐诗》卷二八五)，说："闻有华阳客，儒裳谒紫微。旧山连药卖，孤鹤带云归。柳市名犹在，桃源梦已稀。还乡见鸥鸟，应愧背船飞。"可见吉中孚原先曾一度为道士，后来还俗，大约在大历年间任校书郎之职，其间又曾归楚州故乡，卢纶、李端都有送行之诗。卢纶《送吉中孚校书归楚州旧山》(同上卷二七六)，题下自注："中孚自仙官入仕。"诗中说："青袍芸阁郎，谈笑挹侯王。旧箓藏云穴，新诗满帝乡。名高闲不得，到处人争识。谁知冰雪颜，已杂风尘色。"李端《送吉中孚拜官归楚州》(同上卷二八四)，中说:"初戴苺苔帻,来过丞相宅。满堂归道师,众口宗诗伯。须臾里巷传,天子亦知贤,出诏升高士,驰声在少年。"大约吉中孚是未经应试,因诗名为上层统治者所知,乃征召拜官的。这一点,李端的诗写得更为清楚。唐朝最高统治者以老子为本宗,素来推崇道士,由道士入仕者不乏其人。明代胡应麟在《诗薮》中就已谈及此点,其外编卷四说:"唐羽流还俗率显荣。"还举例说:"唐世以羽流显者甚众,魏玄成[1]初亦为道士,尹愔至散骑常侍,吉中孚至侍郎。"卢纶、李端上述的诗当作于大历时。至建中时,吉中孚又已为长安京兆府的万年尉。令狐楚《白杨神新庙碑》(《文苑英华》卷八七六),记太原以北雁门郡的白杨神庙事,其中有说:"建中初,吉公以万年尉为黜陟判官至此。"建中共四年(780—783),此所谓建中初,或当指建中元年,可见此时吉中孚已为万年尉[2]。韦应物在建中二年(781)在长安西郊闲居期间,也有《春日郊居寄万年吉少府中孚三原少府伟夏侯校书审》(见四部丛刊本《韦江州集》卷二),又有《春宵燕万年吉少府中孚南馆》(同上卷一)[3]。可见此时吉中孚已由校书郎改为万年尉。

卢纶有《酬苗员外仲夏归郊居遇雨见寄》(《全唐诗》卷二七六),《题苗员外竹间亭》(同上卷二七九),《春日灞亭同苗员外寄皇甫侍御》(同上卷二八〇)等诗,当作于大历时期,苗员外

---

①即魏征。

②令狐楚此文在此句之前有"户部侍郎吉公中孚申而明之"语,由此可见这里所说的万年尉吉公即系吉中孚。

③关于韦应物建中二年闲居长安西郊,可参见本书《韦应物系年考证》一文。

即苗发。按,《新唐书·卢纶传》附载苗发事,称:"发,晋卿子,终都官员外郎。"《唐诗纪事》卷三十载其诗二首:《送司空曙之苏州》《送孙德谕罢官往黔州》,并云:"发,晋卿子。终都官员外郎。"《全唐诗》卷二九五录苗发诗,也只此二诗,所载小传文字也相同。可见《唐诗纪事》《全唐诗》关于苗发事迹的记载都本之于《新唐书·卢纶传》,并无所增益。苗晋卿在肃、代时曾拜相,《旧唐书》卷一一三《苗晋卿传》称为"卜党壶关人",并载永泰元年四月卒。《新唐书》卷一四○《苗晋卿传》谓"潞州壶关人"[①],并载其十子,为:发、丕、坚、粲、垂、向、吕、稷、望、咸。则苗发为晋卿的长子。但《新唐书》卷七十五上《宰相世系表》五上,载苗晋卿之子为:收(太子通事舍人),发(驾部员外郎),丕(河南少尹),坚,粲(给事中),稷,垂,向,昌(户部员外郎),与新传所载略有不同,晋卿的长子为收,苗发为其次子,且其官职为驾部员外郎。从唐人的记载中,可以考知,苗发既曾任都官员外郎,又曾任驾部员外郎,如李嘉祐有诗题为《和都官苗员外秋夜省直对雨简诸知己》(《全唐诗》卷二○六),而李端则有《酬前驾部员外郎苗发》(同上卷二八六)。《全唐文》卷四一一常衮有《授苗发都官员外郎制》,全文为:

敕:朝散大夫、前守秘书丞、龙门县开国男苗发,德厚流光,相门才子,代重一经之业,家承万石之风。理诣精微,行归

<hr>

① 据《新唐书》卷三十九《地理志》三,河东道有潞州上党郡,壶关为其属县之一。

纯至。丽以文藻，振以英华。端其诚而有恒，敏于事而兼适。早登学省，用汰儒流。丧纪外除，素冠未改，弟兄有裕，清论多之。处以弥纶之职，当兹俊茂之选。可行尚书都官员外郎，赐绯鱼袋，散官、封如故。

常衮于大历九年由中书舍人转礼部侍郎。则此制当作于大历前期。由此制词，还可考知苗发在任都官员外郎之前曾为秘书丞，这是诸书所未及的。

苗发除了上述官职外，还曾任乐平县令。《唐才子传》卷四苗发小传说"初为乐平令"，但唐时以乐平名县的有二，一属太原府，见《新唐书》卷三十九《地理志》三河东道；一属饶州鄱阳郡，见《新唐书》卷四十一《地理志》五江南西道。《唐才子传》仅载为乐平令，但未言究为何地。今考司空曙有《送乐平苗明府》诗（《全唐诗》卷二九二），可以证明苗发确曾为乐平令，但从司空曙诗中还未能确知这一乐平究竟是在山西还是在江西。卢纶与李端也有同题之作，从诗中所写，地域就比较清楚了。卢纶《送乐平苗明府》（同上卷二八〇）中说："累职比柴桑，清秋入楚乡。"李端《送乐平苗明府得家字》（同上卷二八五）中说："本自求彭泽，谁云道里赊。山从石壁断，江向弋阳斜。"写的都是江西，可见苗发任的是属于饶州的乐平令，这时卢纶与司空曙、李端当都在长安。

唐代诗人中有诗与苗发往还的，还有耿湋，他有《春日题苗发竹亭》（《全唐诗》卷二六八）、《赠苗员外》（同上）等诗。耿湋另有《哭苗垂》诗（同上卷二六九），这一苗垂即是苗发之弟（耿湋此诗又见李端诗，载《全唐诗》卷二八六）。另外钱起有《酬苗发员外宿龙池寺见寄》(《钱考功集》卷四)，李益有《竹窗闻风寄苗发司空曙》(《全唐诗》卷二八三)，秦系有《山中奉寄钱起员外兼简苗发员外》(同上卷二六〇)等诗。需要说明的是《文苑英华》卷二五〇、《全唐诗》卷一三一载有祖咏《赠苗发员外二首》。祖咏为开元时人，苗发为大历时人，时代相距甚远，开元时苗发绝不可能即已任都官或驾部员外郎之职。今查祖咏名下的这两首诗，第一首"朱户敞高扉"，见李端《奉赠苗员外》(《全唐诗》卷二八六)，第二首"宿雨朝来歇"，也见李端诗，题作《茂陵山行陪韦金部》(同上卷二八五)。可见作祖咏著者误，祖咏与苗发时代不相及，二人根本不可能有诗篇酬答。

《新唐书·卢纶传》附载崔峒事，仅云"峒终右补阙"。《唐诗纪事》卷三十崔峒条所载稍详一些，谓："峒登进士第，为拾遗，入集贤为学士，后终州刺史，或云终玄武令。"虽较《新唐书》为详，也难于系年。今按，卢纶有《客舍喜崔补阙司空拾遗访宿》诗(《全唐诗》卷二七八)，司空曙任拾遗在大历前期，则崔峒任补阙也当在同时。戴叔伦有《送崔拾遗峒江淮(一作东)访图书》(同上卷二七三)，严维有《送崔峒使往睦州兼寄薛司户》(同上卷二六三)，大约当大历时崔峒与耿湋一样，也曾赴江淮一带搜求图书(耿湋事见本书《耿湋考》)[①]。《唐才子传》卷四崔峒小传谓："初辟潞府功曹，后历左拾遗，终右补阙。"按，卢纶有诗题为《得耿湋司法书，因叙长安故友零落，兵部苗员外发、李校书端相次倾逝，潞府崔功曹

---

①钱起有《送集贤崔八叔承恩括图书》(《钱考功集》卷六)。岑仲勉《唐人行第录》谓此崔八即崔峒，可参。

峒、长林司空丞曙俱谪远方……》(《全唐诗》卷二七七),可见司空曙为长林丞时,崔峒正为潞府功曹。司空曙有《酬崔峒见寄》诗(同上卷二九三),说:"趋陪禁掖雁行随,迁放江潭鹤发垂……嵩南春遍愁魂梦,壶口云深隔路歧……"也是司空曙贬谪长江边的长林丞时所作,"壶口云深"云云,正好说明崔峒此时谪为潞州府的功曹参军。司空曙为长林丞大约在建中或贞元初(详见本书《司空曙考》),而大历时崔峒已任拾遗、补阙等职。由此可以考知,《唐才子传》所谓"初辟潞府功曹"数句,所叙官职,前后时间误倒。

六

《旧唐书·卢简辞传》载:"朱泚之乱,咸宁王浑瑊充京城西面副元帅,乃拔纶为元帅判官、检校金部郎中。"又《新唐书·卢纶传》:"浑瑊镇河中,辟元帅判官,累迁检校户部郎中。"卢纶于德宗建中元年(780)任昭应令。泾州士卒在长安发动兵变,朱泚乘机称帝在建中四年(783),当时浑瑊与李晟、马燧等联兵收复长安,平定这场叛乱。《旧唐书》卷十二《德宗纪》上,兴元元年(784)三月,"己亥,以行在都知兵马使浑瑊检校左仆射、同平章事、灵州大都督、充朔方节度使、邠宁振武永平奉天行营副元帅。"又《旧唐书》卷一三四《浑瑊传》:"(兴元元年)七月,德宗还宫,以瑊守本官,兼河中尹、河中绛慈隰节度使,仍充河中同陕虢节度及管内诸军行营兵马副元帅;改封咸宁郡王。"据《旧传》,浑瑊自此时起,至贞元十五年卒时,一直镇守河中。在泾卒之变前,卢纶曾有

《送畅当赴山南幕》诗（《全唐诗》卷二七六），送诗人畅当从军（参本书《韦应物系年考证》）。朱泚乱时，卢纶可能一度陷于长安，他有《贼中与严越卿曲江看花》（《全唐诗》卷二七九），所谓"贼中"在曲江看花，在当时只能是在朱泚作乱的建中四年及兴元元年间。严越卿为严武之子（参《元和姓纂》卷五）。在此不久，卢纶当受浑瑊之辟，在浑瑊军幕中任职。浑瑊镇河中，他也跟随至河中，他在河中大约是在贞元前期。这时他有《奉陪浑侍中五日登白鹤楼》、《九日奉陪浑侍中登白楼》、《奉陪侍中游石笋溪十二韵》、《奉陪浑侍中上巳日泛渭河》、《奉陪侍中春日过武安君庙》等诗作（皆见《全唐诗》卷二七九）。这些都是奉陪宴游的应酬之作，无论思想与艺术，均无甚特色。但卢纶究竟是在河中军幕，军营生活较之他在大历时期在长安奉职守官来，视野要开阔多了，诗风也较为粗犷和雄放，如七言歌行体《腊日观咸宁王部曲娑勒禽豹歌》（同上卷二七七）[①]，写得很有生气，为大历十才子其他诗人所未及的。

　　卢纶在河中期间，大历时期的一些诗人，不久就大多去世了。这方面的材料见之于他的两首题目颇长的诗，一为：《得耿湋司法书，因叙长安故友零落，兵部苗员外发、秘省李校书端相次倾逝，潞府崔功曹峒、长林司空丞曙俱谪远方，余以摇落之时，对书增叹，因呈河中郑仓曹、畅参军昆季》，一为：《纶与吉侍郎中孚，司空郎中曙、苗员外发、崔补阙峒、耿拾遗湋、李校书端，风尘

---

① 诗中所写擒虎壮士娑勒，当是浑瑊的部将白娑勒，可参见《通鉴》卷二三二，贞元三年正月条。

追游向三十载,数公皆负当时盛称,荣耀未几,俱沈下泉,畅博士当感怀前踪,有五十韵见寄,辄有所酬,以申悲旧,兼寄夏侯侍御审、侯仓曹钊》(皆见《全唐诗》卷二七七)。这两首诗为我们提供了研究这些诗人事迹的重要材料。现在我们可以确知的是,畅当于贞元三年(787)已为太学博士(详见本书《戴叔伦生平系年……》一文),在此之前为参军之职,前一诗诗题中的畅参军即畅当,则此诗之作不能迟至贞元三年,即只能在贞元三年以前。司空曙于贞元四年已在四川韦皋幕(见本书《司空曙考》),在此之前为长林丞。卢纶作此诗时又在河中。因此其时间当在兴元元年(784)秋至贞元二年(786)秋之间,李端与苗发即死于这几年间,耿湋则在长安为大理司法,崔峒在潞州,司空曙在湖北的长林。大历时期相与酬唱的诗友,在几年的兵乱中,有的死去,有的远谪,使卢纶在诗中发出"鬓似衰蓬心似灰,惊悲相集老相催"的感叹。

后一诗的时间不易确定。可资考证的有两条,一是称畅当为博士,则肯定是在贞元三年以后,二是吉中孚已死,肯定是在贞元四年以后。关于吉中孚事,此处再补叙一些。按,《旧唐书·卢简辞传》:"贞元中,吉中孚为翰林学士、户部侍郎,典邦赋,荐纶于朝。会丁家艰,而中孚卒。"吉中孚事见于《旧唐书》本纪者有几处:卷十二《德宗纪》上,兴元元年六月癸丑,"考功郎中、知制诰陆贽,司封郎中、知制诰吉中孚,并为谏议大夫。"贞元二年(786)正月癸丑,"谏议大夫、知制诰、翰林学士吉中孚为户部侍郎、判度支两税,元琇判诸道盐铁、榷酒"。卷十三《德宗纪》下,贞元四年(788)"八月,以权判吏部侍郎吉中孚为中书舍人。"(又可参见

《旧唐书》卷一九〇下《文苑下·吴通玄传》："贞元初,召充翰林学士。迁起居舍人,知制诰,与陆贽、吉中孚、韦执谊等同视草。")贞元四年八月以后,即未载吉中孚事,可能此后不久即死,因而本来拟奏荐卢纶于朝的事也就作罢。《新唐书》卷六十《艺文志》丁部集录别集类著录吉中孚诗一卷,下面注中有云"贞元初卒",与上面推测的贞元四年后不久去世也大致相合。由此可见,卢纶的后一首诗,当作于贞元四年后数年间①。

从上面所引的卢纶后一长诗题,可以推知崔峒也与吉中孚差不多时候去世。崔峒的诗,《新唐书·艺文志》著录为一卷,《全唐诗》卷二九四即编其诗为一卷,约近五十首诗。《中兴间气集》卷下载其诗九首,并评云:"崔拾遗,文彩炳然,意思方雅,如'清磬渡山翠,闲云来竹房',又'流水声中视公事,寒山影里见人家',斯亦披沙拣金,往往见宝。"高仲武选载大历时期的诗人,大历十才子中只选了三人,即钱起、韩翃与崔峒,这里的评语对崔峒的诗相当赞赏。崔峒的诗格较为清新,不足之处是缺乏社会内容。大历时期有一个不著名的诗人叫王烈,曾有《酬崔峒》诗(《全唐诗》卷二九五),对他与崔峒的友情倒是写得很真挚的:"狥世甘长往,逢时忝一官。欲朝青琐去,羞向白云看。荣宠无心易,艰危抗节难。

① 现存吉中孚诗仅一首,见《全唐诗》卷二九五《送归中丞使新罗册立吊祭》。无文。据《金石录》卷八:"唐定光上人塔铭,吉中孚撰,行书,姓名残缺,贞元元年十月。"此文已佚,仅存篇目。又《唐摭言》卷十三"无名子谤议"条载吉中孚判词数句。可见他的诗文散失甚多。又明胡应麟《诗薮》外编卷四:"吉中孚列大历才子,而篇什殊不经见,独其妻张氏有《拜月》七言古,可参张籍、王建间。"张氏见《唐诗纪事》卷七十九:"张夫人,吉中孚侍郎妻。"书中载其《拜新月》诗一首。

思君写怀抱,非敢和幽兰。"王烈的诗现在仅存五首,这首酬赠崔峒的诗写得朴质有力。他另有《塞上曲》二首,也颇可读,其一云:"红颜岁岁老金微,砂碛年年卧铁衣。白草城中春不入,黄花戍上雁长飞。"

从卢纶诗题中所说"辄有所酬,以申悲旧,兼寄夏侯侍御审、侯仓曹钊"看来,卢纶写此诗时夏侯审尚在世。关于夏侯审的事迹,所知甚少,其生卒年更无法确定。看来在大历十才子中他的年岁较轻。他是直到德宗建中元年(780)才制科及第的,《唐会要》卷七十六"制科举"条载建中元年军谋越众科及第有夏侯审(又见《册府元龟》卷六四五贡举部)。及第后任校书郎之职,韦应物于建中二年(781)间在长安郊区闲居时曾有《春日郊居寄万年吉少府中孚三原少府伟夏侯校书审》诗(《韦江州集》卷二,关于此诗系年见本书《韦应物系年考证》一文)。夏侯审可能在授校书郎初期曾东归故乡,钱起有《送夏侯审校书东归》(《钱考功集》卷五),韩翃也有《送夏侯审》诗(《全唐诗》卷二四四),中说:"他日吴中路,千山入梦思。"大约是江东人。据上所述,当夏侯审步入仕途,与诸人唱酬时,大历时期已经经过去了。卢纶有《送夏侯校书归华阴别墅》(《全唐诗》卷二七六),当也在建中年间所作,此时卢纶为昭应令,与华阴邻近。夏侯审大约后来曾任参军之职(见李嘉祐《送夏侯参军游江东》,《全唐诗》卷二〇六),仕终侍御史(见《新唐书·卢纶传》附:"审,侍御史")。此外,在某一时期,夏侯审曾为宣州宁国县丞,如司空曙有《送夏侯审赴宁国》(《全唐诗》卷二九二),其中说:"如接玄晖集,江丞独见亲。"卢纶有《送宁国夏侯丞》(同上卷二八〇)。据《新唐书》卷四十一《地理志》五,宣州宣城郡所属有宁国县，天宝三载析宣城、当涂置。南朝诗人谢朓曾官宣城，因此司空曙、卢纶诗中都用谢朓的典故以喻夏侯审[①]。夏侯审任宁国县丞，为史籍所未载，只可从当时诸人的交酬诗篇中考知。李嘉祐在《送夏侯审参军游江东》诗中称其"袖中多丽句"，可惜今天见到的夏侯审诗仅存一首，题为《咏被中绣鞋》(《全唐诗》卷二九五)，无论思想与艺术均无可称，可见他的作品已散失很多。

七

贞元九年(793)至十一年(795)之间，卢纶曾因事至江西。他有《上巳日陪齐相公花楼宴》诗(《全唐诗》卷二八〇)，云："锺陵暮春月，飞观延群英。晨霞耀中轩，满席罗金琼。……"此处的齐相公当为齐映。据《旧唐书》卷十二《德宗纪》上，贞元二年正月"壬寅，以散骑常侍刘滋、给事中崔造、中书舍人齐映并守本官，同中书门下平章事"；三年正月壬子，"中书舍人、平章事齐映贬夔州刺史"(齐映于贞元二年拜相，又可参见《旧唐书》卷一三六《齐映传》)。因此卢纶诗题中称为齐相公。又据《旧唐书》卷十三《德宗纪》下，贞元八年七月甲寅，"以桂管观察使齐映为洪州刺史、江西观察使"；贞元十一年七月"辛卯，江西观察使、洪州刺史齐

---

① 李端有《送夏中丞赴宁国任》(《全唐诗》卷二八五)，其中说："楚县入青枫，长江一派通。板桥寻谢客，古邑事陶公。"从司空曙、卢纶的诗看来，李端此诗就是送夏侯审赴宁国丞的，但诗题却误作"夏中丞"，应改正作"夏侯丞"。又，李端与耿湋都有《送夏侯审游蜀》诗(见《全唐诗》卷二八五、二六八)。

映卒"。卢纶诗中说"锺陵暮春月",洪州古称锺陵,诗作于上巳春日,则应在贞元九年至十一年的暮春。至于确在何年、因何事赴江西,则已不可考知。

卢纶有《和张仆射塞下曲》六首(《全唐诗》卷二七八),其中三首为传颂之作:

> 鹫翎金仆姑,燕尾绣蝥弧。独立扬新令,千营共一呼。
> 林暗草惊风,将军夜引弓。平明寻白羽,没在石稜中。
> 月黑雁飞高,单于夜遁逃。欲将轻骑逐,大雪满弓刀。

按,这里所谓的张仆射,当为张建封。据《旧唐书》卷一四〇《张建封传》:"贞元四年,以建封为徐州刺史、兼御史大夫、徐泗濠节度支度营田观察使。……十二年,加检校右仆射。十三年冬,入觐京师,德宗礼遇加等,特以双日开延英召对,又令朝参入大夫班,以示殊宠。……十四年春上巳,赐宰臣百僚宴于曲江亭,特令建封与宰相同座而食。……建封将还镇,特赐诗。"张建封卒于贞元十六年。卢纶诗题称张仆射,当然应是在贞元十二年(796)张建封加检校右仆射之后。而据上引《旧唐书·张建封传》,卢纶此诗有极大可能作于贞元十三年冬张建封入朝及第二年贞元十四年(797—798)还镇期间①。张建封的诗今存二首:《竞渡歌》、《酬韩

---

① 权德舆有《送张仆射朝觐毕归徐州序》(《权载之文集》卷三十六),称张建封于贞元十四年春朝觐毕归徐州时,"中朝贤士大夫皆举酒为寿,征诗为礼,盖悦公之风而惜别也"。文中又盛称张建封的文才:"文锋师律,奇正相合,以气为主,与古为徒,故其缘情放言,多以莫邪自况,然则天下(转下页)

校书愈打球歌》(《全唐诗》卷二七五),其《塞下曲》原作已佚。卢纶当是在张建封入朝时,为称颂张建封的武功而作此诗,由于他已有从军河中的生活经历,因此诗中所写的边塞战争的情景,是写得有气魄的。不过这已是卢纶晚年时期的作品,距离大历时期已有十七八年了。

《旧唐书·卢简辞传》载:"太府卿韦渠牟得幸于德宗,纶即渠牟之甥也,数称纶之才,德宗召之内殿,令和御制诗,超拜户部郎中。方欲委之掌诰,居无何,卒。"《新唐书·卢纶传》也载:"尝朝京师,是时舅韦渠牟得幸德宗,表其才,召见禁中,帝有所作,辄使赓和。异日问渠牟:'卢纶、李益何在?'答曰:'纶从浑瑊在河中。'驿召之,会卒。"这是有关卢纶晚年的材料。按,韦渠牟有《览外生卢纶诗因以示此》(《全唐诗》卷三一四):"卫玠清谈性最强,明时独拜正员郎。关心珠玉曾无价,满手琼瑶更有光。谋略久参花府盛,才名常带粉闱香。终期内殿联诗句,共汝朝天会柏梁。"卢纶则有《敬酬大府二十四舅览诗卷因以见示》(同上卷二七七),前四句说:"郄公怜鬣亦怜愚,忽赐金盘径寸珠。彻底碧潭滋涸溜,压枝红艳照枯株。"对韦渠牟表示了感激之意。据岑仲勉先生《唐人行第录》考,卢纶诗题中的"大府二十四舅",大府应作太府,韦渠牟曾为太府卿。

_____

(接上页)之肯綮,适所以资公之断割耶?"文学研究所《唐诗选》谓卢纶此诗之张仆射为张延赏,并谓张延赏"唐德宗贞元三年(787)官至左仆射同平章事"。按,据《旧唐书·德宗纪》及《张延赏传》,《通鉴》卷二三二,张延赏官左仆射同平章事在贞元元年八月,贞元三年七月乃卒。《唐诗选》误记。且张延赏无文才,《唐诗选》所云不知何据。

据《旧唐书》卷一三五《韦渠牟传》，韦渠牟于贞元十二年四月，因参与儒道释三教辩说，得到德宗的宠信："渠牟枝词游说，捷口水注，上谓其讲耨有素，听之意动。数日，转秘书郎，奏诗七十韵，旬日，迁右补阙、内供奉。……岁终，迁右谏议大夫。"后又迁太府卿，赐金紫，转太常卿。贞元十七年卒。可见韦渠牟是有一定的口辩的。而且他早年还曾得到大诗人李白的赏识，曾从李白学诗，《新唐书》卷一六七《韦渠牟传》说："少警悟，工为诗，李白异之，授以古乐府。"权德舆所作韦渠牟墓志铭中也说他"年十二，善赋诗属书，未弱冠，博极今古，尤精史籍，力行过人"，后又说他"敏于歌诗，缛采绮合"（《权载之文集》卷二十三《唐故太常卿赠刑部尚书韦公墓志铭》）。权德舆以当时人为韦渠牟作墓志，当然不免有溢美之词，但韦渠牟当时能以文辞动人当是事实，问题在于他受到德宗宠信后，"颇张恩势以招趋向者，门庭填委"（《旧唐书·韦渠牟传》）。《刘宾客嘉话录》也载："贞元末，太府卿韦渠牟、金吾李齐运、度支裴延龄、京兆尹嗣道王实，皆承恩宠事，荐人多得名位。"（见《太平广记》卷一八八"权倖"韦渠牟条引）卢纶既是他的外甥，当也受到他的推荐。

据权德舆所作墓志，韦渠牟于贞元十二年（796）因讲论三教受到信用，"岁中历右补阙、左谏议大夫"，而"间一岁，迁太府卿，锡以命服；又间一岁，迁太常卿"，则是于贞元十三年（797）为太府卿，十四年（798）为太常卿，十七年（801）七月卒。卢纶诗题称韦渠牟为"太府"，则诗当作于贞元十三、四年之间。又卢纶有《奉和圣制麟德殿宴百僚》诗（《全唐诗》卷二七六），按，《旧唐书》卷十三《德宗纪》下载，贞元十四年二月，"戊午，上御麟德殿，宴文武百僚，初奏《破阵乐》，遍奏《九部乐》。……上又赋《中春麟德殿宴群臣诗》八韵，群臣颁赐有差。"《全唐诗》卷四即载有德宗《麟德殿宴百僚》等诗。由此可见，卢纶的这首《奉和圣制麟德殿宴百僚》诗，即作于贞元十四年春。这个时间，与韦渠牟于贞元十三、四年间任太府卿，卢纶和韦渠牟诗称其为"太府"等等均合。也就是说，卢纶因韦渠牟的推荐，为德宗所召见，并且"帝有所作，辄使赓和"（《新唐书·卢纶传》)，也就在这个时候。而卢纶因此也就"超拜户部郎中"（《旧唐书·卢简辞传》）。又，浑瑊卒于贞元十五年十二月，韦渠牟卒于贞元十七年七月，卢纶卒于他们二人之前（见上引《新唐书·卢纶传》），则其卒应在贞元十四年、十五年间，即公元798—799年间。卢纶的这一卒年是较有史料根据的。大历时期的诗人，恐怕要数他死得最晚了，这时，韩愈、柳宗元、白居易、张籍等都已开始走上文学舞台，唐代的诗歌与散文，都已进入一个新的发展时期。

[附记]

上文《卢纶考》关于卢纶生年的考证，应有所辨正。

《卢纶考》不同意生于公元748年（唐玄宗天宝七载）之说，主要依据为：(1)《极玄集》卷下选载卢纶诗，于其名下注云："天宝末举进士，不第。"《极玄集》编者姚合为中晚唐之际人，与卢纶的时代相距不远，其说当可信。又《旧唐书》卷一六三《卢简辞传》亦载："父纶，天宝末举进士，遇乱不第，奉亲避地于鄱阳。"(2)卢纶《晚次鄂州》诗，《全唐诗》于题下注："至德中作。"另《全唐诗》所载卢纶两诗，诗题中皆有"至德中"字样(《至德中途中书事邺寄李僴》、《至德中赠内兄刘赞》)。至德为肃宗年号(756—758),如卢纶生于748年,则此时不过十岁光景,不可能有此经历与交游。

按,以上两点在当时看来是有一定道理的,但随着研究的进展,这两点就不能成立。我于90年代初作《唐人选唐诗新编》(此书后由陕西人民教育出版社于1996年7月出版),其中《极玄集》,经查,有现藏于上海图书馆的影宋抄本,这是现存最早的《极玄集》本子,为一卷本(即不分卷),这与后来明人重刻的二卷本有明显的不同。最大的不同,是明以后的通行二卷本,所收二十一人诗,各人名下均有小传,这些小传一向以为即姚合所撰。但影宋抄本却无小传,今存南宋以前文献,也未有引录或提及《极玄集》之小传者。二卷本之小传,当系南宋以后(可能为宋元之际)书贾采掇通行所能见到的资料,剪辑而成,其间还有明显的错误(如谓钱起官"终尚书郎、太清宫使"),详见拙著《唐人选唐诗新编》中《极玄集》前记。由此可证,《极玄集》卢纶名下所云"天宝末举进士,不第",并非出自姚合。

我在作《唐才子传校笺》卢纶传笺注时,曾引述上海古籍出版社赵昌平先生的来信,他援引卢纶赠冯著诗,并加考述,认为卢纶诗中"八岁始读书,四方遂有兵",当即指天宝末(详见《唐才子传校笺》第二册,卷四,中华书局1989年3月出版)。

又上海古籍出版社曾于1989年9月出版刘初棠先生《卢纶诗集校注》,中云《晚次鄂州》题下"至德中作"四字,唐人所编《才调集》即无此注。另外两首诗题中"至德中"字也恐为后人所加。

另有一新材料发现。1991年5月，我应西安联合大学与蓝田县人民政府之邀，参加王维诗歌研讨会，会议期间结识了蓝田县中学教师王文学同志。王文学同志向我提供了一个信息，说1990年5月在长安县韦曲北塬发现一块墓志，志主名卢绶，乃卢纶之弟。这引起了我很大兴趣，就请求他设法把墓志的拓片给我寄一份。王文学同志后来寄给我一份，我遂就此写了《卢纶家世事迹石刻新证》一文（刊于南京大学中文系编的《文学研究》第1期，南京大学出版社，1992年5月）。

这篇墓志题为《大唐故卢府君墓志铭》，志中提及卢绶之兄为"户部郎中府君讳纶"。志文一开始即言："唐元和五年三月廿四日，河中府宝鼎县尉范阳卢府君终于邠州新平县长乐里第，享年六十。"元和五年为公元810年，享年六十，则其生年为天宝十载（751）。此为确数，而卢纶为其兄，则纶生于天宝七载（748），于情事正合。

此墓志对考证卢纶家世，亦有助益，详参拙文《卢纶家世事迹石刻新证》，此不赘。

耿湋考

一

　　耿湋的生年无可考,闻一多先生《唐诗大系》虽定其生年为734年(开元二十二年),实则并无根据。耿湋事迹最早可以记述的是宝应二年(763)登进士第。据姚合《极玄集》卷上耿湋评语云:"或作纬。宝应二年进士。"《直斋书录解题》卷十九诗集类上也作宝应二年,至元辛文房的《唐才子传》(卷四)记载得更为具体,说是"宝应二年洪源榜进士"。徐松《登科记考》卷十即根据《唐才子传》定宝应二年进士科的状元为洪源,登第者则有耿湋等①。但晁公武《郡斋读书志》卷四上别集类记耿湋为宝应元年(762)进士,清人编的《全唐诗》同此,不知晁氏有何根据。据徐

────────

① 马茂元《唐诗选》关于耿湋的记述,说他字洪源,实则据《唐才子传》,洪源为另一人,系宝应二年进士榜的榜首。此当是沿袭《全唐诗》卷二六八耿湋小传之误。

松《登科记考》(卷十),宝应元年停贡举,则当以宝应二年为是。

　　耿湋于进士登第后授何官职,史无明载。《极玄集》说:"宝应二年进士,官至左拾遗。"《郡斋读书志》谓:"宝应元年进士,为左拾遗。"《直斋书录解题》仅称:"耿湋集二卷;唐右拾遗河东耿湋撰,宝应二年进士。"至于《新唐书》所载则更简单,其《艺文志》四,丁部集录别集类只说是"耿湋诗集二卷";卷二〇三《文艺传下·卢纶传》所附也只是简单的一句话:"湋右拾遗。"到《唐才子传》,对他的事迹才总算多写了一些,说:"湋,河东人也。宝应二年洪源榜进士。与古之奇为莫逆之交。初为大理司法。充括图书使来江淮,穷山水之胜。仕终左拾遗。"但根据现有材料考察耿湋的事迹,《唐才子传》这里的叙述,实有可疑与不确切之处;当然,还有可以补充其不足的。

二

　　《唐诗纪事》卷五十六雍陶条曾记载说:"唐诗人最重行卷,陶首篇上裴度,或云耿湋行卷首篇上第五琦,遂指为二子邪正。虽然,方琦未有衅时,上诗亦何足多怪。"所谓行卷,是唐代士子在应试前先以所作诗文投于当时的达官贵人或知名之士,希求引荐,造成声誉,以利于登第。因此,行卷先投于谁,不只影响考试的结果,而且影响个人的名声及今后的仕途,因此《唐摭言》卷十五《旧话》门有"卷头有眼"的话,注云:"投谒必其地也。"《唐诗纪事》的这条记载也说明当时的这种风气。这条记载的作者倒是为耿湋辩护的，但他所说的这一事实前提却有问题。

考现在所存耿湋诗，保存于《全唐诗》的，有关第五琦的诗共有两篇，一是《奉和第五相公登鄱阳郡城西楼》(《全唐诗》卷二六九)，这是大历时耿湋充括图书使经饶州所作，后面要谈到；另一是《得替后书怀上第五相公》(卷同上)，诗为："谁语恓惶客，偏承顾盼私。应逾骨肉分，敢忘死生期。山县唯荒垒，云屯尽老师。庖人宁自代，食蘖谬相推。黄绶名空罢，青春鬓又衰。还来扫门处，犹未报恩时。独立花飞满，无言月下迟。不知丞相意，更欲遣何之。"这首诗所说的第五相公，当然是指第五琦，但据《旧唐书》卷一二三《第五琦传》，及卷十《肃宗纪》，第五琦是以乾元二年(759)三月以户部侍郎同中书门下平章事，同年十一月，因滥铸钱币，造成经济混乱，贬为忠州长史，又配流夷州。而耿湋此诗的诗题称"得替后书怀"，诗中又说"山县唯荒垒"，"黄绶名空罢"，无疑是作于宝应二年(763)登进士第后授官而又罢任时所作，可知这首诗根本不是行卷之作。《唐诗纪事》的这一记载不知出于何书，作此记载者可能看见诗题有"上第五相公"字，就当作行卷一类的作品了。

但耿湋此诗对于我们考证其行迹却有帮助。据上所述，第五琦仅于乾元二年约有八个月时间任宰相之职，随即受到贬谪，后来量移为朗州刺史。据《旧唐书》卷十一《代宗纪》，广德元年(763)十月吐蕃犯长安，代宗出奔陕州，郭子仪率师谋收复京城，就以"朗州刺史第五琦为京兆尹、兼御史大夫"。广德二年(764)，正月，"罢度支使，以户部侍郎第五琦专判度支及诸道盐铁、转运、铸钱等使"。大历元年(766)正月，又与刘晏分领天下财赋，"第五琦充京畿、关内、河东、剑南西道转运、常平、铸钱、盐铁等使。"直至宦官鱼朝恩于大历五年（770）正月被杀，第五琦因与鱼朝恩亲近，坐牵连而被贬为处州刺史。第五琦于肃、代两朝较长时期管理财政，并在大历初年与著名理财家刘晏分掌全国财赋，可见还是有一定才干的。

今考戴叔伦有《酬盩厔耿少府湋见寄》诗（《全唐诗》卷二七三）："方丈萧萧落叶中，暮天深巷起悲风。流年不尽人自老，外事无端心已空。家近小山当海畔，身留环卫荫墙东。遥闻相访频逢雪，一醉寒宵谁与同。"唐时县尉称少府。从诗题可知，耿湋此时任盩厔尉。盩厔是京兆的畿县之一。联系以上所述第五琦的历官，他于大历元年正月与刘晏分工，所管辖的范围大致是潼关以西的地区，其中就有京畿。我们有理由推断，耿湋于宝应二年进士登第以后，即授为盩厔县尉，大约至大历初年得替，因而作诗上呈第五琦，其后即入朝任拾遗之职。所谓"山县唯荒垒，云屯尽老师"，所写也是有时代特点的。就在大历元年的前一年永泰元年（765），八九月间，仆固怀恩引诱吐蕃等兵数十万众进犯长安西边，前锋直达凤翔府与盩厔县，郭子仪等又率兵救援，九月"己酉，郭子仪自河中至，进屯泾阳，李忠臣屯东渭桥，李光进屯云阳，马璘、郝玉屯便桥，骆奉仙、李伯越屯盩厔，李抱玉屯凤翔，周智光屯同州，杜冕屯坊州"（《旧唐书》卷十一《代宗纪》）。但尽管当时唐朝的这些有名镇将分屯京城四郊，吐蕃等合围的形势仍未能打开，直到十月间郭子仪单骑赴回纥营，拆散回纥与吐蕃的联盟，才逼使吐蕃军队离去，而长安以西的州县又遭受一次兵乱的破坏。从这些情况看来，耿湋这首上第五琦的诗作于大历初年，这一推断是较为合理的。由此可知,他在登进士第后大约有三、四年的时间任盩厔尉,在此之后,即入朝任左拾遗(一说右拾遗),而与卢纶等相往还。这一点,过去的耿湋材料是从未道及的。

三

《唐才子传》说耿湋曾“充括图书使来江淮”。此事见于卢纶《送耿拾遗湋充括图书使往江淮》诗(《全唐诗》卷二八〇):“传令收遗籍,诸儒喜饯君。孔家唯有地,禹穴但生云。编简知还续,虫鱼亦自分。如逢北山隐,一为谢移文。”《唐才子传》所记当本于卢纶的诗题。现在所要考证的是耿湋充括图书使的时间。

由上所述,耿湋于大历初年由盩厔尉入为左拾遗。卢纶有《同耿湋司空曙二拾遗题韦员外东斋花树》诗(《全唐诗》卷二七九)。所谓韦员外花树,在当时的长安是著名的园林形胜之地,岑参有《韦员外家花树歌》(四部丛刊本《岑嘉州诗》卷二),独孤及有和岑参的诗,题为《同岑郎中屯田韦员外花树歌》(《毗陵集》卷二),岑参与独孤及的这两首诗作于永泰元年(765),这时他们二人都在长安①。另外,李端也有《韦员外东斋看花》诗(《全唐诗》卷二八五)。岑参与独孤及的诗是七言,卢纶与李端的则是五言,当不是同时所作。耿湋另有《秋晚卧疾寄司空拾遗曙卢少府纶》(《全唐诗》卷二六八),卢纶则于大历初几年为阌乡尉(也可能

①参闻一多《岑嘉州系年考证》,见《唐诗杂论》。

是昭应尉,见本书《卢纶考》)。由此可见,大历前期,卢纶、耿湋、司空曙、李端等都在长安,耿湋与司空曙则同时任拾遗之职。

耿湋有《奉送蒋尚书兼御史大夫东都留守》(《全唐诗》卷二六九),说:"副相威名重,春卿礼乐崇。锡珪仍拜下,分命遂居东。高斾翻秋日,清铙引细风。蝉稀金谷树,草遍德阳宫。……"所谓副相,即指御史大夫,唐时御史大夫有亚相之称。这里的蒋尚书,为蒋涣。蒋涣,新旧《唐书》无传,据《旧唐书》卷十一·《代宗纪》,大历七年(772)五月"癸亥,以检校礼部尚书蒋涣充东都留守"。耿湋诗中"高斾翻秋日"云云,写的是秋日,当是蒋涣受命是在五月,而成行则在秋天。由此可见,大历七年秋,耿湋尚在长安,他之往江淮求遗书,当在大历七年以后。

《颜鲁公文集》(四部丛刊影明刊本)卷十五载《送耿湋拾遗联句》:

> 尧舜逢明王,严徐得侍臣。分行接三事,高兴柏梁新。(真卿)楚国千山道,秦城万里人。镜中看齿发,河上有烟尘。(湋)望阙飞青翰,朝天忆紫宸。喜来欢宴洽,愁去咏歌频。(真卿)顾盼情非一,暌携处亦频。吴兴贤太守,临水最殷勤。(湋)

这首联句是当时的湖州刺史(湖州一名吴兴)颜真卿送耿湋归朝之作,诗中所写即是耿湋奉使搜求图书之事。据唐令狐峘《颜鲁公神道碑铭》,殷亮《颜鲁公行状》,宋留元刚《颜鲁公年谱》(皆见《颜鲁公文集》附录),以及《旧唐书》卷一二八、《新唐书》卷一五三《颜真卿传》,颜真卿于大历七年九月除湖州刺史,大历八年正月抵任,大历十二年(777)四月自湖州召还,八月为刑部尚书。又据梁肃《送耿拾遗归朝廷序》(《文苑英华》卷七二五):

> 国家方偃武事,行文道,命有司修图籍,且虑有阙文遗编,逸诗坠礼,分命史臣求之天下,若汲冢墓陵山穴之徒,必从而搜焉。拾遗耿君于是乎拥轻轩,奉明诏,有江湖之役,亦勉已事,将复命阙下。七月乙未,改辕而西,将朝夕论思,左右帝宸,用广乎天禄石渠之籍,托讽求吟咏情性之作。当尧舜之聪明,魏丙之谟猷,以拾遗之才之美,其翰飞远迩,不可度已,众君子盖将贺不暇。彼吴秦离别,于我何有,作者之志,小子承命而序之。

这也是梁肃在吴中送耿湋归朝之作,时间是在七月。由此可知,耿湋之充括图书使往江淮,以及还朝,当在大历八年(773)至十一年(776)秋的四年之内。因为颜真卿既然在湖州刺史任内送耿湋,作联句诗,则当在颜真卿离任之前,而颜之离湖州任在大历十二年五月,梁肃送耿湋序则在七月,因此耿湋之归朝最晚不得超过大历十一年秋。

由上所引的卢纶送耿湋赴江淮诗,以及颜真卿、梁肃送耿湋还朝之作,都称耿湋为拾遗,梁肃序中还说“分命史臣求之天下”。可见耿湋这次是以左拾遗之职充使的。但《唐才子传》却说:“初为大理司法。充括图书使来江淮,穷山水之胜。仕终左拾遗。”似乎耿湋充括图书使前未任拾遗,而为大理司法,直至还朝之后,才

"仕终左拾遗"。这完全把事情颠倒了。事实是,卢纶在建中末、贞元初作诗提及耿湋、司空曙等人时,才称耿湋为司法(详见《卢纶考》文)。据《新唐书》卷四十七《百官志》二,左拾遗属门下省,官阶为从八品上,又卷四十八《百官志》三,大理寺所属有司直,官阶为从六品上。司直当即为司法。则耿湋由拾遗为大理司直,正是正常的升迁次序,不可能初为大理司直,未有其他事故反而降阶为左拾遗之事。

　　耿湋这次出使,在浙江还曾与严维、刘长卿、秦系等诗人唱酬。严维有《酬耿拾遗题赠》(《全唐诗》卷二六三):"掩扉常自静,驿吏忽传呼。水巷惊驯鸟,藜床起病躯。顾身悲欲老,戒子力为儒。明日公西去,烟霞复作徒。"耿湋则有《赠严维》(《全唐诗》卷二六八),以严维比之为东晋的许询,说是:"许询清论重,寂寞住山阴。"这时严维任诸暨尉,不久即赴河南严郢幕。大约大历十一、二年间,刘长卿正被贬谪为睦州司马^①,他有送耿湋的一首七言律诗,题为《送耿拾遗归上都》(《刘随州集》卷八):"若为天畔独归秦,对水看山欲暮春。穷海别离无限路,隔河征战几归人。长安万里传双泪,建德千峰寄一身。想到邮亭愁驻马,不堪西望见风尘。"刘长卿比梁肃高明之处,就是梁肃的序中只是一味地写什么偃武修文,刘长卿的诗已经见到大历末年逐渐酝酿着藩镇的新混战了。刘长卿大历十一年前即已为睦州司马,这个时间与上面所考的耿湋充使求书的时间正好相合。

　　另外,长期隐居于越中的隐逸诗人秦系,这时也有《山中赠耿

---

① 以上关于严维与刘长卿事迹均见本书《刘长卿事迹考辨》一文。

拾遗漳兼两省故人》之作(《全唐诗》卷二六〇)。

从卢纶的诗中,可知耿漳在贞元三年以前尚在长安,为大理司法,大约贞元三年以后的数年间去世,确切的卒年无考(详见《卢纶考》一文)。

四

耿漳于宝应二年登进士第时,安史之乱还未平定。进士登第后任盩厔尉时,又碰到吐蕃、回纥等的侵扰。只是在大历前期任左拾遗时还算是相对平静的时期,但不久他又遇上了朱泚之乱。他的一生确实是久经离乱的。这些在他的诗作中都有所反映。他所经过的地方也较广,据戴叔伦的《送耿十三漳复往辽海》(《全唐诗》卷二七三),他似曾从军于辽城一带,诗中说:"仗剑万里去,孤城辽海东。……辕门正休暇,投策拜元戎。"他也到过西北。因此他有好几首以边塞为题材的诗篇,一般是写得比较真切的,也有一定的思想内容,如《凉州词》(《全唐诗》卷二六九):

> 国使翩翩随旆旌,陇西歧路足荒城。毡裘牧马胡雏小,日暮蕃歌三两声。

又如《塞上曲》(卷同上),写从小在边疆从事鞍马干戈的将士,并未受到应有的赏赐,年老时仍在边塞度过晚年:"懒说疆场曾大获,且悲年鬓老长征。塞鸿过尽残阳里,楼上悽悽暮角声。"

不过耿湋较好的诗还是反映他那一时代的破败荒落。看来他的生活是并不富裕的,一再叹贫伤病,如:"贫病催年齿,风尘掩姓名。"(《华州客舍奉和崔端公春城晓望》,《全唐诗》卷二六八)"贫病仍为客,艰虞更问津。"(《酬李文》,同上)"贫病休何日,艰难过此身。"(《赠兴平郑明府》,同上卷二六九)他似乎曾因某事贬谪至许州,如《赴许州留别洛中亲故》(同上卷二六八):"淳风今变俗,末学误为文。幸免投湘浦,那辞近汝坟。"又《许下书情寄张韩二舍人》(同上卷二六九),其中说:"谪宦军城老更悲,近来频夜梦丹墀。银杯乍灭心中火,金镊唯多鬓上丝。"时代的纷乱和他个人的遭际,使他的诗篇带上感伤的色彩,写出经过长年战乱后的荒凉情景,如:

> 日暮黄云合,年深白骨稀。旧村乔木在,秋草远人归。废井莓苔厚,荒田路径微。唯余近山色,相对似依依。(《宋中》,《全唐诗》卷二六八)
> 落日向林路,东风吹麦陇。藤草蔓古渠,牛羊下荒冢。骊官户久闭,温谷泉长涌。为问全盛时,何人最荣宠。(《晚次昭应》,同上)

他对人民所遭受的苦难是深表同情的,著名的如《路傍老人》(《全唐诗》卷二六九):"老人独坐倚官树,欲语潸然泪便垂。陌上归心无产业,城边战骨有亲知。余生尚在艰难日,长路多逢轻薄儿。绿水青山虽似旧,如今贫后复何为。"写贫苦老人无所依靠、走投无路的处境,使人读了仿佛透不过气来,这是肃、代时期的真

实写照,比起那一时期大多数奉呈达官贵人的粉饰时世之作,当然有价值得多。耿湋还有一首《赠田家翁》(同上卷二六八):

> 老人迎客处,篱落稻畦间。蚕屋朝寒闭,田家昼雨闲。门间新薤草,蹊径旧谙山。自道谁相及,邀予试往还。

这首诗可能还带有封建士大夫的那种生活趣味,但对农村生活的自然和真朴,作者是抱着向往的心情的。这样的诗,在当时也是不可多得的。

据陆游《老学庵笔记》所载,宋代的苏辙作诗,还有意用耿湋的句子,其书卷四书:"唐拾遗耿湋《下邽喜叔孙主簿郑少府见过》诗云:'不是仇梅至,何人问百忧。'苏子由作绩溪令时有赠同官诗云:'归报仇梅省文字,麦苗含穟欲蚕眠。'盖用湋语也。近岁均州刻本辄改为'仇香'。"按,耿湋此诗见《全唐诗》卷二六八,题作《下邽客舍喜叔孙主簿郑少府见过》,系五律,所引"不是仇梅至,何人问百忧"为诗的末二句。全诗则无甚特色。耿湋诗以清淡质朴见长,是十才子中最接近于宋诗者。但如"横空过雨千峰出,大野新霜万壑铺"(见《全唐诗》卷八八三补遗二,题为《九日》),写的是有气势的,代表了他的诗风的另一面。

司空曙考

一

关于司空曙事迹的记载，始见于姚合《极玄集》卷上，云："字文初，广平人。举进士，贞元中水部郎中，终虞部郎中。"后又见于《新唐书》卷二〇三《文艺下·卢纶传》附："曙字文初，广平人。从韦皋于剑南，终虞部郎中。"这是唐宋时候人的记载，虽稍嫌简略，但大致不差，而从元代辛文房的《唐才子传》起，记载似乎较详了，但却出现了错误以及含混不清的地方。《唐才子传》卷四司空曙小传说：

> 曙字文明，广平人也。磊落有奇才。韦皋节度剑南，辟致幕府。授洛阳主簿，未几迁长林县丞，累官左拾遗，终水部郎中。

此处关于司空曙所历官职的叙述较《极玄集》与《新唐书》详细，

也提供了一些有参考价值的线索，但官职迁转的次序却十分混乱，其中也影响了后人关于他的事迹的记述。举一个例子：《唐才子传》先说"韦皋节度剑南，辟致幕府"，然后又历述洛阳主簿、长林县丞、右拾遗等等，接着说："终水部郎中。"而本文在下面所提供的无容争辩的材料，说明司空曙在韦皋的剑南西川节度使幕中时，所带的官衔正是水部郎中，二者实为同一时间的事。唐代文士一方面在节镇使府中任职，一方面又同时带有京朝官的官衔，这在当时极为常见。《唐才子传》却将此分为前后两事，而清人所编的《全唐诗》，其卷二九二司空曙小传也说："从韦皋于剑南，贞元中为水部郎中。"马茂元《唐诗选》关于司空曙的简略介绍也说："韦皋任剑南节度使时，曾招致幕府。德宗时官水部郎中。"都把在韦皋使府中任职与官水部郎中截然分为二事，显然都是未经检核有关史籍，照抄《唐才子传》，因而误载。

二

司空曙的籍贯与字，过去的记载都有歧异，难于确定。

关于籍贯，有下列几种记载：

一、京兆人，或河内人。《元和姓纂》卷二："司徒……京兆上元润州刺史司徒袭成云河内入，署，虞部郎中；孙图。"此处因文字脱误，不可卒读。据岑仲勉先生《元和姓纂四校记》，说《姓纂》原文"司徒"一节，自"禹为尧司徒"至此处所引，"皆司徒兼冒司空之文也，应补目，别为一条"。意即此处所引的京兆司徒，应作京

兆司空。《四校记》又说此处的"成",库本作"或";"入",库本作
"人"。又据《新唐书》卷一九二《张巡传》:"始,肃宗诏中书侍郎
张镐代(贺兰)进明节度河南,率浙东李希言、浙西司空袭礼、淮南
高适、青州邓景山四节度掎角救睢阳。"则《姓纂》的"袭"字下脱
一"礼"字。"署"又为"曙"之误字。因此,《姓纂》的这段文字,
应作:

> 司空……京兆　上元润州刺史司空袭礼,或云河内人;
> 曙,虞部郎中;孙图。

但即使如此,也还有问题。这里并没有记载司空曙与司空袭礼的
关系,按照《姓纂》的体例,是应标明其亲属关系的。司空袭礼,
新旧《唐书》无传。司空曙本人的诗作中从未提及司空袭礼,或说
及在他的家族中上元时曾官润州刺史者。另外,《姓纂》又说司空
曙之孙为司空图。司空图是晚唐时的著名诗人,新旧《唐书》有专
传。《旧唐书》卷一九〇下《文艺下·司空图传》,说他是临淮人,
其曾祖名遂,祖名象,父名舆;《新唐书》卷一九四《卓行·司空图
传》则称图为河中虞乡人,其父名舆。无论籍贯与先世,都与《姓
纂》完全不同。而且《元和姓纂》的作者林宝是中晚唐之际的人,
其时代较司空图为早。因此,《姓纂》的"孙图"二字当为后人附
会加入。既然如此,司空曙是否应列在司空袭礼之后,林宝是不是
会搞错,也是可以怀疑的。

又,宋陈振孙的《直斋书录解题》卷十九诗集类上于"司空文
明集二卷"下,称"唐虞部郎中京兆司空曙",也说司空曙是京兆

人。陈振孙是抄自《元和姓纂》，还是别有所据，不详。

二、广平人。关于司空曙是广平人，见于上面已引过的《极玄集》与《新唐书·卢纶传》，也见于《唐才子传》、《全唐诗》小传等。这里也有问题。按，唐时地名称广平的不止一处，如《新唐书》卷四十二《地理志》六，剑南道的恭州恭化郡，"开元二十四年以静州之广平置"，静州也属剑南道。恭州所属县有名和集者，"本广平，天宝元年更名"。可见广平曾为剑南道恭州恭化郡的一个属县。但这一广平县地处西南僻远之地，与司空曙的行迹不相涉，当不会是他的籍贯所在之地。另外，据《新唐书》卷三十九《地理志》三，河北道有洺州广平郡，其属县有永年、平恩、临洺、鸡泽、肥乡、曲周等。又同卷载幽州范阳郡属县有广平："天宝元年析蓟置，三载省，至德后复置。"则广平一为郡名，属河北道，在现在河北省邯郸专区永年县；一为县名，属幽州范阳郡，在现在的北京附近。

按，司空曙有《贼平后送人北归》（《全唐诗》卷二九二）："世乱同南去，时清独北还。他乡生白发，旧国见青山。晓月过残垒，繁星宿故关。寒禽与衰草，处处伴愁颜。"这首诗描写北方遭受安史之乱的大破坏以后的情景，很有认识价值。诗题所谓"贼平"，诗中所谓"时清"，当指代宗广德元年（763）正月，史朝义带领乱军残部逃奔到范阳，走投无路，自缢而死，前后历经九年之久的安史之乱总算得以平定。这首诗是司空曙送他友人北归的，所谓北归，范围当然是比较广泛，但我们知道，长安早于肃宗至德二载（757）九月即已收复，在这之后，由于唐朝统治者上层互相之间的利害矛盾和指挥无能，战事一直主要在河南进行，直至宝应元年（762）冬唐军才进入河北大部，第二年广德元年正月最后消灭史朝义军，范阳收归唐的版图。联系这些历史事实,则司空曙这首诗送人北归要待"贼平后",诗中又说"他乡生白发,旧国见青山",那末他应当是河北一带的人,——但是,他的所谓广平人,是指广平郡,还是幽州的广平县,则还是不能确定,因为这首诗再没有提供更多的情况,而司空曙的其他诗作,以及他的友人涉及他的有关诗作,也都没有记载他的籍贯问题。

总起来说,司空曙为京兆人,或河内人,可能性似不大,他当是广平人,而这个广平,是河北的广平郡,还是幽州的广平县,根据现有的材料,还难于最后确定。

关于他的字,也有两说。马茂元《唐诗选》是说他"字文明",并有注,说《新唐书》作文初,此系据《唐才子传》。但《新唐书》成书远在《唐才子传》之前,而且它是记述唐代史事的专书,在它之前,《极玄集》也已称司空曙"字文初"。看来司空曙的字作文明是较妥当一些的。

其实,司空曙的友人,在他们与司空曙酬赠的诗篇中已称司空曙的字为文明,如卢纶《春日忆司空文明》(《全唐诗》卷二七八),李端《九日赠司空文明》(同上卷二八四),《杂歌呈郑锡司空文明》(同上),《秋日旅舍别司空文明》(同上卷二八五),《江上喜逢司空文明》(同上),等等。这样的例子甚多,何必求之于元人所作的《唐才子传》?

但是另外,司空曙字文初,也不独《极玄集》与《新唐书》,贞元四年(788)符载在成都作《剑南西川幕府诸公写真赞并序》(《全唐文》卷六九〇),这时司空曙正在剑南西川幕府(关于此事,后文将详细论及),为符载所赞的"诸公"之一。关于司空曙的赞,符载即题为:"水部司空郎中曙字文初。"这也是司空曙同时代人的著录。因此,关于他的字,我们从文献材料出发,只能说,一说为文明,一说为文初。

三

关于司空曙事迹的材料,现在所存的实在太少,因此有关他的生平,特别是他早年生活的情况,所能考见的也极少。

据上面所引的《贼平后送人北归》诗,说"世乱同南去,时清独北还",则安史之乱发生时,司空曙曾避乱到南方一带居住,安史之乱平定后不久,还滞留南方。又说"他乡生白发,旧国见青山",所谓"生白发",则当是中年以后了,如果此诗作于安史乱平后数年间,即广德年间(763—764),则其生年或当在 720 年左右。闻一多先生《唐诗大系》定其生年为 740 年,则至广德时司空曙才二十余岁,就不应说"他乡生白发"的话。

大约永泰元年(765)到大历二年(767)期间,司空曙已在长安。常衮有《晚秋集贤院即事寄徐薛二侍郎》诗(《全唐诗》卷二五四),当时卢纶、独孤及、钱起和司空曙都有和作,卢纶为《和常舍人晚秋集贤院即事十二韵寄赠江南徐薛二侍郎》(《全唐诗》卷二七六),独孤及为《和中书常舍人晚秋集贤院即事寄赠徐薛二侍郎》(《毗陵集》卷三),钱起为《奉和中书常舍人晚秋集贤院即事》(《钱考功集》卷七),司空曙为《奉和常舍人晚秋集贤院即事寄徐薛二侍郎》(《全唐诗》卷二九三)。按,《旧唐书》卷一一九

《常衮传》:"永泰元年,迁中书舍人。……时朝廷多事,西北边虏,连为寇盗,衮累上章陈其利害,代宗甚顾遇之,加集贤院学士。大历元年,迁礼部侍郎,仍为学士。"(《新唐书》卷一五〇《常衮传》未载官职迁转的年岁)《旧唐书》本传说常衮于大历元年由中书舍人迁为礼部侍郎,时间有误。据《旧唐书》卷十一《代宗纪》,大历九年四月,"甲申,中书舍人常衮率两省官一十八人诣阁请论事",可见此时常衮尚为中书舍人。《旧唐书·代宗纪》又载同年十二月庚寅,"中书舍人常衮为礼部侍郎"。《唐语林》卷八累为主司条,载常衮典大历十年、十一年、十二年贡举。大历九年十二月任命为礼部侍郎,第二年春典贡举,正合于唐朝科试的惯例。可见《旧唐书·常衮传》所说的大历元年应是大历九年之误。司空曙等人诗题称常衮为中书舍人,则当在永泰元年至大历九年之间。又,独孤及于大历三年五月出为濠州刺史(详见本书《皇甫冉皇甫曾考》),诸人的和作又都说是"晚秋",则作诗的时间就更可缩短在永泰元年至大历二年的三年之内,这时司空曙已在长安,且与卢纶、钱起等人酬唱了。

这时司空曙有何官职,尚无确切材料能够说明。耿湋有《秋晚卧疾寄司空拾遗曙卢少府纶》诗(《全唐诗》卷二六八),称司空曙为拾遗,卢纶为少府,少府为县尉的称呼。据《新唐书》卷二〇三《文艺下·卢纶传》:"大历初,数举进士不入第。元载取纶文以进,补阌乡尉。累迁监察御史,辄称疾去。坐与王缙善,久不调。"卢纶也有《将赴阌乡灞上留别钱起员外》(《全唐诗》卷二七六)。按,元载于宝应元年(762)五月行中书侍郎拜相,直至大历十二年(777)三月被杀。元载被杀,王缙也因同党而被贬。由此看来,卢纶之为阌乡尉,似当在大历前期。再据耿湋此诗,卢纶任阌乡尉之时,司空曙为拾遗,其时也当在大历前期。

《唐才子传》说司空曙曾任洛阳主簿。此事在司空曙的诗中未有记载,卢纶有诗题为《洛阳早春忆吉中孚校书司空曙主簿因寄清江上人》(《全唐诗》卷二七八),《早春游樊川野居却寄李端校书兼呈崔峒补阙司空曙主簿耿湋拾遗》(同上卷二七九),称司空曙为主簿。前一诗是卢纶在洛阳作,但只是说"忆吉中孚校书司空曙主簿",似并不能由此就说司空曙即为洛阳主簿;后一诗是长安时所作,说是"兼呈……司空曙主簿……",就更不能断定他为洛阳主簿。因此,《唐才子传》所说的司空曙曾任洛阳主簿,只可作为参考,而未能找到直接的例证。

如果司空曙确曾任洛阳主簿,那就只能在他任左拾遗之前,而不能在任左拾遗之后,因为他在左拾遗任中,即因某事而被贬外出为长林县丞。

四

《唐才子传》载司空曙曾为长林县丞,但未言时间。今按,司空曙有《秋日趋府上张大夫》诗(《全唐诗》卷二九二):"重城洞启肃秋烟,共说羊公在镇年。鞞鼓暗惊林叶落,旌旗遥拂雁行偏。石过桥下书曾受,星降人间梦已传。谪吏何能沐风化,空将歌颂拜车前。"此诗说"羊公在镇",用西晋时羊祜为都督荆州诸军事的典故(见《晋书》卷三十四《羊祜传》),可见这个张大夫这时镇江陵,而司空曙则因贬谪而在其属下。据《新唐书》卷四十《地理志》四，"江陵府江陵郡，本荆州南郡，天宝元年更郡名"；所属县八，长林即其中之一。

这个张大夫是谁？考《旧唐书》卷十二《德宗纪》上，建中三年三月戊戌，"以岭南节度使张伯仪检校兵部尚书，兼江陵尹、御史大夫、荆南节度等使"。诗中称张大夫，是因张伯仪带御史大夫的官衔。张伯仪有传，附《新唐书》卷一三六《李光弼传》之后，但传中只说"后为江陵节度使"，没有说在何年。又《旧唐书》卷十二《德宗纪》上，贞元元年四月"丁丑，以江西节度使嗣曹王皋为江陵尹、荆南节度使"。则张伯仪为荆南节度使的时间是在建中三年（782）三月以后，贞元元年（785）以前。又司空曙有《送高胜重谒曹王》诗（《全唐诗》卷二九二）："江上青枫岸，阴阴万里春。朝辞郢城酒，暮见洞庭人。兴比乘舟访，恩怀倒屣迎。想君登旧榭，重喜扫芳尘。"从这首诗看来，司空曙是在某年的一个春日，在江陵送高胜赴湖南去谒见曹王李皋。据《旧唐书》卷十二《德宗纪》上，李皋于建中元年（780）四月为潭州刺史、湖南团练观察使，建中三年（782）十月又转为洪州刺史、江西节度使。联系上面所说的司空曙《秋日趋府上张大夫》诗，张伯仪建中三年三月为荆南节度使，则送高胜的诗最晚不得迟于建中三年春，也就是说建中三年春或在此之前，司空曙已贬为长林丞。

又戴叔伦《赠司空拾遗》诗（《全唐诗》卷二七三）："侍臣何事辞云陛，江上弹冠见雪花。望阙未承丹凤诏，开门空对楚人家。陈琳草奏才还在，王粲登楼兴不赊。高馆更容尘外客，仍令归去待琼华。"诗中说"开门空对楚人家"，又以王粲于荆州登楼比喻司空曙,可见作此诗时,戴叔伦乃在荆州见到司空曙,而司空曙乃由左拾遗而贬为长林丞,因此说"侍臣何事辞云陛,江上弹冠见雪花"。戴叔伦曾于建中四年(783)冬奉江西节度使李皋之命赴奉天朝见德宗,第二年兴元元年初又自奉天返回江西(详见本书《戴叔伦事迹的系年及作品真伪的考辨》一文)。可能是他在这次往返的途中过江陵时见到司空曙的。

卢纶有《送张调参军侍从归觐荆南因寄长林司空十四曙》(《全唐诗》卷二七六):"玉勒侍行襜,郄超未有髯。守儒轻猎骑,承诲访沈潜。云势将峰杂,江声与屿兼。还当见王粲,应念二毛添。"卢纶的诗题明确标明司空曙这时在长林,并且也以王粲比司空曙。司空曙则有《酬郑十四望驿不得同宿见赠因寄张参军》(《全唐诗》卷二九二):"逢君喜成泪,暂似故乡中。谪宦犹多惧,清宵不得终。月烟高有鹤,宿草净无虫。明日郄超会,应思下客同。"这二首诗都以郄超比喻张参军,似当为同一人。司空曙的诗中更明白地说自己出为长林丞是贬谪,而且是"谪宦犹多惧",似乎案情还是相当重的,至于被贬的具体原因究竟如何,由于材料缺乏,已不可考知了。

司空曙任长林丞直到何时为止,确切的年月不易考得。卢纶有一首诗,诗题颇长,钞录并标点如下:《得耿湋司法书,因叙长安故友零落,兵部苗员外发、秘省李校书端相次倾逝,潞府崔功曹峒、长林司空丞曙俱谪远方,余以摇落之时,对书增叹,因呈河中郑仓曹、畅参军昆季》(《全唐诗》卷二七七)。按,卢纶于兴元元年(784)七月以后随浑瑊至河中;诗题中的畅参军指畅当,畅当曾任参军,而贞元三年(787)又已为太学博士(关于卢纶与畅当的系年皆见本书《卢纶考》一文）。由此可见卢纶此诗当作于兴元元年至贞元三年之间，即784—787的几年之内，这时司空曙尚为长林县丞。卢纶诗中说："故友九泉留语别，逐臣千里寄书来。"司空曙则有《江园书事寄卢纶》（《全唐诗》卷二九三），说"种柳江南边，闭门三四年"，又说"平生故交在，白首远相怜"。可见两人虽分居南北，相隔千里，仍有诗书往来，而司空曙在长林至少也有三、四年的时间，这时与卢纶都已彼此白首了。

丞是县令的副职，当时任长林令的是卫象。司空曙有好几首诗中提到此点，如《长林令卫象饧丝结歌》《玩花与卫象（一作卫长林）同醉》《独游寄卫长林》《酬卫长林岁日见呈》（皆见《全唐诗》卷二九三）。看来他与卫象的交情是不错的。《元和姓纂》卷八有："（卫）象，侍御史。"司空曙后来在蜀中所作有《送况上人还荆州因寄卫侍御象》（《全唐诗》卷二九三），也称卫象为侍御，卫象或当由侍御史而出为长林令的。关于这点，还可从权德舆的诗中得到印证，权德舆有《和司门殷员外早秋省中书直夜寄荆南卫象端公》（《权载之文集》卷二），其中说："共嗟王粲滞荆州，才子为郎忆旧游。凉夜偏宜粉署直，清言远待玉人酬。"唐时称侍御史为端公，可见卫象在长林令之前在长安任侍御史，与权德舆等交游。今存卫象诗有二首（见《全唐诗》卷二九五），一为《伤李端》，对大历十才子之一的诗人李端表示深切的悼念之情，另一首题为《古词》："鹊血雕弓湿未干，鹲鹈新淬剑光寒。辽东老将鬓成雪，犹向旄头夜夜看。"描写老将壮志未衰的磊落气概，诗写得很有气势，在中唐大历、贞元年间可称佳作。

<h1 style="text-align:center">五</h1>

从《新唐书》以后，都说司空曙曾在韦皋的剑南节度使幕中任职，但都未载在何年。现在我们从符载的《剑南西川幕府诸公写真赞并序》（《全唐文》卷六九〇）中，可以确知贞元四年（788），司空曙已在韦皋幕中。符载的文说：

> 戊辰岁，尚书韦公授钺之四年也。初尚书以汧陇殊勋，拜执金吾，天子犹以为功重而报轻，俾作镇于蜀，得自开幕府，延纳贤隽焉。韦公虚中下体，爱敬士大夫，故四方文行忠信豪迈倜傥之士，奔走接武，麏至幕下，搢绅峨峨，为一时伟人。时符子客于成都，叹其盛美，又咸得众君子之欢，而尝思欲赞颂之，事无由缘，殆似行佞，蕴蓄浩思，殊郁郁不快也。适会有沙门义全者，善丹青，尤工写真，诸公博雅好事，皆使图画之，山客由是得书曩意，因述写真赞十三章，使士林才彦，不独仰大府得贤之盛，抑亦欲属词比踪，各明其为人也。

戊辰即贞元四年。韦皋于贞元元年六月由左金吾卫大将军为检校户部尚书，兼成都尹、御史大夫、剑南西川节度观察使（见《旧唐书》卷十二《德宗纪》上）。韦皋任此职直至顺宗永贞时（805）。符载的文中称韦尚书，就是因为韦皋此时所带京朝官的官衔为检校户部尚书。

符载的赞词有十三章，其中的一章即写司空曙，题为"水部司空郎中曙字文初"，词为：

风仪朗迈，振拔气嚣。玉气凝润，鹤情超辽。文烛翰苑，德成士标。问望何有，羽仪中朝。

这首赞词无甚特色，除了一般地赞美司空曙的风度和文翰以外，没有提供更多的值得研究的材料。但是符载的序和关于司空曙赞的题目很重要，使我们可以由此确定贞元四年司空曙确已在剑南西川节度使府中，而且从序中所说的，自韦皋到蜀中以后，即"自开幕府，延纳贤隽"，"四方文行忠信豪迈倜傥之士，奔走接武，麛至幕下"，则很可能贞元四年以前，贞元元年以后的几年中，司空曙即已从长林县丞应聘来到韦皋幕中。另外，虽然我们还不知道他在节度使幕中担任何种具体职务，但其官衔则是水部郎中；当然这也是一种检校官，只是虚衔，好似杜甫在严武的东西川节度使幕中为检校工部员外郎一样。

司空曙在韦皋幕中究竟有多少年，不得而知。《元和姓纂》、《极玄集》、《新唐书》都记载他终于虞部郎中，或者他在贞元四年以后又入朝担任虞部郎中的官职，或者虞部郎中也仍然是检校官，他晚年即在剑南度过，也都未可知。卢纶另有一诗，题为《纶与吉侍郎中孚、司空郎中曙、苗员外发、崔补阙峒、耿拾遗湋、李校书端，风尘追游向三十载，数公皆负当时盛称，荣耀未几，俱沈下泉，畅博士当感怀前踪，有五十韵见寄，辄有所酬，以申悲旧，兼寄夏侯侍御审、侯仓曹钊》(《全唐诗》卷二七七)。我们从上面叙述中已经知道，大约贞元三年以前的几年中，苗发与李端已经去世。卢纶作这首诗的确切年月不可知，但当在贞元三年畅当为太学博士之后，在贞元四年吉中孚还担任官职之后(详见《卢纶考》)。从司空曙的行迹中,由符载的文章,知道贞元四年司空曙尚在剑南西川韦皋幕,后又为虞部郎中,则其卒应当还有几年的时间。闻一多先生《唐诗大系》以司空曙之卒年为790(？),即贞元六年左右。虽然因材料所限,司空曙的卒年不可确考,但贞元六—十年前后大致是不差的。

卢纶的上述诗中,讲到司空曙时说:"郎中善余庆,雅韵与琴清,郁郁松带雪,萧萧鸿入冥。"大致概括了司空曙的诗歌风格。《新唐书》卷六十《艺文志》四,丁部集录别集类著录"司空曙诗集二卷",《直斋书录解题》卷十九诗集类上也作二卷,《全唐诗》编其诗也为二卷(卷二九二、二九三),可见司空曙的诗自宋以后,散佚不多。从以上关于他的事迹的考订,我们知道司空曙早年曾经历了安史之乱,中年时即大历年间有一个较长时间在京都长安作官,后来又遭到贬谪,晚年则又在蜀中节镇幕中任职。他的诗,大部分写交游唱酬,比起其他大历诗人来,赞颂达官贵人的作品不多,有些作品写安史乱后的社会残破情况,写当时一些文士遭际不遇的感叹,都还有认识意义;也有少数诗篇描写农村和农民的,如《田家》(《全唐诗》卷二九三):

　　田家喜雨足,邻老相招携。泉溢沟塍坏,麦高桑柘低。呼儿催放犊,宿客待烹鸡。搔首蓬门下,为将轩冕齐。

这样的诗,当然还带有封建士大夫文人的阶级色彩,但它写出了农村的自然风光,劳动人民的喜悦和质朴感情,都较真切,在当时追求词藻、声律的风气中还是别具一格的。

李端考

一

李端的事迹,最早见于姚合《极玄集》(卷上)的记载,说:"字正己,赵郡人,大历五年进士。与卢纶、吉中孚、韩翃、钱起、司空曙、苗发、崔峒、耿湋、夏侯审唱和,号十才子。历校书郎。终杭州司马。"在这之后,又见于《旧唐书》卷一六三《李虞仲传》,李虞仲为李端之子。传中有关李端的事迹如下:

> 李虞仲字见之,赵郡人。祖震,大理丞。父端,登进士第,工诗。大历中,与韩翃、钱起、卢纶等文咏唱和,驰名都下,号大历十才子。时郭尚父少子暧尚代宗女升平公主,贤明有才思,尤喜诗人,而端等十人多在暧之门下。每宴集赋诗,公主坐视帘中,诗之美者,赏百缣。暧因拜官,会十子曰:"诗先成者赏。"时端先献,警句云:"薰香荀令偏怜小,傅粉何郎不解

愁。"主即以百缣赏之。钱起曰："李校书诚有才,此篇宿构也。愿赋一韵正之,请以起姓为韵。"端即襞笺而献曰："方塘似镜草芊芊,初月如钩未上弦。新开金埒教调马,旧赐铜山许铸钱。"暖曰："此愈工也。"起等始服。端自校书郎移疾江南,授杭州司马而卒。

《新唐书》卷二〇三《文艺下·卢纶传》也附载李端事,与《旧唐书》相似:

> 端,赵州人。始,郭暖尚升平公主,主贤明有才思,尤招纳士,故端等多从暖游。暖尝进官,大集客,端赋诗最工,钱起曰："素为之,请赋起姓。"端立献一章,又工于前,客乃服,主赐帛百。后移疾江南,终杭州司马。

《新唐书》的记载,除了在升平公主宴集赋诗略简以外,在记事方面与《旧唐书》并无不同;李虞仲事,则见卷一七七,有专传,关于李端,则仅云"父端,附见《文艺传》"。

实际上,新旧《唐书》关于李端赋诗事都有所本,此事始见于李肇《国史补》卷上:

> 郭暖,升平公主驸马也。盛集文士,即席赋诗,公主帷而观之。李端中晏诗成,有荀令、何郎之句,众称妙绝。或谓宿构,端曰："愿赋一韵。"钱起曰："请以起姓为韵。"复有金埒、铜山之句,暖大出名马金帛遗之。是会也,端擅场。

此事不单见于唐、五代人的记载，而且也引起宋代人的评论，说是："起之妒贤，徒增愧，而端之捷思，为可服也。"（宋葛立方《韵语阳秋》卷四）而实际上根据李肇的记载，说李端诗为宿构者并非钱起，而是所谓"众人"，自从《旧唐书》开始，就都以为是钱起了。李端原诗题为《赠郭驸马》（《全唐诗》卷二八六），共二首，全诗为：

> 青春都尉最风流，二十功成便拜侯。金距斗鸡过上苑，玉鞭骑马出长楸。熏香荀令偏怜少，傅粉何郎不解愁。日暮吹箫杨柳陌，路人遥指凤凰楼。
>
> 方塘似镜草芊芊，初月如钩未上弦。新开金埒看调马，旧赐铜山许铸钱。杨柳入楼吹玉笛，芙蓉出水妒花钿。今朝都尉如相顾，愿脱长裾学少年。

这两首诗，除了对仗工整、音调铿锵以外，无论思想与艺术，都无任何特色，在唐代诗歌创作上也并无任何地位。这两首诗和有关这两首诗的记载，只不过从一个方面反映了所谓大历诗风思想上和艺术上的一个带根本性的弱点，就是当时聚集在长安的一些诗人，依附于达官贵人的门下，以诗歌来博得他们的青睐，而这些诗作又只能追求对仗和词藻，缺乏深刻的社会内容和艺术上的独创精神。只有当他们中的一些人，因为某种缘故，离开长安，接触了较为广阔的现实，才写出某些可以称道的诗篇。

郭暧见《旧唐书》卷一二〇《郭子仪传》，为郭子仪子，载其尚代宗女升平公主。据《旧唐书》卷十一《代宗纪》，永泰元年（765）

七月，"甲午，升平公主出降驸马都尉郭暧"。李端于大历五年（770）登进士第，则在郭暧第赋诗当在大历五年前后，这时钱起等人也正好都在长安。

据《极玄集》等记载，李端当于进士登第后任秘书省校书郎之职。卢纶有《早春归盩厔旧居却寄耿拾遗湋李校书端》诗（《全唐诗》卷二七八），具体年月不可考，大约当作于大历五年以后。同时诗人与李端唱酬寄赠的，还有司空曙《赠李端》、《过坚上人故院与李端同赋》（以上《全唐诗》卷二九二）、《酬李端校书见赠》、《深上人见访忆李端》（同上卷二九三）。另外，严维有《送李端》诗（《全唐诗》卷二六三）①，写的感情较为诚挚："故关衰草遍，离别正堪悲。路出寒云外，人归暮雪时。少孤为客早，多难识君迟。掩泣空相向，风尘何所期。"此诗也不可确知其写作时间。严维于大历中居住在越中，刘长卿贬为睦州司马时，曾与严维唱酬甚多。严维约于大历十二年前赴河南（详见本书《刘长卿事迹考辨》一文），此诗或是严维在河南，李端因事出为杭州司马时的送别之作。

二

根据《极玄集》、新旧《唐书》等的记载，李端系终于杭州司马任上。此外，晁公武《郡斋读书志》卷四上别集类著录李端的集子，称为《李端司马集》，陈振孙《直斋书录解题》卷十九诗集

---

① 此诗题下注"一作卢纶诗"，但《全唐诗》所载卢纶诗未见。

类上著录《李端集》，也称"唐杭州司马赵郡李端撰"。但我们不知他何时出为杭州司马之职。李端有《代宗挽歌》（《全唐诗》卷二八五）："祖庭三献罢，严卫百灵朝。警跸移前殿，宫车上渭桥。寒霜凝羽葆，野吹咽笳箫。已向新京兆，谁云天路遥。"按，据《旧唐书》卷十一《代宗纪》，代宗卒于大历十四年（779）五月辛酉，同年"十月己酉，葬于元陵"。李端这首诗中称"寒霜凝羽葆"，记的是冬天的时节，诗当作于十月代宗葬后，这时李端似还在长安。在此前后，从李端的诗中就很难考见其行迹[①]。

卢纶有诗题为《得耿湋司法书，因叙长安故友零落，兵部苗员外发、秘省李校书端相次倾逝，潞府崔功曹峒，长林司空丞曙俱谪远方，余以摇落之时，对书增叹，因呈河中郑仓曹、畅参军昆季》（《全唐诗》卷二七七）。我们从卢纶事迹中，已可考知此诗作于兴元元年（784）至贞元三年（787）之间，则李端之卒也当在这几年之中。闻一多先生《唐诗大系》定李端的生卒年为：743—782（？）。743 年不知何据，782 年为建中三年，这时卢纶还未至河中浑瑊幕府，朱泚之乱还未发生，畅当还未任参军之职，卢纶诗中毫无提及李端之卒事（以上关于卢纶、畅当事迹的记述，可参看本书《卢纶考》一文）。可见，李端之卒，当在兴元元年之后数年间卢纶在河中之时。闻一多先生所定李端卒年不确。

---

① 李端另有《张左丞挽歌二首》（《全唐诗》卷二八五），此张左丞不知为谁。查与李端同时，有史籍可据，任左丞者，有张重光，《旧唐书》卷十一《代宗纪》，大历三年九月"庚寅，以前华州刺史张重光为尚书左丞"。又常衮有《授张重光尚书左丞制》（《全唐文》卷四一一）。张重光，新旧《唐书》无传，其卒年亦不可知。

李端死后，卫象有《伤李端》诗(《全唐诗》卷二九五)："才子浮生促，泉台此路赊。官卑扬执戟，年少贾长沙。人去门栖鹏，灾成酒误蛇。唯余封禅草，留在茂陵家。"卫象曾于建中及贞元初为荆南长林县令，与此同时司空曙为长林县丞(见本书《司空曙考》文)。很可能此诗即作于卫象为长林令时。从此诗中，可见李端卒时尚有官职，而官职卑微，故以扬雄相比；而他之为杭州司马，恐是贬谪而出的，故以贾谊作《鹏鸟赋》相喻。

另外，卢纶有诗题为《送李校书赴东川幕》(《全唐诗》卷二八〇)，诗云："泥坂望青城，浮云与栈平。字形知国号，眉势识山名。编简尘封阁，戈铤雪照营。男儿须聘用，莫信笔堪耕。"诗题仅云李校书，当然不一定就是李端。但李端有《巫山高》诗(《全唐诗》卷二八五)："巫山十二峰，皆在碧虚中。回合云藏月，霏微雨带风。猿声寒过涧，树色暮连空。愁向高唐望，清秋见楚宫。"这首诗将神话传说与巫山凄迷渺茫的景色联结起来写，在艺术手法上是有一定特色的。晚唐人范摅在《云溪友议》中曾记载白居易的话，说："历阳刘郎中禹锡，三年理白帝(按，指刘禹锡为夔州刺史事——引者)，欲作一诗于此，怯而不为。罢郡经过，悉去千余首诗，但留四章而已。此四章者，乃古今之绝唱也，而人造次不合为之。"此处所说的四章，即以"巫山高"为题的沈佺期、王无竞、李端、皇甫冉的四首诗。《云溪友议》说，白居易过巫山时，也"但吟四篇"，"竟而不为"(卷上《巫咏难》)。至五代时王定保作《唐摭言》，则更进了一步，说是："蜀路有飞泉亭，亭中诗板百余，然非作者所为。后薛能佐李福于蜀，道过此，题曰：'贾掾曾空去，题诗岂易哉！'悉打去诸板，唯余李端《巫山高》一篇而已。"(卷十三《惜名》条）薛能也是晚唐时以诗著称者，他于所有题巫山诗中独取李端的一篇，可见当时人的评价。这些记载使得我们有理由相信，上述卢纶《送李校书赴东川幕》诗，乃是送李端，《巫山高》诗当是李端途经时所作。但至于李端何时赴东川幕，在东川几年，均不可考。

李端为诗人李嘉祐从侄，李嘉祐有《送从侄端之东都》诗（《全唐诗》卷二〇六）。李端还有一个弟弟名李方，见于卢纶《送李方东归》诗（《全唐诗》卷二八〇），题下自注："即故李校书端亲弟。"作此诗时李端已卒，因此诗中说："故交三四人，闻别共沾巾。举目是陈事，满城无至亲。"又说："此去何堪远，遗孤在旧邻。"说"遗孤"，当是李端之子年岁尚少。但据《旧唐书·李虞仲传》，李端子虞仲，后来于元和初登进士第，历任中书舍人、华州刺史、尚书右丞、兵部侍郎、吏部侍郎等要职，比起李端来，要显赫多了。

根据现有的材料，我们知道的李端的生平事迹，大致就是如此。但《唐才子传》卷四李端小传却添加了不少枝叶，说：

> 授秘书省校书郎。以清羸多病，辞官，居终南山草堂寺。未几起为杭州司马，牒诉敲扑，心甚厌之，买田园在虎丘下，为耽深癖，泉石少幽。移家来隐衡山，自号衡岳幽人。

按照此处所述，李端似在杭州司马后，又移居衡山，而且似乎最终即卒于衡山者。此事不见于唐宋人的任何记载，而元代人的辛文房却记载得如此详细，颇使人怀疑。考李端有《江上逢柳中庸》诗（《全唐诗》卷二八六）："旧住衡山曾夜归，见君江客忆荆

扉。星沉岭上人行早,月过湖西鹤唳稀。弱竹万枝频碍帻,新泉数
步一褰衣。今来唯有禅心在,乡路翻成向翠微。"李端在此诗中提
到衡山,但只说"旧住衡山",现在在江上逢见柳中庸,又想起旧居
("见君江客忆荆扉"),从这首诗中并不能得出晚年定居衡山的结
论。李端又有《赠衡岳隐禅师》(同上卷二八五),其中说:"旧住衡
州寺,随缘偶北来。"说的是诗题所称的衡岳隐禅师,而且作诗的
地点是在北方。

　　《唐才子传》又说他"少时居庐山,依皎然读书,意况清虚,酷
慕禅侣"。现在所见到的《皎然集》(四部丛刊本),其中未有涉及
李端的。李端有《忆皎然上人》(《全唐诗》卷二八五)、《送皎然上
人归山》(同上卷二八六),都没有说少时曾依皎然读书事。他另
有《戏赠韩判官绅卿》诗(同上),说:"少寻道士居嵩岭,晚事高僧
住沃洲。齿发未知何处老,身名且被外人愁。欲随山水居茅洞,
已有田园在虎丘。独怪子猷缘掌马,雪时不肯更乘舟。"此诗明
明说他年少时居住在嵩山,向慕的是道士,到晚年才从高僧学习,
他这时已有田园在虎丘,看来这首诗还是在杭州司马时所作。而
《唐才子传》对有关情节的记载,则是随意拾取其诗作中的某些
句子,编掇而成,因此是不可靠的。

三

　　《唐才子传》李端小传说李端"与处士京兆柳中庸、大理评
事江东张芬友善唱酬"。从《全唐诗》所载李端诗中,与柳中庸、

张芬唱酬的有:《酬前大理评事张芬》《送张芬归江东兼寄柳中庸》《山中期张芬不至》《宿瓜洲寄柳中庸》《江上别柳中庸》(卷二八五),《江上逢柳中庸》《溪行逢雨遇柳中庸》(卷二八六)等。

《唐才子传》说柳中庸是京兆人,不知何据。柳宗元《先君石表阴先友记》(世绛堂本《柳河东集》卷十二)曾记柳中庸为其族人,则应是河东人,文中说:"柳氏兄弟者,先君族兄弟也。最大并,字伯存,为文学,至御史,病瘖,遂废。次中庸、中行,皆名有文,咸为官早死。"柳中庸本名淡,字中庸,他还是《因话录》作者赵璘的外祖父(赵璘为韦应物甥,见本书《韦应物系年考证》文)。《因话录》卷三商部下:"太子陆文学鸿渐名羽……与余外祖户曹府君(外族柳氏,外祖洪府户曹,讳澹,字中庸,别有传)交契至深。外祖有笺事状,陆君所撰。"同卷又云:"功曹①以其子妻门人柳君讳澹,字中庸,即余之外王父也。"又拓本开成五年《柳尊师志》②:"父淡,幼善属文,学通百氏,诏授洪州户曹掾,不就。……娶扬府萧功曹颖士女。"又见《新唐书》卷二〇二《文艺中·柳并传》:"并弟谈,字中庸,颖士爱其才,以女妻之。"(《新唐书》此处误作"谈",应作"淡")可见柳中庸在当时也是以诗文著称的。他的诗,今编于《全唐诗》(卷二五七)者有十三首,其中有几首以边塞为题材的,有盛唐风味,如《征怨》:"岁岁金河复玉关,朝朝马策与刀环。三春白雪归青冢,万里黄河绕黑山。"

李端《江上别柳中庸》诗:"秦人江上见,握手便沾衣。近日相

---

① 按,此功曹指萧颖士,萧颖士曾为扬州大都督府功曹。
② 此据岑仲勉《元和姓纂四校记》卷七引。

知少，往年亲故稀。远游何处去，旧业几时归。更向巴陵宿，堪闻雁北飞。"《唐才子传》说柳中庸为京兆人，恐系据此处"秦人江上见"句，但秦人是泛指，不能据此即以柳中庸为京兆人。李端这首诗写的虽只是友朋之间的零落之感，但仍可使人感觉到现实社会的萧条和冷落。他另有《代村中老人答》（《全唐诗》卷二八五）："京洛风尘后，村乡烟火稀。少年曾失所，衰暮欲何依。夜静临江哭，天寒踏雪归。时清应不见，言罢泪盈衣。"写出了唐朝自从安史之乱以后社会经济一蹶不振、广大乡村人烟稀少的荒凉景象。这些诗与上面所述在长安宴集所赋的献酬之作全不相类，只有这些少数的诗篇才是李端的好诗。

关于张芬的材料，现在所知的不多。《唐才子传》说是大理评事江东张芬，乃是根据李端的《酬前大理评事张芬》以及《送张芬归江东兼寄柳中庸》的诗题揣知的。实际上张芬的官职不止大理评事。符载于贞元四年（788）在成都作《剑南西川幕府诸公写真赞并序》（《全唐文》卷六九〇）[①]，其中就有张芬，题为"兵部张郎中芬字茂宗"，赞词是："襟灵洒散，挥斥尘细。佩服五常，翱翔六艺。储和养正，含器经世。风裁伊何，空山松桂。"这当是李端卒后的事了。由此知张芬于贞元四年间在剑南西川节度使韦皋幕府，其所带官衔为兵部郎中。他的字是茂宗。据《太平广记》所载，张芬不但是一个文士，而且是武艺过人，其卷二二七《张芬》条说："张芬曾为韦皋行军，曲艺过人，力举七尺碑，定双轮水碾。常于福感寺趯鞠，高及半塔，弹弓力五斗。"又同卷《西蜀客》条还记

---

①关于此文及作文的时间，详见本书《司空曙考》。

载了一则有趣的故事:"又张芬在韦皋幕中,有一客于宴席上,以筹椀中绿豆击蝇,十不失一,一座惊笑。芬曰:'无费吾豆。'遂指起蝇,拈其后脚,略无脱者。"从这两条记载看来,张芬确是一个异人。这与符载赞词中所说的"襟灵洒散,挥斥尘细。佩服五常,翱翔六艺"也是相应的。但这些,在李端诗中却并没有得到充分的反映。

李端的诗,《新唐书·艺文志》丁部集录别集类著录为三卷,注明是"李端诗集三卷"。后来《郡斋读书志》与《直斋书录解题》也都著录为三卷。《全唐诗》编其诗为二卷(卷二八五、二八六)。其文未见。但《宝刻丛编》卷八,万年县,据《京兆金石录》,有:"唐左监门卫大将军刘光朝碑,唐李端撰,张焕书,大历八年。"可见李端所作碑文在宋朝曾有著录,而在这之后则连这篇碑文也散佚不传了。

《唐代诗人丛考》摭谈

关于唐代文学，我在 70 年代中期曾有个设想，即大致用十年的时间，编著成五部书，那就是：《唐代诗人丛考》《唐五代人物传记资料综合索引》《李德裕年谱》《唐代科举与文学》《唐才子传校笺》。现在，前两种已分别于 1980 年和 1982 年由中华书局出版（第二种与张忱石、许逸民同志合编），第三种于 1984 年由齐鲁书社出版，第四种将于 1986 年内由陕西人民出版社印出，纳入该社的"唐代文学研究丛书"。第五种《唐才子传校笺》拟分四册，前两册已完稿，正由中华书局排印中，后两册将在 1987 年初定稿；这部书除由我承担一部分外，其他则邀约国内的有关学者撰写。上述五部书，总计字数将近四百万字。其进度与规模大致与我原来的设想相接近。

唐代文学研究要做的事情很多，我所做的只是极小的一部分。不过我感到自慰的是，这些书对于研究唐代文学和唐代历史，还是切实有用的，不是一些凿空之言和浮泛之辞。它们可以是学术进程中的一个新的序列，提供给研究者作为继续探讨的材料，而尚不致成为如顾炎武讥笑过的辗转贩卖的旧铜。

回头来看，《唐代诗人丛考》出版后，曾得到过一些不虞之誉。我觉得，它的社会反应超过了它本身的价值。这主要决定于时机。前言写于 1978 年 11 月，书则出版于 1980 年 1 月。这时虽然距离粉碎"四人帮"已有四年，报纸杂志上已陆续有学术文章刊登，但是应该看到，我们新时期的学术是在十年劫难后的荒漠上起步的，在这之前，不少老专家和中年学者被迫停笔，多年积累的资料散失殆尽，研究者学术上的探讨精神遭到长时期的和严重的打击，而新一代的学术工作者还未能得到培养，我们形成整整一代的空白。在这种情况下，要求有分量的学术专著成批地产生，显然是不可能的，而如果有少数几种问世，就会受到学界的瞩目。

另外，由于"左"的思想的影响，在过去一个相当长的时期内，古典文学研究中也存有一种假、大、空的学风，再加上后来"四人帮"所推行的文化专制主义，强使学术研究为他们的篡权阴谋服务，使人们对一些空论产生反感，对某些所谓实学感到兴趣。《唐代诗人丛考》是一部考辨性的著作，虽然所用的方法还是旧的，却使人产生某种新鲜感，就因为正是在那一时际出版的缘故。

我对古典文学研究的某些想法的形成，是在 60 年代初。那时我因胃出血住院，随身携带一本新出版的丹纳《艺术哲学》的傅雷译本在病床上阅读。胃出血似乎是一种很惬意的病，它毫不影响思维的正常活动。从丹纳的书我得到很大启发，我觉得研究文学应当从文学艺术的整体出发，这所谓整体，包括文学作为独立的实体的存在，还应包括不同流派、不同地区互相排斥而又互相渗透的作家群,以及作家所受社会生活和时代思潮的影响。这牵涉到总的研究观念的改变,但具体如何着手呢？我就想到了编年史。我觉得文学编年史将会较好地解决研究整体的问题。这也是对于当时文学史著作的体例所感到的一种不足,后来就写入《唐代诗人丛考》的前言中,那就是:"我们现在的一些文学史著作的体例,对于叙述复杂情况的文学发展,似乎也有很大的局限。我们的一些文学史著作,包括某些断代文学史,史的叙述是很不够的,而是像一个个作家评传、作品介绍的汇编。为什么我们不能以某一发展阶段为单元,叙述这一时期的经济和政治,这一时期的群众生活和风俗特点呢？为什么我们不能这样来叙述,在哪几年中,有哪些作家离开了人世,或离开了文坛,而又有哪些年轻的作家兴起;在哪几年中,这一作家在做什么,那一作家又在做什么,他们有哪些交往,这些交往对当时及后来的文坛具有哪些影响;在哪一年或哪几年中,创作的收获特别丰硕,而在另一些年中,文学创作又是那样的枯槁和停滞,这些又都是因为什么？"

在这篇短文中当然不可能来详细说明文学编年史的种种问题,不过我到现在还是认为这一体裁是会有生命力的,有志从事于斯者定将大有所获。在这之前,我本来在宋代文学资料中徘徊,编了两本资料书(《黄庭坚和江西诗派研究资料汇编》《杨万里范成大研究资料汇编》),这时却忽发奇想,拟在中国古代文学充分发展的时代唐朝来作一番试验。于是病愈出院之后,陆续看了一些唐代史书和唐人别集。但不久"文革"事起,天翻地覆,救死不暇,这些想法也就烟云消散,无从谈起了。

不料到"文革"后期,我却忽然有读古书的机会,那是在文化部的湖北咸宁五七干校，紧张的劳动已经过去，大部分人已复归于京华，只剩下一小部分人，于"农耕"之隙，竟大有余暇，可以"时还读我书"起来，而且相当自由，爱读什么就读什么。云梦大泽的平芜广野，似乎也给读书提供一个舒展宽松的气氛。我就继续思考一些问题，感到要弄清唐代文学的来龙去脉，非上溯魏晋南北朝不可，陈寅恪先生在撰写《唐代政治史述论稿》以外，还得写一本《隋唐制度渊源略论稿》，是不无道理的。我就弄来了一些书，杨伯峻先生还特地从北京给我寄来裴注《三国志》和范注《文心雕龙》。这一段静心专注的读书生活是难以忘怀的。那时我就开始积累魏晋南北朝文学系年的资料，而且竟然在一灯（煤油灯）如豆的情况下写了两三篇魏晋作家的考证文章。

1973 年年中回到北京，参加"二十四史"点校本的编辑工作，我一边继续查阅魏晋至初唐的有关文献。这时我对编年工作又产生了另一种想法。我逐渐发觉，我们搞了那么多年的作家评论，文章和著作也已不少，但细究起来，众多作家的生平却仍然若明若暗，有些事迹叙述不确切，有些则基本上搞错了。有些大作家可能还有大致的轮廓，不少中小作家却无人过问，不知道他们在当时社会上是怎么生活着来的。显然，在这种情况下，要做精确的编年工作是不可能的。一定要有作家事迹研究的基础，才能再加概括和综合，编年史也才有符合历史实际的内容。这就使我从编年中回过头来做作家考证的工作，而又因为有编年的基础，事迹的考辨就易于收到纵横参照的效果。《唐代诗人丛考》就是这样产生的。

总的说来，作家研究是文学史研究的基础。具体地说来，我觉得又可补充两点：第一，作家研究中，作家生平事迹的考辨是整个研究的支撑点，没有这个支撑点，思想评论和艺术分析就难免落空。如近年来李白研究中，我认为有两大进展，一是考证出李白曾两入长安，除了传统的天宝说以外，还有在此之前的开元十八、九年的一次；二是李白于天宝初应诏进京，并非如传统所说的由吴筠推荐，吴筠根本与李白没有交往。这两点的确认，影响李白思想变化的评价，也牵涉到对其名篇《蜀道难》《将进酒》等的论述。可惜我们有些研究者还未能正视这些考证工作的成就，这就会大大影响他们论说的科学性。在历史学上，这种情况是更明显的，如果今天的历史学家不重视、不随时注意考古发掘的新情况，那将会产生什么样的后果呢？当然，我并无意夸大作家事迹考证的意义，我只是说它是一个支撑点，有才华的研究者尽可以凭藉这个支撑点来展开他宏大而华丽的论述，把文学研究推向一个又一个新的高度，但如果没有这个支撑点，那就不难想象，会发生什么情况。

第二点，无论理论阐发和资料考证，要考虑到作家群。我们过去对作家群的观念是较为淡薄的。视角只落在少数几个大家身上，于是文学史往往形成孤立的点的联缀，而不是永流不歇的作家群体的发展。我们可以闭目想一想，历史上哪一个伟大的、杰出的作家周围没有好几个较为不大杰出的或次要的作家呢？他们有的是好朋友，在创作上互相切磋和支持，有些又可能是对立面，在思想和艺术上又常有诘难和竞争。大作家往往受到小作家的影响。时代特色往往在一些小作家的作品中更能体现出来。研究大家与小家的关系，研究他们怎么共同承受社会的影响而又如何各异地表现出时代的音响和色彩，这会给文学史研究带来多少吸引人的新鲜题材。《唐代诗人丛考》的前言中丹纳《艺术哲学》第一章《艺术品的本质》的两段话，就是有感于此而引录的。在《丛考》中，我较为注意了唐诗发展的两个转折阶段，即初唐向盛唐的转变，盛唐向中唐的过渡。特别是后一阶段的大历时期，过去的叙述大都模糊，或者作笼统的判语式的否定，加一顶空洞的"形式主义"的帽子。这其实是不顶事的。我在书中分别考核了这一时期的十几位诗人，指出他们怎样由个人的特殊经历而影响其创作的复杂面貌，并由皎然《诗式》的议论，对当时的作家分布作了群体的分析："在当时众多的诗人中，除了李白、杜甫、高适、岑参、元结少数杰出的以外，大致可以分为两大群，一是以长安和洛阳为中心，那就是钱起、卢纶、韩翃等大历十才子诗人，他们的作品较多地呈献当时的达官贵人。一是以江东吴越为中心，那就是……刘长卿、李嘉祐等人，他们的作品大多描写风景山水。当然，这其间也有交错，如卢纶、司空曙也写过南方景色，皇甫冉、严维等也曾在洛阳做过官。但据诗歌史的材料，大致可以分为这两大群，两个地区，诗歌的内容和风格也有所不同。"这样做也是作家群研究的一种尝试，后来有些评论者对此给予肯定，有些研究者并以此为起点，对大历时期的南北两派作了进一步的发挥。我觉得，小作家的考证和研究，不仅仅是面的扩大，更重要的是探索的深入，使我们更能把握文学主体的交错发展中的复杂契机。

在这里，我想附带谈一下《唐才子传》。《唐才子传》是元代辛文房所作。辛文房是西域人，但由书中记述的广博和文笔的隽洁看来，他的汉文化的修养是相当高的。全书十卷，立专传者二百七十八人，附见者一百二十人，共三百九十八家。辛文房为一代诗人写传，其中绝大多数是小作家，他写这部书，应当看作是一项开拓性的工作。在中国古代,似乎只有钱谦益的《列朝诗集小传》能与它相并比。这部书一直为唐诗研究者所重视,就是因为他搜集并排比了这众多小家的生平材料。但是,这部书的缺点实在也是很多的,有些唐诗研究者为图省事,引用时不作复核,以致踵谬增讹,产生新的错误。马茂元先生曾告诉我,他在"文革"前曾有志于作《唐才子传》笺证,材料已搜集了不少,十年浩劫,马先生身心受到极大的摧残,一气之下,把积稿都毁了。这实在是莫大的损失。

应该说,日本学者对《唐才子传》所作的努力和取得的成绩是受人注目的。这部书的最早刻本存在日本,日本学者对此书所作的版本考证,切实详确,足资参考。1972年又出版了布目潮沨、中村乔两位所作的《唐才子传之研究》,用力所在在"资料探源"一节。关于此书的研究,前一阶段,日本学者是走在前头的。《唐才子传》是中国古代的一部著名的著作,作为本国的文化遗产,中国的学者有义务对此作出更大的努力。有鉴于此,也为了全面研究唐代诗人的事迹,我就在《唐代科举与文学》告一段落后,即着手规划此书的校笺。我认为,为《唐才子传》作笺证,实际上是一部扩大了的《唐代诗人丛考》。我用了好几年的积累,才为初唐至肃、代时期二十八位诗人作了事迹考证,现在要对从唐初到五代将近四百位诗人作全面考辨,工程浩大,由于精力和条件所限,由一个人来做,即使是怎样的辛勤,也不可能取得理想的成绩。于是先由我拟订体例,写出几个样子,邀约各有关学者专家共同来做。这样既发挥各自的长处,保证一定的学术质量,又能争取在较短的时间内完成。鉴于《唐才子传》的具体情况,我个人觉得,这是目前所能采取的最好的方式，是个人单独进行所远不能相比的。开放型的学术研究应当鼓励多种样式的试验，按照内容的要求，选择最佳的工作程序和组织方式。从已完成的两册看来，情况是良好的。

由此我有一个希望，就是是否可由有关的研究机构或出版社出面，来组织一套中国古典作家传记丛书，凡在中国文学史上有过贡献、有其特色的作家，从屈原开始，到清末，分别写出传记。这套传记丛书，要立足于信实，要吸收已有的研究成果，又经过撰写者的独立研究，对作家的生平事迹能写得清清楚楚，不回避矛盾，也不强作解人，从材料出发，而这些材料又是经过核验的。无论今后对作家的思想、艺术评价有何等样的变化，要做到这套丛书所写的基本事实是推翻不掉的，而无论评论是如何的花样翻新，它们对这些作家的生平必须以这套传记丛书为依据。要做到这一点是不容易的，但不是不可达到的，而如果我们真的做成了，则将是一项中国文学史研究的基本工程，在世界上也会产生影响。一个作家传记丛书，一个历代的文学编年，我们有了这些，中国古代文学的研究，就有了雄厚的基础，尽可以在这上面做出宏文巨制来了。

最后，我想再谈一下有关考证的问题。《唐代诗人丛考》出版后，从听到的一些反映看来，这本书对古典文学研究的治学方法是有一些影响的，作家事迹考证的文章多了起来，尤其是前几年中一些研究生的学位论文，有不少也以作家考证作为基本内容。这曾引起我某种担心和顾虑，怕形成不好的风气，也担心会遭致一些人的责难。通过几年来的观察，我认为担心和顾虑是不必要的，虽然也有一些考证文章流于繁琐，但大多数是有价值的。有些人担心社会上有所谓"回到乾嘉学风"的口号，我觉得这种担心也属多余。乾嘉考据学有它产生的社会条件和思想文化环境,在我国目前开放的情况下,各种学术思想多元存在,中外文化又处于频繁接触和交流之中,那种原来形态的乾嘉考据学不可能恢复,更谈不上占主导地位。我认为我们应当树立两种观念:第一,考据并不神秘,更不必害怕,考据不仅不会对学术的整体有害,而且是有利的,微观与宏观只是相对而言,有时也是很难截然分开的。陈寅恪先生治学,时下有些人认为是微观,殊不知他的这些"微观"论著却牵涉到唐代历史与文化的基本问题。又如陈垣先生的《通鉴胡注表微》,表面看起来是考析胡三省注《通鉴》的几种体例,似乎很细小,但实际上,这部书牵动到宋元之际一代知识分子的出处进退,可以作宋元之际知识分子活动史来读;假如再联系到这部书又写于抗战时期,它的现实意义就更为明显。这能说搞考据必然要脱离现实吗?第二,年轻人搞考据,实际上就是练习对文献材料的搜集、整理和辨析,是一种调查研究工作,这是整个研究工作的起始点。如果方法对头,路子走得正,将对今后的深入研究带来方便。这里也根本不存在方向或学风问题。

通过对唐代诗人事迹的研究和考辨,我愈来愈感觉到,我们现在的问题不是谈论应不应该搞考据,而是如何力求扩大我们的知识面,怎样尽可能学会多种的研究手段。举例来说,文学与历史的密切关系,是为很多人所深知的,但我们搞唐代文学的人往往对唐代的历史缺乏具体的了解。写文学史介绍某一作家,在论到历史背景时,往往只根据通行的几部通史著作概括几条,显得与后面的内容很不协调。不是说要我们从头去研究历史,而是说要对所研究的作家作品或文学现象,他们那时的社会环境,有一个具体的认识,进行一定程度的独立的研究。如果不知道两税法产生的根据和它在施行过程中的变化,怎么能对白居易的《重赋》有深切的了解呢? 西安乾陵地区章怀太子墓壁画的发现,对我们研读唐人描写宫中生活及打马球的诗篇,会增进多少新鲜的认识。读沈从文先生《中国古代服饰研究》,从对传世《宫乐图》的评析就会对白居易《元和时世妆》一诗有感性的认识,而后陕洛唐墓出土的实物——妇女头上金银牙玉小梳,就能对温庭筠"小山重叠金明灭"有确切的解释。至于沈从文先生在这部书中从男子圆领内加衬领的变化及"叉手示敬"的姿态,来论证《文苑图》、《韩熙载夜宴图》的时代,看过这部书的人对此当更有深切的印象。

傅璇琮

1986 年 9 月